广州海关年鉴

2023

《广州海关年鉴（2023）》编纂委员会 编

中国海关出版社有限公司
·北京·

图书在版编目（CIP）数据

广州海关年鉴.2023/《广州海关年鉴（2023）》编纂委员会编. — 北京：中国海关出版社有限公司，2023.12
（中国海关史料丛书）
ISBN 978-7-5175-0723-9

Ⅰ.①广… Ⅱ.①广… Ⅲ.①海关-广州-2023-年鉴 Ⅳ.①F752.55-54

中国国家版本馆CIP数据核字（2024）第016010号

广州海关年鉴（2023）
GUANGZHOU HAIGUAN NIANJIAN（2023）

作　　　者：《广州海关年鉴（2023）》编纂委员会	
责任编辑：孙　旸	
责任印制：王怡莎	
出版发行：中国海关出版社有限公司	
社　　　址：北京市朝阳区东四环南路甲1号	邮政编码：100023
编 辑 部：01065194242-7535（电话）	
发 行 部：01065194221/4238/4246/5127（电话）	
社办书店：01065195616（电话）	
https://weidian.com/?userid=319526934（网址）	
印　　　刷：北京中科印刷有限公司	经　　销：新华书店
开　　　本：889mm×1194mm　1/16	
印　　　张：17.75	字　　数：415千字
版　　　次：2023年12月第1版	
印　　　次：2023年12月第1次印刷	
书　　　号：ISBN 978-7-5175-0723-9	
地图审图号：GS京（2022）1441号	
定　　　价：180.00元	

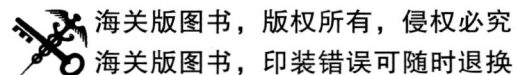

《广州海关年鉴（2023）》编纂委员会

主 任 委 员　　李　全

副主任委员　　唐龙军　孟传金　谭　武　何继军　刘小威
　　　　　　　　陈　针　赵晓光　林　高　杨国海

委　　　员　　李　崧　吴　炜　唐庆林　李晓红　梅毅之
　　　　　　　　张显光　车程辉　王丽霞　许　珈　周　斌
　　　　　　　　杨　剑　管昆明　刘科峰　吴喜洲　周　旭
　　　　　　　　李　莹　巴一武　白　洁　张志坚　周　恒
　　　　　　　　许彦华

《广州海关年鉴（2023）》编辑部

总　　　编　孟传金

执 行 主 编　李　崧

编辑部成员　卢　苇　罗智俊　马　赛　顾诗颖　王　畅
　　　　　　　邓　烨　娄振峰　关　峰　安　然

撰　　　稿　关　峰　王钰婷　张小勇　郑文豪　许　慧
　　　　　　　邵顺芹　梁智慧　邹润铭　严庆荣　左　逊
　　　　　　　郭建华　邹　敏　荀潇潇　谭　萍　江丹丹
　　　　　　　林　昕　杨真真　杨　斌　胡　涛　王启旭
　　　　　　　谢绮璐　林展翼　陆天舒　高金连　操若冰
　　　　　　　莫晓艺　赵轶颖　游　昊　王钰峰　徐可可
　　　　　　　耿　创　余惠萍　钟力腾　刘　菲　傅睿轩
　　　　　　　邓　青　邓雅墨　郭颖怡　江晓燕　黄琬雯
　　　　　　　吴卓航　卢佩欣　夏鹏飞　陈　帅　姚　耘
　　　　　　　李超越　林芬芬　刘　玮　白　磊　贺金平
　　　　　　　王宇飞　张　帆　梁　洸　陈亮宇

编辑说明

一、《广州海关年鉴（2023）》是由《广州海关年鉴（2023）》编纂委员会组织编纂的一部全面、翔实记录广州海关2022年发展状况的年度性志书，是集权威性、综合性、实用性为一体的资料性工具书。

二、《广州海关年鉴（2023）》坚持以马克思列宁主义、毛泽东思想、邓小平理论、"三个代表"重要思想、科学发展观、习近平新时代中国特色社会主义思想为指导，坚持辩证唯物主义和历史唯物主义的立场、观点和方法，围绕广州海关党委决策部署，全面、客观、系统地记录广州海关关区监管服务情况。

三、《广州海关年鉴（2023）》收录了2022年度广州海关关区工作基本情况，包括口岸监管、税收征管、查缉走私、统计分析、企业管理、检验检疫等领域相关情况和主要数据。同时，还收录了隶属海关及办事处相关情况和主要数据，以及专记、大事记、广州海关部分重要文件规定等。

四、《广州海关年鉴（2023）》中单位名称、标点符号、统计数据均按国家有关规定执行，计量单位采用国家法定计量单位和国际单位，技术规范、专业名词从规范要求。货币单位为"元"的，均指人民币。

五、《广州海关年鉴（2023）》中所称"疫情"和"疫情防控"，如无特别说明，均指"新型冠状病毒感染疫情"和"新型冠状病毒感染疫情防控"。

六、《广州海关年鉴（2023）》中所载录的文章和条目，均由广州海关各部门单位负责撰写或提供，并经部门负责人审核。因供稿单位统计口径不同，个别数据在不同条目中不尽一致，如有出入，以广州海关统计部门数据为准。

七、由于编者水平有限，书中难免有疏漏，欢迎读者批评指正。

概述

广州海关位于广东省广州市，地处粤港澳大湾区核心地带。关区范围包括广州市（黄埔区、增城区除外）、佛山市、肇庆市、韶关市、清远市、云浮市、河源市和深圳市大铲岛，关区面积约占广东省行政区域面积的50%。关区内有广东自由贸易试验区广州南沙新区片区（简称"南沙自贸试验区"）、广州白云国际机场、广东航空邮件处理中心，以及全国唯一一个设在无居民海岛上的国家行政机构、水上缉私部门大铲海关。广州海关业务门类齐全，涵盖陆路、海运、内河小型船舶、空港、中欧班列、自贸试验区（含综合保税区）、邮递物品（含跨境电商、快件）及市场采购贸易监管、商品检验、卫生检疫、动植物检验检疫等。

2022年，广州海关有正处级内设机构21个，即办公室（党委办公室）、法规处、综合业务处、自贸区和特殊区域发展处、关税处、卫生检疫处、动植物检疫处、进出口食品安全处、商品检验处、口岸监管处、行邮监管处、统计分析处、企业管理和稽查处、财务处、科技处、督察内审处、人事处（党委组织部）、教育处、机关党委（思想政治工作办公室、党委宣传部、党委巡察工作办公室）、监察室（党委纪检组）、离退休干部办公室。下设隶属海关单位22个，其中副厅级隶属海关单位3个，分别为广州白云机场海关、佛山海关、海关总署税收征管局（广州）[简称"税管局（广州）"]；正处级隶属海关单位19个，分别为广州车站海关、广州邮局海关、广州会展中心海关、天河海关、越秀海关、海珠海关、荔湾海关、番禺海关、南沙海关、花都海关、从化海关、肇庆海关、韶关海关、清远海关、大铲海关、云浮海关、罗定海关、河源海关、广州海关风险防控分局。另有副厅级机构广州海关缉私局，下设11个缉私分局。

2022年，广州海关所属事业单位17个，并代管中国电子口岸数据中心广州分中心、海关总署广州教育培训中心。具体为：直属事业单位4个，即广州海关后勤管理中心、广州海关信息中心、广州海关技术中心、广州国际旅行卫生保健中心（广州海关口岸门诊部）；隶属海关所属事业单位12个，即广州白云机场海关综合技术服务中心、佛山海关后勤管理中心、佛山海关综合技术中心（佛山国际旅行卫生保健中心、佛山海关口岸门诊部）、天河海关综合技术服务中心、番禺海关综合技术服务中心、花都海关综合技术服务中心、从化海关综合技术服务中心、肇庆海关后勤管理中心、肇庆海关综合技术中心（肇庆国际旅行卫生保健中心、肇庆海关口岸门诊部）、韶关海关综合技术服务中心、清远海关综合技术服务中心、河源海关综合技术服务中心；待注销事业单位1个，即中国质量认证中心广州海关评审中心。

2022年，广州海关在职人员共5094人，其中海关行政编制人员4378人。另有缉私警察573人。

2022年，广州海关全面贯彻学习习近平新时代中国特色社会主义思想，深入学习贯彻中国共产党第二十次全国代表大会（简称"党的二十大"）精神，坚定拥护"两个确立"、坚决做到"两个维护"，守国门促发展，高效统筹口岸疫情防控和促外贸稳增长，各项工作取得新成效。筑牢国门安全屏障，开展"跨境电商寄递'异宠'综合治理""国门绿盾2022""国门守护"等专项行动，截获外来物种278种次、检疫性有害生物2318种次、进境植物有害生物1.6万种次，检出不合格食品350批次，占全国总量的12.4%。提升税收征管水平，税收入库667.4亿元，同比增长7.6%，税管局（广州）分管商品税款入库占全国海关五成。

保持打私高压态势。全年共开展37个"奋发"号打私行动，各项立案指标及行政、刑事大要案数均居全国前列。查获各类水上案件1212起，铲除特大制贩走私枪支零配件犯罪网络，查发案值27亿元虚开骗税大案，侦办全国海关首起非法引进外来入侵物种案、首起出口商品逃避商检案等涉检涉疫新型犯罪案件。

服务大局彰显作为。支持中欧班列业务高质量发展，2022年，监管中欧班列339列，发运标箱30074个，货值77.9亿元。融入粤港澳大湾区建设，2项自由贸易试验区创新措施获海关总署备案，白云机场综合保税区通过验收，南沙综合保税区获发展绩效A类评级。促进外贸保稳提质，推出97项稳外贸措施。营商环境持续优化，进、出口整体通关时间较2017年分别压缩76.8%、94.5%。2022年，监管出口救援物资1.5亿余件，发往全球50多个国家和地区。制定实施10项支持具体措施，支持第131届、第132届中国进出口商品交易会（简称"广交会"）网上办展。

创先争优工作广泛深入开展。2022年，全关获评省部级单项以上荣誉73项（次），涌现出党的二十大代表、全国"人民满意的公务员"、"全国五一劳动奖章"获得者、"全国五四红旗团支部"、"全国海关先进个人"等一大批先锋模范，其中九成以上来自把关服务第一线。

图　例

符号	含义	符号	含义	符号	含义
✺	直属海关单位	⊙廷布	外国首都	----------	地级市界
✪	隶属海关	———	自治州行政中心 地区、盟行政公署驻地	··········	县（区、市）界
◉	派出机构	⊙东城区	县（区、市）政府	━━━━━	铁路
✹	海关特殊监管区域	○庞各庄镇	乡（镇）政府、街道办事处	═══S30═══	高速公路及编号
●	口岸	✈北京首都 国际机场	机场	━━━━━	国道
🚆	铁路口岸	▲菁水尖 1528	山峰　高程	━━━━━	省道
⚓	水运口岸	—┼—┼—┼—	国界	━━━━━	其他道路
✈	航空口岸	—┼—┼—┼—	未定国界	～～咸～～	河流　湖泊
🚚	公路口岸	----------	地区界	━━━━━	沟渠
●	境外口岸	··········	军事分界线	)(	桥梁　渡口
⊙**北京市**	首都	—·—·—·—	省界	⚓	港口　码头
◎**石家庄市**	省政府	-------	未定省界	⊓⊔⊓⊔	长城
◎**廊坊市**	地级市政府	----------	特别行政区界		珊瑚礁

注：本书中的关境图，不包括香港，澳门，台湾、澎湖、金门、马祖单独关税区。

海关专题图片 领导活动

2022年7月27日，广州海关组织开展2022年第六次党委理论学习中心组（扩大）学习暨"喜迎二十大 奋进新征程"主题党日活动

∧ 2022年11月8-11日，广州海关组织党委理论学习中心组（扩大）学习暨学习贯彻党的二十大精神培训班

∧ 2022年1月28日，广州海关举办2021年度关区表彰大会

2022年3月23日，广州海关党委书记、关长李全（右一）在技术中心业务大厅调研

2022年7月7日，广州海关党委书记、关长李全（中）在技术中心卫生检疫研究所调研

2022年6月27日，广州海关党委委员、缉私局局长唐龙军（前排左一）到大铲岛调研

2022年3月24日，广州海关党委委员、副关长孟传金（中）参加基层支部联系点海珠海关生物岛监管科党支部专项教育活动专题学习

2022年4月13-14日，广州海关党委委员、海关总署税收征管局（广州）局长谭武（中）到长沙海关调研，其间走访株洲中车时代电动汽车股份有限公司

2022年3月16日，广州海关党委委员、党委纪检组组长何继军（前排左一）到佛山海关驻南海办事处调研

> 2022年7月20日,广州海关党委委员、副关长刘小威(前排左二)到广州邮局海关邮件监管现场调研

< 2022年10月8日,广州海关党委委员、副关长陈针出席"支持广州南沙深化面向世界的粤港澳全面合作"专题新闻发布会

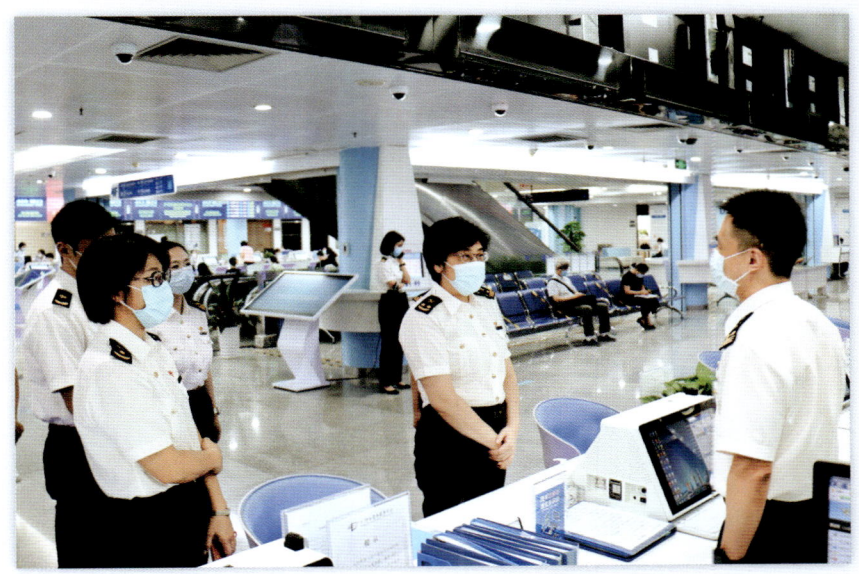

> 2022年9月27日,广州海关党委委员、副关长赵晓光(右二)到天河海关督导检查

∧ 2022年8月3日，广州海关党委委员、政治部主任林高（左）出席广州海关心理协会成立暨心灵驿站揭牌活动

∧ 2022年3月1日，广州海关党委委员、副关长杨国海（中）在技术中心业务大厅调研

业务建设

> 2022年元旦期间（1月3日），大铲海关关员对国家管网供港天然气开展月度计量监管

> 2022年元旦期间（1月3日），广州邮局海关关员对出境邮件进行监管

< 2022年元旦期间（1月3日），天河海关关员赴企业开展注册登记企业考核及现场查验

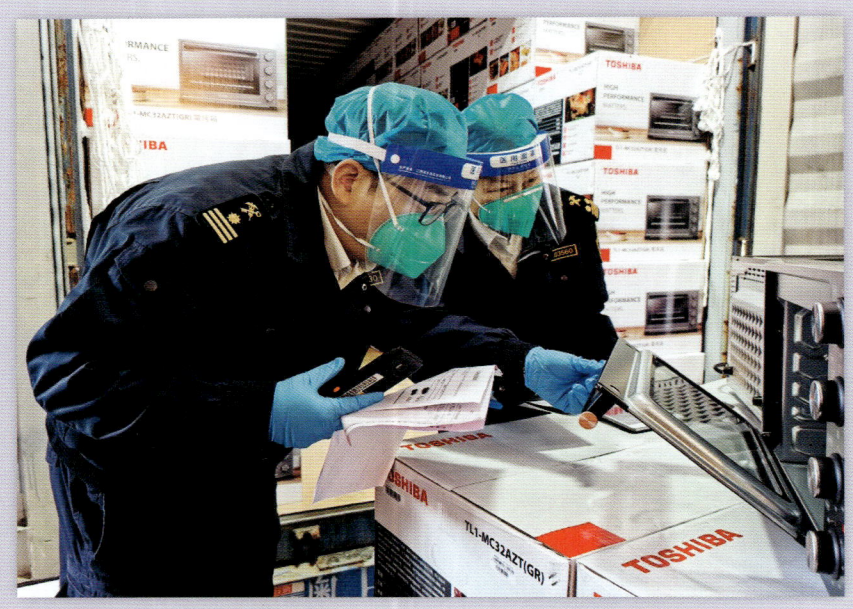

< 2022年1月4日，佛山海关驻顺德办事处关员对出口小家电进行查验

< 2022年1月24日，番禺海关关员到关区范围内老字号企业实地调研应节食品生产出口情况

> 2022年1月24日，佛山海关驻顺德办事处关员在养殖场现场查验出口塘鱼健康状况，保障快速通关

> 2022年1月24日，荔湾海关关员在种苗花卉种植基地对出口年桔实施检疫

> 2022年1月24日，越秀海关关员深入企业开展市场采购贸易政策宣讲

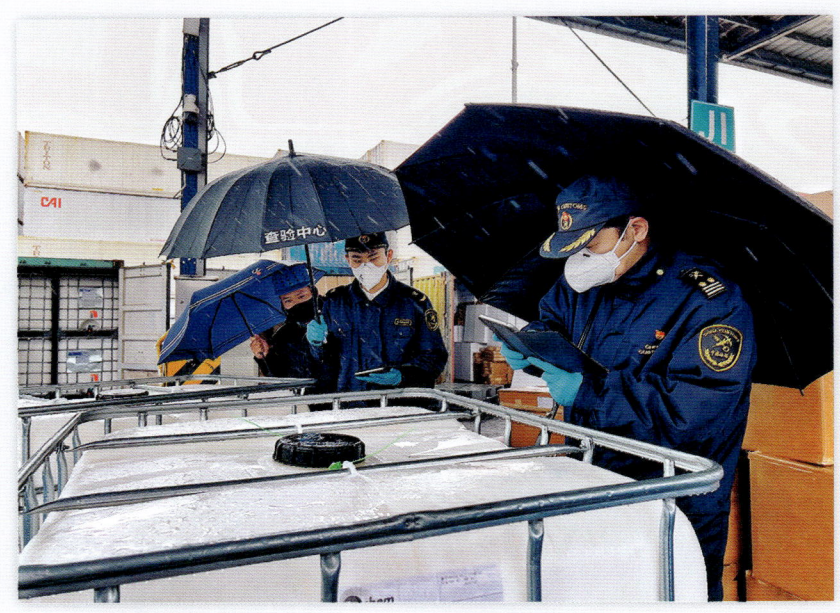

> 2022年2月22日，南沙海关关员在南沙港查验中心查验货物

< 2022年3月30日，佛山海关驻南海办事处关员到企业进行进出口危化品及包装安全生产监督

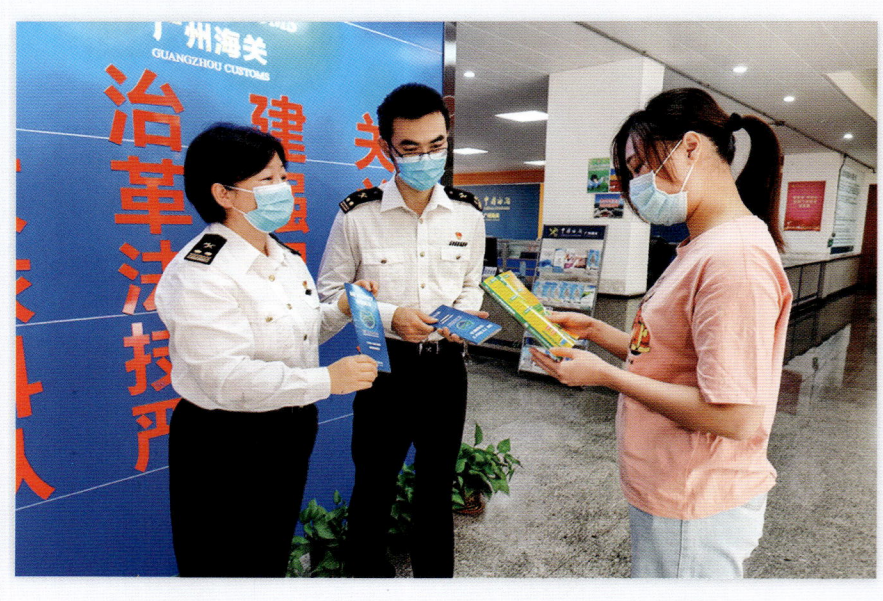

> 2022年4月14日，佛山海关驻三水办事处关员开展生物安全风险监测预警政策宣传

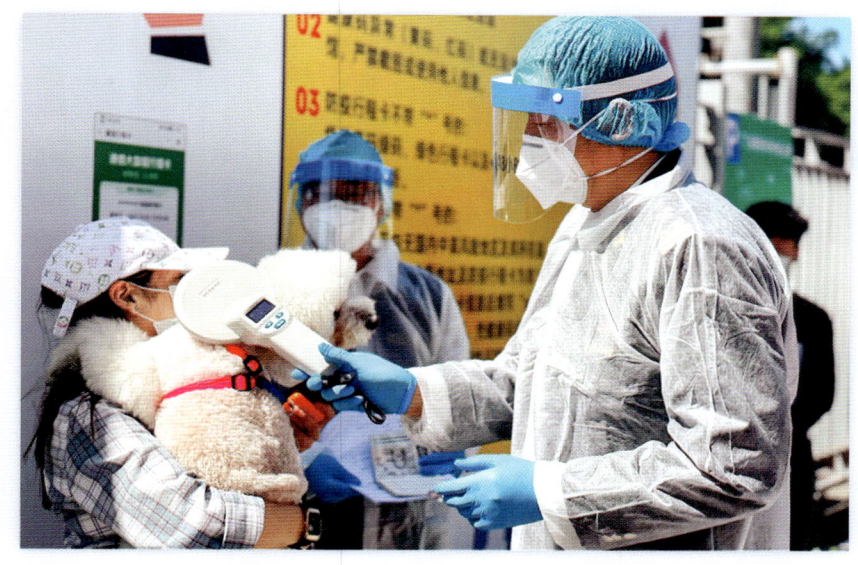

< 2022年4月14日,广州会展中心海关关员向办理伴侣宠物出境检疫业务群众宣传国门生物安全知识

> 2022年4月15日,肇庆海关开展全民国家安全教育日宣传活动

< 2022年4月25日,南沙海关在出口货运渠道查获一批侵权"冰墩墩"

> 2022年5月9日,广州邮局海关关员开展"智能审图"图像标注上传工作

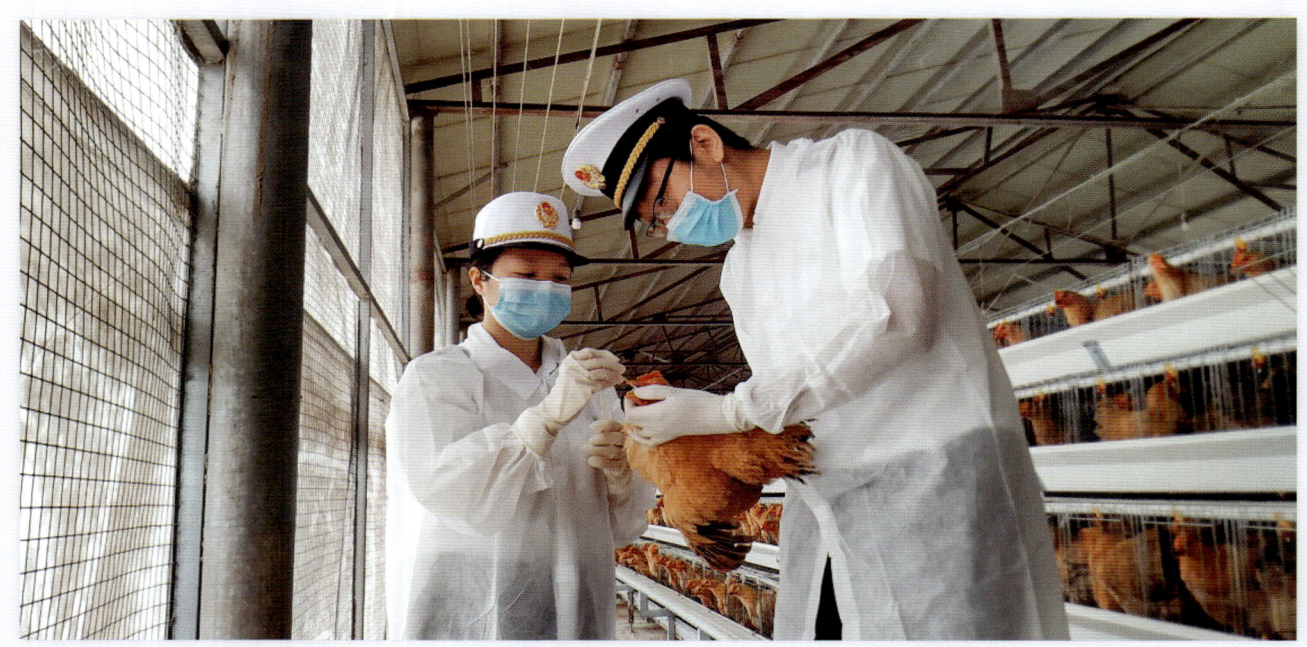

2022年5月9日,河源海关关员开展供港禽肉的禽流感检测工作

< 2022年5月9日,南沙海关关员对一艘入境船舶开展登临检疫

> 2022年5月18日,广州海关联合青岛海关举行"史话百年风云 情牵南北关博"主题直播活动

▲ 2022年6月1日,广州海关开展"六一儿童节"进口婴童用品质量安全检测专题直播活动

▲ 2022年6月6日,海珠海关关员在对外服务窗口向群众进行民法典宣传

△ 2022年6月10日，大铲海关组织人员对库藏档案进行集中清理

△ 2022年6月17日，佛山海关驻高明办事处关员在珠江码头开展汛期安全排查工作

△ 2022年6月20日,佛山海关驻高明办事处关员在跨境电商站场调研企业"6·18"期间业务开展情况

< 2022年6月20日,南沙海关关员在南沙综合保税区跨境电商仓库进行监管作业

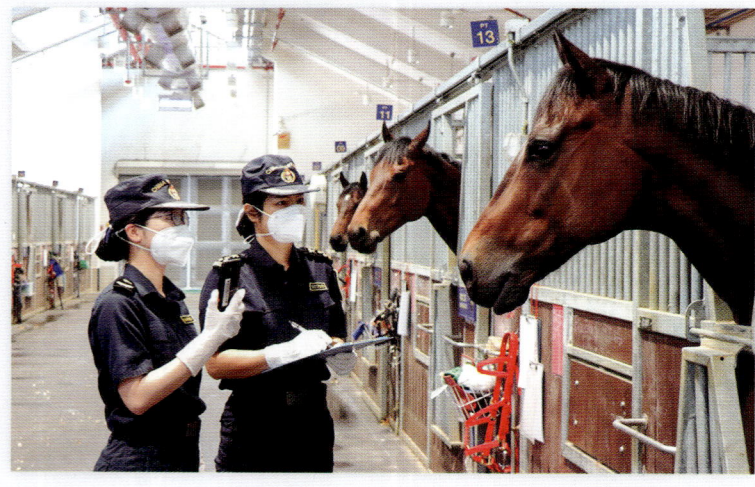

< 2022年6月29日,从化海关驻马场办事处关员对赛马实施出境前监管

∧ 2022年6月29日，佛山海关驻禅城办事处对进口钢板实施目的地查验

∧ 2022年6月29日，南沙海关关员在南沙港三期集装箱码头对货轮开展监装监卸

∧ 2022年7月12日，南沙海关关员保障出口国产车辆快速验放

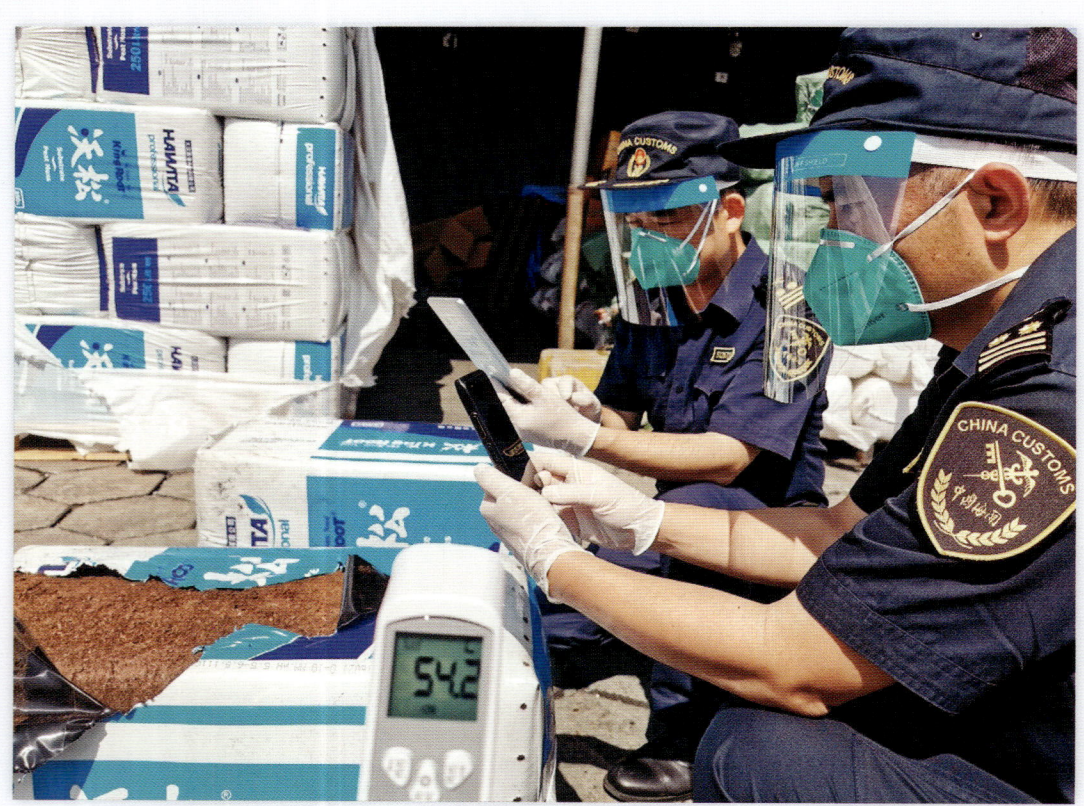
∧ 2022年7月12日，佛山海关驻南海办事处关员对进口泥炭土进行查验

> 2022年7月12日,广州白云机场海关关员在高温下身着防护服对入境航班卸载行李进行监管

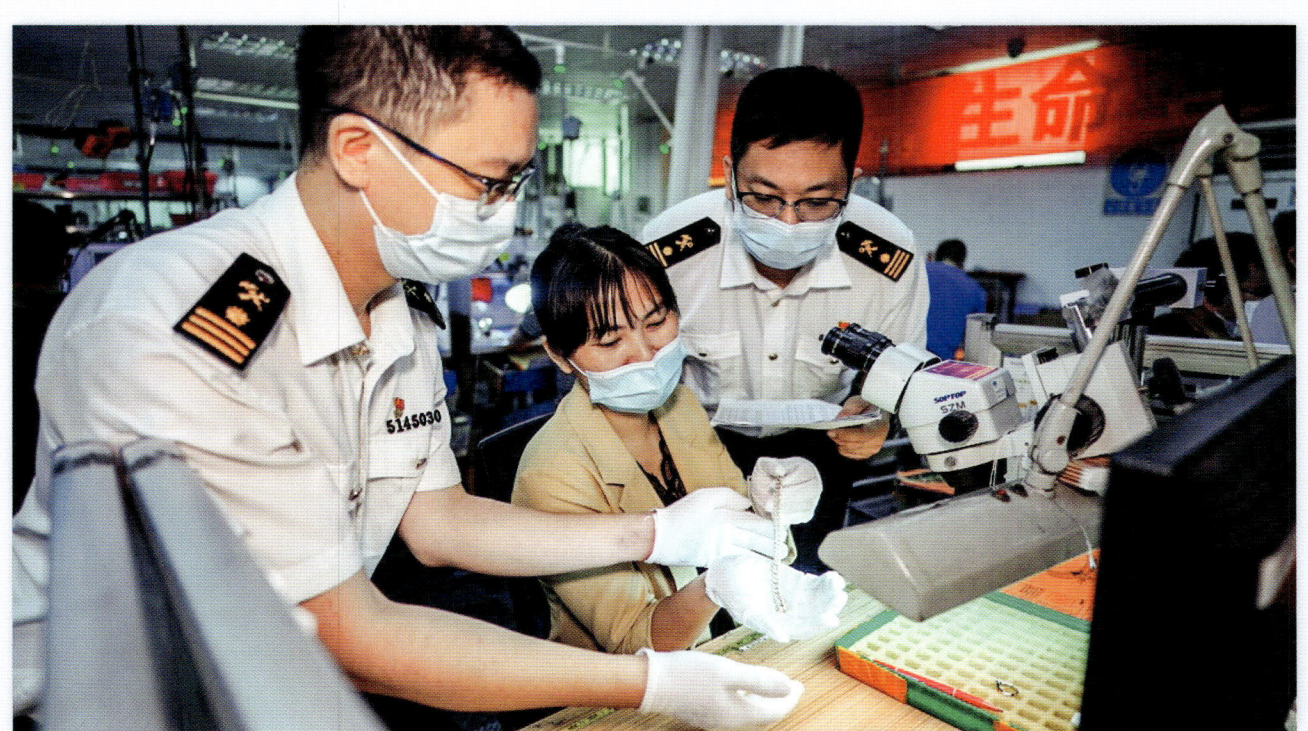

2022年7月15日,番禺海关关员指导关区范围内企业享受《区域全面经济伙伴关系协定》(RCEP)政策优惠

> 2022年7月25日,番禺海关关员到食品企业监管,确保出口月饼制作原材料供应顺畅

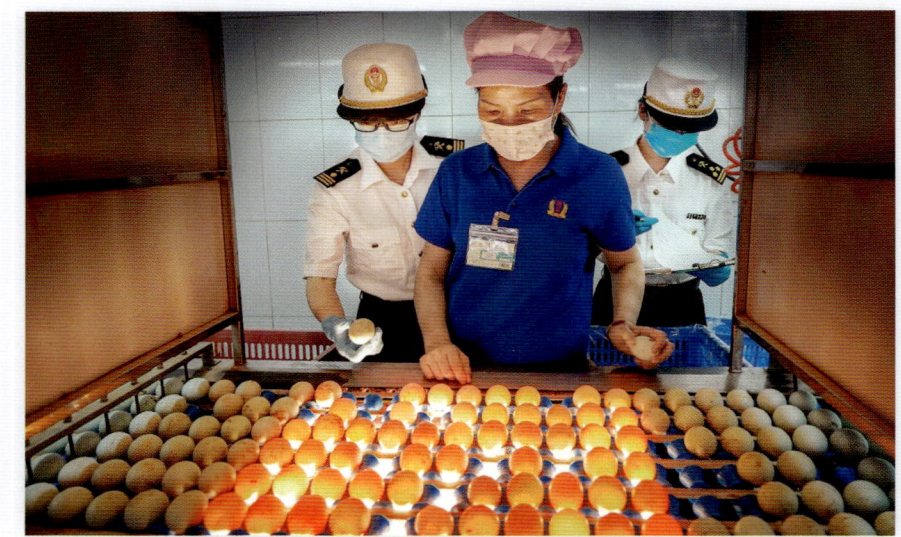

> 2022年7月25日,河源海关关员开展进境饲用粮食调运监管

> 2022年7月25日,荔湾海关关员对出口绿植实行优先查检

△ 2022年8月9日,越秀海关关员向办事企业和群众解答企业关注、群众关心的热点问题

< 2022年9月8日,韶关海关关员向进出口食品生产企业进行政策宣讲

∧ 2022年9月8日,越秀海关关员深入企业解答中秋应节小礼品等商品通关政策

∧ 2022年9月30日,佛山海关驻南海办事处开展化学涉恐突发事件应急演练活动

2022年11月10日，佛山海关驻南海办事处关员对跨境电商货物进行查验

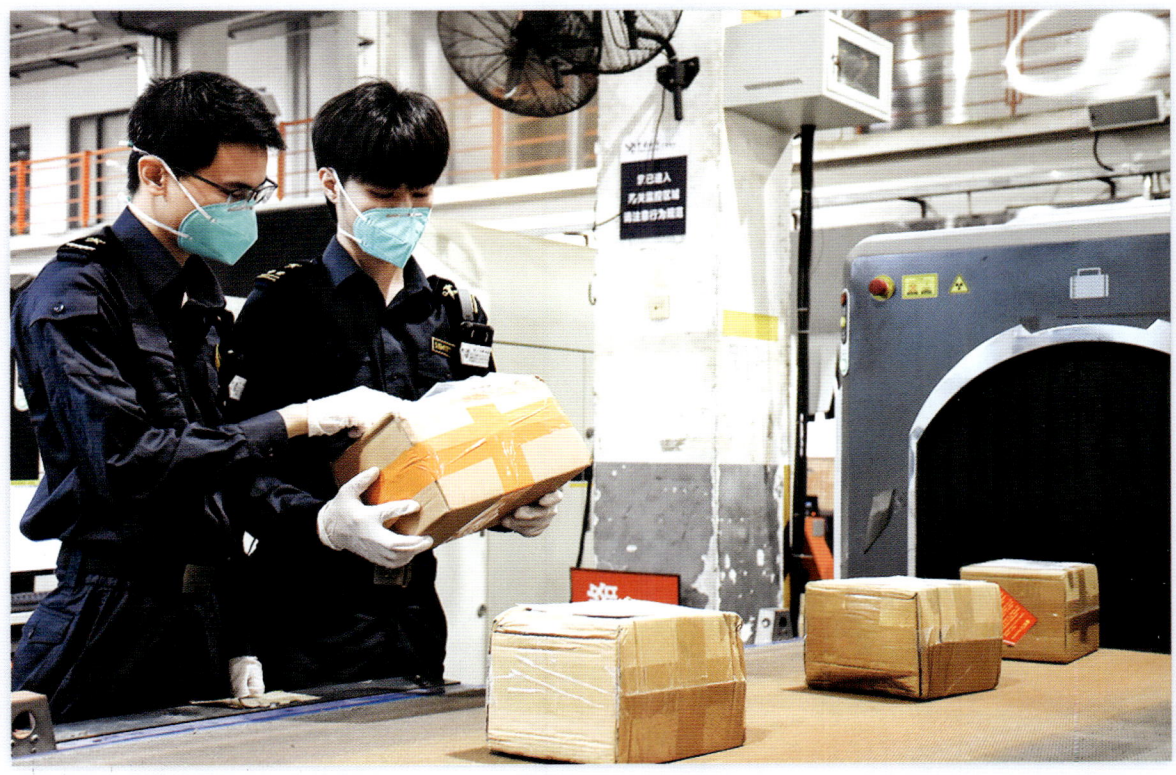

2022年11月10日，广州邮局海关关员对"双11"期间邮件进行监管

队伍建设

2022年1月29日,越秀海关工会开展"瑞虎迎春"活动,书写春联,作窗花剪纸

2022年3月9日,广州邮局海关组织爱心义卖,为困难学生捐款

∧ 2022年4月7日,佛山海关驻南海办事处组织青年党员在南海办关史陈列馆开展"政治要求青年党员说"活动

> 2022年4月7日,清远海关组织理论学习研讨,提升政治站位,扎实推进专项教育活动

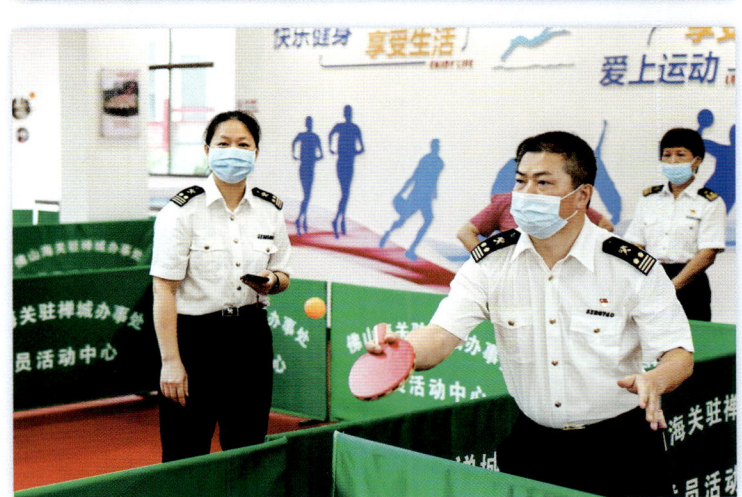

> 2022年9月27日,佛山海关驻禅城办事处工会开展"健康月"趣味乒乓球大比拼

∧ 2022年10月8日,广州海关举行2022年新录用公务员岗前培训结业仪式

目　录

概　述 ………………………………… 001
广州海关关区分布图 ………………… 001
海关专题图片 ………………………… 001

第一篇　特　载

在2022年广州海关关区工作会议上的讲话
　……………………………………… 003
在2022年广州海关全面从严治党工作会议
　上的讲话 …………………………… 012

第二篇　专　记

广州海关科学精准作好口岸疫情防控 …… 021
广州海关大力支持广东外贸发展 ………… 023
广州海关服务粤港澳大湾区建设 ………… 025

第三篇　大事记

2022年广州海关大事记 …………………… 031

第四篇　党的建设

党建工作 ………………………………… 055
　概况 …………………………………… 055

　迎接党的二十大 ……………………… 055
　学习贯彻党的二十大精神 …………… 055
　党员教育 ……………………………… 056
　政治机关专项教育活动 ……………… 056
　基层党建"双提升"行动 …………… 056
　"五个一"文化建设活动 …………… 057
纪检监察 ………………………………… 058
　概况 …………………………………… 058
　政治监督 ……………………………… 058
　领导班子监督 ………………………… 058
　大监督体系构建 ……………………… 058
　派驻监督 ……………………………… 058
　专项整治 ……………………………… 059
　以案促改 ……………………………… 059
　纪检队伍建设 ………………………… 059
队伍管理 ………………………………… 060
　概况 …………………………………… 060
　政治机关建设 ………………………… 060
　领导班子建设 ………………………… 060
　人才队伍建设 ………………………… 060
　基层制度建设 ………………………… 060
　管理监督 ……………………………… 061
　队伍激励 ……………………………… 061
　"十佳青年"和"十佳青年员工"评选 … 061
　重点培训 ……………………………… 061

联学联训 …………………………… 062
教培职能优化 ……………………… 062
红色海关史研究 …………………… 063
博物馆品牌建设 …………………… 063
特色文化宣传教育 ………………… 063

第五篇　业务建设

法治建设 …………………………… 067
　　概况 ………………………………… 067
　　制度建设 …………………………… 067
　　执法规范化建设 …………………… 067
　　复议应诉 …………………………… 068
　　普法宣传教育 ……………………… 068
　　法治协作区建设及公职律师工作 … 068
　　打击侵权 …………………………… 069
　　知识产权海关保护 ………………… 069
保税监管和自贸试验区 …………… 071
　　概况 ………………………………… 071
　　综合保税区 ………………………… 071
　　南沙自贸试验区 …………………… 071
　　加工贸易 …………………………… 071
　　保税仓储 …………………………… 072
　　保税监管 …………………………… 072
风险管理 …………………………… 073
　　概况 ………………………………… 073
　　风险防控新机制 …………………… 073
　　风险专项行动 ……………………… 073
　　风险防控效能 ……………………… 074
税收征管 …………………………… 075
　　概况 ………………………………… 075
　　税收征管政策调研 ………………… 075
　　税收征管改革 ……………………… 075

　　税收优惠 …………………………… 076
　　RCEP全面实施 ……………………… 076
　　税收风险防控 ……………………… 076
　　落实国家重大政策 ………………… 077
　　"智慧税管"建设 ………………… 077
　　推进"源头治理、行业规范" …… 077
　　国际关税事务 ……………………… 077
卫生检疫 …………………………… 078
　　概况 ………………………………… 078
　　口岸疫情防控 ……………………… 078
　　多病共防 …………………………… 078
　　病媒生物监测 ……………………… 078
　　卫生监督和食品安全 ……………… 079
　　特殊物品监管 ……………………… 079
　　科研能力建设 ……………………… 079
　　应急处置 …………………………… 079
　　全流程智能化建设 ………………… 079
动植物检疫 ………………………… 080
　　概况 ………………………………… 080
　　供港澳活猪检疫监管 ……………… 080
　　穗港赛马检疫监管 ………………… 080
　　支持农产品外贸 …………………… 080
　　支持新鲜水果进口业务 …………… 081
　　进境粮食监管 ……………………… 081
　　种用动物、种苗花卉检疫监管 …… 081
　　打击非法邮寄递"异宠" ………… 081
　　"智慧动植检"建设 ……………… 081
进出口食品安全监管 ……………… 082
　　概况 ………………………………… 082
　　进口冷链食品监管 ………………… 082
　　食品安全监管 ……………………… 082
　　进口食品准入管控 ………………… 082
　　进出口食品监督抽检 ……………… 083

| 助企纾困 …… 083
| 服务粤港澳大湾区 …… 083
| 境外食品安全政策法规研究 …… 083

商品检验 …… 084
| 概况 …… 084
| 进出口危险化学品及其包装检验监管 …… 084
| 重点敏感工业品检验监管 …… 084
| 打击假冒伪劣和贸易欺诈 …… 085
| 商检业务改革 …… 085
| 商品检验采信 …… 085
| 商检制度建设 …… 085
| 职能监督检查 …… 086
| 业务指导培训 …… 086
| 风险监测 …… 086
| 风险评估 …… 086
| 信息宣传 …… 086
| 政策研究 …… 087

口岸监管 …… 088
| 概况 …… 088
| 疫情防控 …… 088
| 安全生产 …… 089
| 口岸核生化反恐 …… 089
| 进口再生金属监管 …… 089
| 监管制度建设 …… 089
| 职能监督 …… 089
| 业务运行监控 …… 089
| 监管装备管理 …… 090
| 智能审图 …… 090
| 市场采购监管 …… 090
| 转关作业无纸化 …… 090
| 口岸物流智能化建设 …… 091
| 湾区物流一体化 …… 091
| 进口直提、出口直装改革 …… 091
| 中欧班列 …… 091
| 服务广交会 …… 091
| 保障北京冬奥会及冬残奥会 …… 091
| 进出境旅客行李物品监管 …… 092
| 邮快物品监管 …… 092
| 跨境电商监管 …… 092
| 邮政快件业务优化改革 …… 092
| 跨境电商业务改革 …… 093
| 跨境电商综合试验区建设 …… 093
| "智慧海关"建设 …… 093
| 服务粤港澳大湾区 …… 093
| 优化口岸营商环境 …… 093

统计分析和政策研究 …… 095
| 概况 …… 095
| 政策研究 …… 095
| 课题研究 …… 095
| 服务宏观经贸 …… 095
| 服务地方经济 …… 096
| 关区业务分析 …… 096
| 统计数据质量综合管控 …… 096
| 数据异动监测 …… 096
| 统计调查 …… 096
| 统计服务 …… 096
| 统计督察整改 …… 097

企业管理和稽查 …… 098
| 概况 …… 098
| 风险收集研判 …… 098
| 专项稽核查 …… 098
| 涉检稽核查 …… 099
| 涉检行政处罚 …… 099
| AEO 制度建设 …… 099
| 新型监管机制建设 …… 100

促进外贸保稳提质 …………………… 100
"放管服"改革 ………………………… 100
属地查检 ……………………………… 101

查缉走私 ……………………………… 102
概况 …………………………………… 102
查缉货运走私 ………………………… 102
查缉行邮走私 ………………………… 102
查缉沿边沿海走私 …………………… 103
打击跨境赌博、电信网络诈骗 ……… 103
刑事案件处理 ………………………… 103
行政案件处理 ………………………… 104
反走私宣传 …………………………… 104

科技发展 ……………………………… 105
概况 …………………………………… 105
信息化应用项目管理 ………………… 105
署级信息化项目建设及应用 ………… 105
关级信息化项目建设 ………………… 105
实验室管理建设 ……………………… 106
实验室安全监督管理及质量控制 …… 106
网络安全保障 ………………………… 106
信息化基础运维保障 ………………… 106
网络线路覆盖保障 …………………… 107
科研项目管理 ………………………… 107

第六篇 综合保障

政务管理 ……………………………… 111
概况 …………………………………… 111
督查督办 ……………………………… 111
应急值班 ……………………………… 111
政务公开 ……………………………… 111
12360热线 …………………………… 111
信访工作 ……………………………… 112

政务信息 ……………………………… 112
新闻宣传 ……………………………… 112
保密档案工作 ………………………… 112
史志年鉴编修 ………………………… 113
对外合作 ……………………………… 113
建议提案办理 ………………………… 113

财务管理 ……………………………… 114
概况 …………………………………… 114
事业单位管理 ………………………… 114
涉案财物管理 ………………………… 114
疫情防控资金和物资保障 …………… 114
基建项目建设 ………………………… 115
财务监督 ……………………………… 115

督察内审 ……………………………… 116
概况 …………………………………… 116
配合国家审计 ………………………… 116
督察监督 ……………………………… 116
审计监督 ……………………………… 116
内控体系 ……………………………… 117
执法评估 ……………………………… 117

离退休干部工作 ……………………… 118
概况 …………………………………… 118
思想政治工作 ………………………… 118
组织建设 ……………………………… 118
捐资助学 ……………………………… 119
精准服务 ……………………………… 119
业务培训 ……………………………… 119
老年大学 ……………………………… 119
文化宣传 ……………………………… 120

第七篇 各隶属海关及办事处

佛山海关 ……………………………… 123

概况	123	概况	133
党建工作	123	党建工作	133
队伍管理	123	队伍管理	134
纪检监察	124	疫情防控	134
口岸监管	124	口岸监管	134
税收征管	124	查缉走私	135
查缉走私	125	税收征管	135
统计分析及政策研究	125	业务改革	135
企业管理	125	服务外贸发展	135
保税监管	125	政务管理	136
卫生检疫	125	**佛山海关驻南海办事处**	**137**
动植物检疫	126	概况	137
进出口食品安全监管	126	党建工作	137
商品检验	126	队伍管理	137
法治建设	127	纪检监察	137
风险管理	127	口岸监管	138
政务管理	127	税收征管	138
督察内审	128	查缉走私	138
科技应用	128	统计分析及政策研究	138
财务管理	128	企业管理和稽查	138
佛山海关驻禅城办事处	**129**	检验检疫	139
概况	129	风险管理	139
党建工作	129	政务管理	139
专项教育活动	130	督察内审	139
纪律作风建设	130	财务管理	140
队伍建设	130	**佛山海关驻三水办事处**	**141**
行政管理	131	概况	141
疫情防控	131	党建工作	141
打击走私	131	队伍建设	141
安全生产	131	监管业务	142
税收征管	131	税收征管	142
促进外贸保稳提质	132	企业管理和稽查	142
佛山海关驻顺德办事处	**133**	检验检疫	142

佛山海关驻高明办事处 …… 143
　概况 …… 143
　党建工作 …… 143
　"海关重点项目和财物管理以权谋私"
　　专项整治 …… 143
　队伍建设 …… 143
　税收征管 …… 144
　综合业务 …… 144
　卫生检疫 …… 144
　动植物检疫 …… 145
　进出口食品安全监管 …… 145
　口岸监管 …… 145
　查缉走私 …… 146
　内部疫情防控 …… 146

广州白云机场海关 …… 147
　概况 …… 147
　党建工作 …… 147
　队伍建设 …… 148
　督察审计 …… 148
　疫情防控 …… 148
　监管打私 …… 149
　安全生产 …… 149
　促进贸易 …… 149
　科技应用 …… 149
　重点项目 …… 150
　综合保障 …… 150

广州邮局海关 …… 151
　概况 …… 151
　党建工作 …… 151
　队伍建设 …… 151
　内部机制建设 …… 152
　疫情防控 …… 152
　安全生产 …… 153

　监管打私 …… 153
　促进外贸保稳提质 …… 153

海珠海关 …… 154
　概况 …… 154
　党建工作 …… 154
　队伍建设 …… 155
　法治建设 …… 155
　风险管理 …… 155
　税收征管 …… 155
　卫生检疫 …… 155
　属地查检 …… 156
　监管业务 …… 156
　企业管理 …… 156
　查缉走私 …… 156
　政务管理 …… 156
　财务后勤保障 …… 157
　服务粤港澳大湾区 …… 157

广州会展中心海关 …… 158
　概况 …… 158
　党建工作 …… 158
　政研宣传 …… 159
　"海关重点项目和财物管理以权谋私"
　　专项整治 …… 159
　疫情防控 …… 159
　业务建设 …… 159
　服务广交会 …… 159
　"新业态+会展"模式 …… 160
　服务企业 …… 160
　海关监管仓项目建设 …… 160

天河海关 …… 162
　概况 …… 162
　党建工作 …… 162
　廉政建设 …… 163

队伍建设 …………………………… 163
风险管理 …………………………… 163
外贸保稳提质 ……………………… 164
稽查核查 …………………………… 164
国门安全 …………………………… 165
属地查检 …………………………… 165
政务管理 …………………………… 165
企业管理及AEO培育 ……………… 165
原产地签证 ………………………… 165
减免税管理 ………………………… 166
驻穗领馆业务 ……………………… 166

广州车站海关 …………………………… 167
概况 ………………………………… 167
党建工作 …………………………… 167
队伍建设 …………………………… 167
专项教育 …………………………… 168
巡察工作 …………………………… 168
"海关重点项目和财物管理以权谋私"
　专项整治 ………………………… 168
疫情防控 …………………………… 169
应急处置 …………………………… 169
促外贸稳增长 ……………………… 169
打击走私 …………………………… 170

番禺海关 ………………………………… 171
概况 ………………………………… 171
党建工作 …………………………… 171
党风廉政 …………………………… 171
口岸监管 …………………………… 172
税收征管 …………………………… 172
查缉走私 …………………………… 172
企管稽查 …………………………… 172
卫生检疫 …………………………… 173
动植物检疫 ………………………… 173

进出口食品安全监管及商品检验 …… 173
促进外贸保稳提质 ………………… 173
法治建设 …………………………… 174
风险管理 …………………………… 174
综合保障 …………………………… 174

南沙海关 ………………………………… 175
概况 ………………………………… 175
学习贯彻党的二十大精神 ………… 175
疫情防控 …………………………… 176
国门安全 …………………………… 176
打击走私 …………………………… 176
落实《南沙方案》 ………………… 176
优化口岸营商环境 ………………… 177
通关物流体系建设 ………………… 177
综合保税区及"两仓"监管 ………… 177
支持全球人道主义应急仓库和枢纽建设
　…………………………………… 178

越秀海关 ………………………………… 179
概况 ………………………………… 179
党建工作 …………………………… 179
"海关重点项目和财物管理以权谋私"
　专项整治 ………………………… 179
队伍建设 …………………………… 179
促进外贸保稳提质 ………………… 180
优化口岸营商环境 ………………… 180
属地查检 …………………………… 180
企业管理 …………………………… 180
风险管理 …………………………… 181
专项稽查 …………………………… 181
政务运行 …………………………… 181
安全应急处置 ……………………… 181

荔湾海关 ………………………………… 183
概况 ………………………………… 183

党建工作	183
队伍建设	184
疫情防控	184
安全生产	184
风险管理	184
市场采购业务	184
属地业务	184
促外贸稳增长	185

肇庆海关 … 186
概况	186
党建工作	186
队伍建设	187
风险管理	187
税收征管	187
检验检疫	187
科技发展	188
查缉打私	188
督察内审	188
服务农食产品	188
优化口岸营商环境	188

韶关海关 … 189
概况	189
党建工作	189
专项教育	189
全面从严治党	189
专项整治	190
队伍建设	190
疫情防控	190
安全生产	190
税收征管	190
优化口岸营商环境	190
优化产业布局新业态	191
认证企业培育	191
风险管理	191
国门安全	191
打击走私	191

清远海关 … 192
概况	192
党建工作	192
队伍管理	192
监管业务	193
税收征管	193
打击走私	193
促外贸稳增长	194
企业管理	194
加工贸易监管	194
卫生检疫	194
动植物检疫	195
进出口食品安全监管	195
商品检验	195
法治建设	195
风险管理	195
政务管理	196

花都海关 … 197
概况	197
党建工作	197
疫情防控	198
税收征管	198
监管业务	198
检验检疫	198
便捷通关	199
减税降费	199
助推企业发展	199
开拓外贸增长点	200

大铲海关 … 201
| 概况 | 201 |

党建工作	201
队伍建设	201
法治建设	202
疫情防控	202
监管业务	202
查缉走私	202
政务管理	203
财务后勤保障	203
督察内审	203

从化海关 …… 204
概况	204
党建工作	204
队伍建设	204
监管业务	205
疫情防控	205
马产业发展	205
优化口岸营商环境	205
支持特色农业产业发展	206
检验检疫	206
法治建设	206
政务管理	206
督察内审	206
科技发展	207
财务管理	207

云浮海关 …… 208
概况	208
党建工作	208
队伍建设	209
监管业务	209
风险管理	209
税收征管	209
检验检疫	210
查缉走私	210

促进外贸保稳提质	210
安全生产	210
疫情防控	210

罗定海关 …… 212
概况	212
党建工作	212
优化口岸营商环境	213
农产品安全出口	213
后续监管	213
检验检疫	213
"放管服"改革	214
服务外贸发展	214
疫情防控	214

河源海关 …… 215
概况	215
党建工作	215
队伍建设	216
纪检监察	216
监管业务	216
促进外贸保稳提质	216
查缉走私	216
统计分析及政策研究	217
企业管理	217
检验检疫	217
风险管理	217
综合业务改革	217
政务管理	218
督察内审	218
财务管理	218

附　录

2022 年广州海关文件规定 …… 221

广州海关关于免税进口的科学研究、科技开发和教学用品便利化开放共享及临时移出业务办理的公告 …………… 221

广州海关落实《海关总署支持广州南沙深化面向世界的粤港澳全面合作若干措施》细化措施 ………… 226

2022 年广州海关领导班子成员 …………… 232

2022 年度广州海关省部级荣誉（集体）… 233

2022 年度广州海关省部级及以上荣誉（个人） …………… 234

2022 年度广东省各地市外贸进出口情况统计表 …………… 235

2022 年度广州市外贸主要贸易方式统计表 …………… 236

"中国海关史料丛书"编委会

"中国海关史料丛书"编委会 …………… 237

第一篇 特载

在 2022 年广州海关关区工作会议上的讲话

广州海关关长、党委书记　李全

（2022 年 1 月 27 日）

这次会议的主要任务是：以习近平新时代中国特色社会主义思想为指导，深入贯彻党的十九大和十九届历次全会精神，深入领会"两个确立"的决定性意义，增强"四个意识"、坚定"四个自信"、做到"两个维护"，认真落实 2022 年全国海关工作会议、全面从严治党工作会议部署，对接广东省"1+1+9"工作部署，总结 2021 年工作，研判形势和问题，明确 2022 年工作思路和重点任务。

一、2021 年广州海关工作回顾

2021 年，广州海关在总署党委的坚强领导下，统筹推进口岸疫情防控和促进外贸稳增长，不断强化监管优化服务，许多工作都取得了新成效、呈现出新亮点。

监管执法水平稳步提升。依托两级监控指挥中心加大对现场作业督导检查力度。属地查检工作机制逐步优化，口岸与属地联系配合加强。持续作好口岸环节违禁品查缉、"扫黄打非"等工作。强化海关知识产权边境保护，查扣侵权货物批次增长 1 倍。开展安全生产专项整治三年行动集中攻坚，建立港口安全生产联防联控机制。

生物安全防线更加巩固。同步作好各类传染病口岸防控，严防外来物种入侵。建成海关系统首个公共卫生安全署级中心实验室，生物岛 P3 实验室投入使用。促进粮食和种质资源等扩大进口，支持关区特色产品出口。服务港澳繁荣稳定，监管供港澳主要农食产品比重全国领先，检疫监管往返穗港马匹增长 32.8%。

进出口检验工作高效严密。完善进出口商品质量安全风险预警监管体系建设，推进矿产品"先放后检"、第三方检验结果采信、进口大宗商品重量鉴定监管方式调整等改革，加强重点敏感商品检验监管，进口工业品不合格检出率大幅提高。实施进口食品化妆品监督抽检和风险监测，严防不合格进口食品化妆品入境。推动进出口商品质量安全风险管理信息化系统试运行，牵头组织玩具国际标准修订取得突破。

改革创新举措相继落地。全业务领域一体化改革稳步推进，率先实现跨关区"一窗通办"。智慧海关建设成果与业务改革进一步融合，应用集中审像、"智能审图"等科技手段提升口岸查验效能。创新实施"一港通""组合港"等措施，支持开展"内外贸集装箱同船运输"业务，助力南沙港年内净增外贸航线21条。优化口岸营商环境，进口货物"船边直提"、出口货物"抵港直装"模式在多个码头应用，广州在财政部、发改委组织的营商环境评估中，跨境贸易指标分列第1位和第2位。

服务发展成效广泛彰显。 深化"三智"跨境合作，穗港穗澳邮件智慧监管项目入选全国海关首批"三智"国际合作示范项目。推动落实《"十四五"海关发展规划》，服务粤港澳大湾区建设，推动《区域全面经济伙伴关系协定》（RCEP）相关措施在南沙综保区先行先试，助力关区两个综保区进出口值合计增长41.9%，促进关区范围内7地市外贸增长15.9%。服务第130届广交会线上线下融合举办，助力广州、佛山跨境电商综试区进出口货值位居全国前两位，支持花都市场采购贸易试点集聚区拓展。大朗站中欧班列形成8条常态化运营路线，监管中欧班列进出口标箱增长22%。实施"企业升级计划"，年内培育AEO认证企业345家。对58项国外技贸措施法规开展评议，研提21项特别贸易关注议题。

打击走私保持高压态势。 坚决贯彻落实习近平总书记重要指示批示精神，强化打击治理粤港澳海上跨境走私，严厉打击"水客"走私。"国门利剑2021"行动成效显著，破获一系列"邮快跨"以及水上渠道走私大案，破获的重特大走私淫秽物品案被评为2021年全国"扫黄打非"十大案件，为海关系统唯一入选案件。"奋斗04"打击跨境电商渠道"水客"走私奶粉案被海关总署列为民生领域打击走私典型案例。构建全员打私大格局，筑牢监管打私防线。

干部队伍建设全面加强。 开展领导班子分析研判和中期考核，配强事业单位领导班子，在全关范围开展干部调研，选人用人更加注重群众公认和干部实绩。优化职级晋升规则。制定高职级公务员管理办法。建立疫情防控封闭管理人员长效激励机制。关区联学联训深入开展，教育培训质效稳步提升，参加考核人员培训学时、学分达标率均为100%。以"五个进一步"加强和改进离退休干部工作。干部管理监督进一步加强。

全面从严治党纵深推进。 巩固深化"强基提质工程"。"支部强在科上"迈出坚实步伐，选树49个"四强"党支部，开展"党建1+1"结对共建，5个基层党组织通过"全国海关基层党建示范（培育）品牌"复核，1个晋升为示范品牌，"星火"青年理论提升学堂纳入全国海关基层党建"书记项目"试点、入选2021年度广东基层党建创新案例优秀案例。制定26条措施严格规范对"一把手"和领导班子的监督，制定17条举措深入治理违反中央八项规定精神突出问题、深化清廉海关建设，推动"两个责任"贯通联动、同向发力。

综合保障能力持续增强。 完成权责清单编制第一阶段任务，推进各业务领域规范性文件"立改废释"，全面推行行政执法"三项制度"。持续为基层减负，开展"指尖上的形式主义"专项整治。建立政策研究7项机制，参与总署重点商品专项调研，完成14个署级课题、63个关级课题研究。信息新闻、政务公开、值班应急、机要保密和信访等工作质效提升。

过去一年我们取得的成绩，是坚持以习近平新时代中国特色社会主义思想为指导，坚决贯彻党中央、国务院重大决策部署的结果，是总署党委正确领导的结果，是历届关党委接续奋斗的结果，更是全体穗关人风雨同舟、艰苦奋斗的结果。在此，我代表广州海关党委，向全体干部职工和离退休老同志，特别是奋战在口岸疫情防控一线的同志们表示亲切慰问和崇高敬意！

二、准确把握形势，明确工作思路

作好广州海关2022年工作，必须准确把握党中央战略意图，严格落实总署党委工作要求，深入分析研判关区形势，找准下一步工作的努力方向。

（一）走好新的赶考之路，必须强化政治建关，忠诚捍卫"两个确立"，坚决做到"两个维护"。

党的十九届六中全会以历史决议的形式作出"两个确立"的重大论断，对新时代党和国家事业发展、对推进中华民族伟大复兴历史进程具有决定性意义。当代中国正在经历人类历史上最为宏大而独特的实践创新，改革发展稳定任务之重、矛盾风险挑战之多、治国理政考验之大都前所未有。越是形势复杂，越是任务艰巨，越要坚决捍卫"两个确立"，做到"两个维护"。全国海关工作会议再次强调，海关是政治机关，是准军事化纪律部队，必须旗帜鲜明讲政治，大力加强政治机关建设。在"五关"建设的总体要求中，政治建关处于引领地位、发挥引领作用，是海关的立关之本。我们要把认真开展专项教育活动作为今年工作的重中之重，切实提高政治判断力、政治领悟力、政治执行力，把讲政治从外部要求转化为内在主动，推动党建与业务深度融合，以实际行动展现广州海关的政治担当。

（二）履行把好国门首要职责，必须树立底线思维，强化全链条监管，防范和化解各类风险隐患。

当前，各类传统安全与非传统安全风险交织叠加，政治、社会、生态等输入性风险挑战不断增大，广州关区点多线长面广、业务种类齐全，面临的形势更加复杂。口岸疫情防控任务十分艰巨，进出境传染病、动植物疫病、外来物种防控也面临较大压力。危化品、再生金属、冻品等敏感商品业务量大、隐患多，安全准入监管风险高。跨境电商、市场采购等新型贸易业态快速发展，对强化监管和打击虚假贸易提出更高要求。"水客"走私，粤港澳海上跨境走私，象牙等濒危物种及其制品、"洋垃圾"走私等，成为关区打私的重要政治任务。我们要坚持总体国家安全观，发扬斗争精神、增强斗争本领，准确把握关区各类监管对象的风险特点，全面履行监管职责，及时化解风险隐患，坚决筑牢安全屏障，切实守住监管底线。

（三）服务高质量发展，必须深化改革创新，优化营商环境，多措并举稳外贸促发展。

广东外向型经济发达，但关区外贸发展仍存在不平衡、不充分的问题，部分隶属海关业务结构单一，业务发展存在瓶颈。同时，我国经济发展面临的需求收缩、供给冲击、预期转弱三重压力在关区也有突出体现，外贸发展面临诸多不确定因素。促进高质量发展，海关工作首先要契合国家发展战略，紧扣服务"一带一路"建设、粤港澳大湾区建设、自贸试验区建设等，研究落实国家重要战略布局、重大决策部署的新路径、新方法、新举措，挖掘关区外向型经济新的增长点。要深刻认识海关作为国内国际双循环交汇枢纽的定位，充分发挥海关职能作用，深化改革创新，制定具有针对性、差异性的稳外贸措施，支持重要平台、重大项目建设，稳住外贸基本盘。要围绕广州作为营商环境创新试点城市、实施跨境贸易便利化专项行动城市的有利契机，深入研究新框架下的营商环境评价体系。深化通关便利化改革，巩固压缩整体通关时间，清理进出口环节涉企收费成效。打造市场化法治化国际化口岸营商环境。

（四）提升治理能力水平，必须加强制度机制建设，优化内部管理，找准重点抓基层强基础。

广州海关人员多、盘子大，近年来，我们在提升内部管理效能方面开展了许多实践探索，但面对新形势新要求仍然存在差距。各职能部门合力不强，基层治理能力相对比较薄弱，防范化解风险的制度机制不够完善，在政策执行过程中存在落实不到位、执行效果弱等问题。干部政治素质的评判标准和程序还不够科学严谨，资质培育和人才培养的联动机制还不完善，干部队伍整体综合素质仍有提升空间。基础不牢，地动山摇，抓基层强基础是提升关区治理能力的重要前提。我们要增强危机感、紧迫感，全面完善各领域制度机制，加强关区资源统筹，增强部门工作合力，大力推进领导班子和人才队伍建设，激发干事创业活力，提高综合保障水平，提升业务运行效率，为广州海关长远发展夯实基础、积势蓄能。

2022年是党的二十大召开之年，作好今年工作意义重大，我们要在总署党委的领导下，振奋精神、坚定信心，埋头苦干、勇毅前行，以奋进的姿态、务实的行动、扎实的业绩，重新塑造广州海关的品牌形象。关党委研究认为，2022年广州海关工作的总体要求是：以习近平新时代中国特色社会主义思想为指导，深入贯彻党的十九大和十九届历次全会精神，认真落实中央经济工作会议部署，弘扬伟大建党精神，深入学习领会"两个确立"的决定性意义，增强"四个意识"、坚定"四个自信"、做到"两个维护"，立足新发展阶段，完整、准确、全面贯彻新发展理念，加快构建新发展格局，推动高质量发展，认真落实全国海关工作会议、全面从严治党工作会议部署，结合广东发展和规划目标，坚持正确的政治方向、政治立场，坚持系统观念、底线思维，防止区域性、系统性风险发生，坚持稳字当头、稳中求进，深入推进政治机关建设，深入推进"五关"建设，深入推进准军事化纪律部队建设，全身心投入专项教育活动，全领域防范化解风险隐患，全方位夯实关区基层基础，提升制度创新和治理能力建设水平，砥砺深耕、笃行致远。

三、稳字当头、稳中求进，深入推进"五关"建设，作好2022年重点工作

（一）深入推进政治建关，坚决做到"两个维护"。

全面加强党的领导。深入学习习近平新时代中国特色社会主义思想，把学习宣传贯彻党的十九届六中全会精神、党的二十大精神作为重大政治任务，推动理论学习走深走实、入脑入心。建立常态化长效化制度机制，巩固拓展党史学习教育成果。关党委领学促学，发挥"初心堂""星火"青年理论提升学堂等阵地作用，用好粤海关博物馆爱国主义教育基地、大铲海关党性锤炼基地。完善两级党委工作机制，坚持民主集中制，严格执行重大事项请示报告

制度。

扎实开展专项教育活动。落实"做在前、走在前"要求，切实增强从政治上分析问题、解决问题的意识和能力，运用系统观念的意识和能力，以及防范化解风险的意识和能力。关党委在加强政治机关建设、明确各领域各岗位政治要求、推动各级党组织做在前走在前、加强责任分析和责任追究等方面制定意见，经常性研究部署专项教育活动，每月听取情况汇报。关党委委员加强谈心谈话工作，到各基层联系点支部参加专题学习。实施"一把手"政治能力提升计划，举办部门主要负责同志专题培训班。各部门、单位针对查摆出的问题"挂图作战"，实行项目化推进、销号式管理，狠抓整改落实。在全关范围开展"强化政治机关意识"大讨论，各党支部围绕主题开展党日活动。

坚决落实重大决策部署。充分发挥党委把方向、管大局、保落实的作用，加强重大部署、重要任务、重点工作组织领导，做到党中央提倡的坚决响应、党中央决定的坚决照办、党中央禁止的坚决杜绝。严格执行"第一议题"制度，优化会议研究机制，完善上下贯通、执行有力的抓落实机制，建立健全政治要件闭环落实机制。将推动落实党中央重大决策部署情况作为各类监督的重中之重，以"不落实之事"倒查"不落实之人"，对失职失责干部严肃问责。

（二）深入推进改革强关，积极服务扩大制度型开放。

加强改革系统集成。加快推进粤港澳大湾区全业务领域一体化改革，积极推动重点业务领域跨关区协同管理。聚焦"现场—中心式"管理模式，进一步深化业务融合，持续推进改革"问题清零"。加大制度创新力度，推动特殊监管区域与自贸试验区统筹发展，支持全球人道主义应急仓库和枢纽、国际分拨中心、保税医药、保税航材等重点产业和项目发展。以推广应用新一代通关管理系统为抓手，推动整合系统功能，调整优化业务流程。作好改革成效和风险评估，加强关联性分析。

促进外贸高质量发展。研究制定新一轮外贸促稳提质措施，支持扩大战略资源、先进技术装备等进口，助力出口产品提升国际竞争力。支持跨境电商、市场采购贸易等健康发展，助力提升"专精特新"企业国际市场份额。推广企业集团加工贸易监管模式改革，深化完善以企业为单元的加工贸易监管，积极参与单耗管理等改革试点。支持粤港澳大湾区重点项目建设，支持广州市国际消费中心城市、南沙进口贸易促进创新示范区建设，统筹推进口岸开放。

持续优化口岸营商环境。大力实施2022年度促进跨境贸易便利化专项行动，不断深化通关便利化改革，提升企业和群众获得感。优化通关时效监控手段，支持企业采用"提前申报""两步申报"等多元化申报模式，进一步巩固压缩整体通关时间。推进关区口岸营商环境评估体系建设和应用，配合相关部门开展口岸绩效评估。推动在"单一窗口"部署更多的便民利企项目，提升口岸信息化无纸化水平，提高口岸运作效率。

加强国际经贸规则对接。以承办"三智"专联组秘书处为契机，建立关区项目库，推动深化关际合作，聚焦重要业务领域，助力以"三智"引领海关国际合作。作好RCEP实施工作，推动经核准出口商制度实施，落实原产地相关优惠政策；针对实施后区域产业链、供应链、价值链变化，加强原产地规则和关税减让宣传，引导企业充分享受政策红利。积极参与《全面与进步跨太平洋伙伴关系协定》（CPTPP）和《数字经济伙伴关系协定》（DEPA）规则研究。充分发挥关区技贸研究中心和技贸评议基地集群作用，提升合规意识和技术创新能力，助力企业"走出去"。

加强政策研究和统计工作。认真落实《"十四五"海关发展规划》及我关实施方案，推动各项工作部署落到实处、见到实效。深入开展政策研究和调查研究，完善政研成果转化机制，加强跟踪督导。深化"数据+研究"，加强业务统计数据、贸易数据、宏观数据的融合分析，常态化监测数据异动。加强统计监督，保障统计数据质量。依法合规开展统计服务。确保统计数据安全。进一步发挥海关学会作用，营造浓厚的群众性政策理论研究氛围。

（三）深入推进依法把关，全面筑牢国门安全屏障。

提升风险防控能力。健全纵向到底、横向到边、全覆盖的风险防控体系。完善全链条、宏观性风险的研判、处置、反馈机制，建立各部门、单位经常性风险研判机制，加强关联性分析，防范单项风险上升为综合性风险、局部风险演化为系统风险、一般风险演化为政治风险。提升风险精准防控水平，加强大数据和情报应用。推进现场即决式布控，稳步提高查获率。

抓好口岸疫情防控。优化关区监控指挥体系，对国内外疫情信息开展跟踪研判，加强对抗"疫"一线的指导。作好入境人员卫生检疫。加强对机组人员、船舶船员等精准检疫；严格实施进口冷链食品农产品和高风险非冷链集装箱货物监测检测；严格实施消毒工作监督。加强国境口岸范围内入境客运航空器终末消毒和固液体废弃物处理监督。加强与地方联防联控机制的配合，推进口岸公共卫生核心能力建设，提升卫生检疫全流程智能化项目实效。作好安全防护，提升应急处置能力。严防重大烈性传染病传入，防止疫情叠加。

筑牢国门生物安全屏障。组织开展入境口岸外来入侵物种普查，强化进出境动植物疫情疫病防控、监测和风险预警，健全风险评估机制，完善关区重大动植物疫情应急处置预案，提升快速反应能力。坚持人病兽防、关口前移，从源头前端阻断人畜共患病的传播路径。作好重大动植物疫情防控工作。开展"国门绿盾2022"行动，积极参与总署截获数据库建设，坚决打击非法携带、寄递、夹带外来物种和种子苗木进境行为。作好进境活动物全链条检疫监管，支持动植物种质资源和优良品种安全引进。严格实施供港澳农食产品检验检疫监管，促进农产品优进优出。

保障进出口食品商品安全。推进进出口食品安全管理办法等实施，完善关区食品安全监管制度，开展进口食品"国门守护"行动，支持岭南特色产品扩大出口。探索粤港澳大湾区食品安全合作共治，擦亮大湾区"菜篮子"品牌。持续推进进出口商品质量安全风险预警和快速反应监管体系建设。深化商品检验模式改革。

提高税收征管水平。建立关区税收征管风险防控及评估机制，推动实现涉税风险防控全覆盖。提高关税征收吻合度。积极配合国家外贸政策，准确落实减税降费政策。优化税收征管机制，稳步推广汇总征税、预裁定等便利措施。加强属地纳税人管理，建立健全纳税遵从度评估等制度机制，推进应税进口全链条管理。加大税政调研力度，聚焦国家战略及前沿领域、新兴产业、重点项目等，积极为税收政策建言献策。

强化口岸实货监管。加大口岸环节监管查验力度，优化关区两级监控指挥中心运行，深化监管装备智能化应用，提升现场主动查发能力。加强进出境运输工具监管，提升登临检查移动单兵作业终端应用效能，加强口岸监管。大力开展知识产权保护专项行动，作好重大赛事活动监管服务保障。打好安全生产专项整治三年行动收官之战。持续规范监管作业场所管理。

加强企业管理和后续监管。深入实施以信用为基础的企业分级分类监管，提高认证质量，强化合规示范作用。加强报关单位注销管理，拓展"多证合一"改革成效，扩大特定资质"一次备案、资质共享"试点范围。深化稽查改革，加大涉检、涉税领域稽查力度，提高办案水平。推进核查分类改革，开展重点领域核查行动。持续推进属地查检业务改革，优化查检作业模式，规范执法作业程序。探索实施稽查、核查、属地查检等外勤执法作业一体化改革，创新运用科技化手段，不断提升外勤执法作业监管有效性。

强化反走私工作。坚决贯彻习近平总书记对打私工作的重要指示批示精神，开展"国门利剑2022"联合行动，聚焦中央关注、社会关切、群众关心的问题，集中力量加大打击力度。持续构建关区打私大格局，不断筑牢全员打私意识、机制和成效。提高缉私警察专业保障能力，推进"智慧缉私"建设，推动缉私战法创新，发挥办案反哺作用。加强打私综合治理及跨部门跨警种合成作战，提升"打、防、管、控"的整体效能。

提升执法规范化水平。积极参与海关法律法规制修订工作，推动构建系统完备、科学规范、运行有效的制度体系。充分发挥职能部门规范管理作用，加强业务指导和监督检查，强化关区管理合力。建立处级领导干部在本部门、本单位跟班作业制度。加强规范性文件、业务制度性文件和改革创新举措的合法性审查，持续开展文件动态清理。深化"放管服"改革，落实精简行政许可事项、推进"双随机、一公开"监管等工作部署，持续推进"三项制度"有效落实。高质量完成直属海关权责清单编制工作，进一步规范权力运行和监督。作好行政复议应诉工作，更好发挥公职律师作用，开展以案说法，发挥典型案例指导执法作用。

（四）深入推进科技兴关，持续提升创新和应用水平。

提升"智慧海关"应用效能。聚焦关区特色业务，积极参与智能审图算法研发和应用试点。推进总署交办项目建设，将我关改革亮点融入署级项目。推广24小时智能通关、旅客自助快速通关、移动远程监管等技术，提升实战应用水平。积极对接地方"单一窗口"，拓展我关特色应用。

推进科技业务一体化。强化一体化立项论证，推进信息系统整合优化，加强项目实施管理，完善项目退出机制。探索重点领域科技创新，开展网络升级改造。坚持和完善科技人员跟班作业制度，通过业务、科技"联合攻关"方式，解决基层的热点、难点问题。

优化实验室规划布局。对标国际顶尖水平，推进公共卫生安全署级中心实验室建设，深挖生物岛P3实验室、国家进口废油属性鉴定重点实验室（广州）、进出境商品涉税化验实验室联盟等发展潜能，推动更多实验室获得国际权威机构组织认证/认可。对现有规划实验室进行动态评估调整，完善关区检验检测技术体系。加强实验室安全管理，确保平稳有序运行。

保障网络和数据安全。落实网络安全责任，增强全员安全防范意识。加强日常管理，健全网络和数据安全防护体系，推进应用系统授权账号清理。

（五）深入推进从严治关，纵深推进全面从严治党。

深化拓展"强基提质工程"。建立推进党建工作高质量发展长效机制，制定党建与业务深度融合具体措施，推动各隶属海关党委加强对本单位党的建设的领导，着力增强基层党组织政治功能，把党建成果转化为实际工作成效。以"支部强在科上"为目标，深化"四强"党支部争创和党建品牌创建工作，用好"智慧党建"平台，推进标准化规范化建设。抓好分类指导，完善企事业单位党组织建设，加强党建经验做法的总结提炼，推动党组织间联学共建。认真组织开展海关史研究，高质量完成志书编撰工作。

建设高素质干部队伍。完善政治素质考察办法，制订考察项目"正、负面清单"，探索建立领导干部政治素质档案，健全领导班子和领导干部动态分析研判机制，选优配强领导班子。系统深化干部调研，近距离考察识别干部，完善精准考核，分类分级建立优秀处科级干部库。配强执法一线科长，注重在基层和一线选拔优秀干部，强化梯次培养。建立健全贯穿招录、培养、使用、选拔等各环节的人才工作机制，培养高层次领军人才，促进各业务领域人才供需平衡。培养复合型人才，倡导"一专多能、几专多能"，加大资质普及力度，提升具备资质人员的实操能力，建立与选拔、晋升、评优、交流等关联的资质激励机制。创新干部教育培训方式方法，推进基层业务实训教学点完善升级和经验复制推广。高质量作好老干部服务保障工作，更好发挥工会、群团等组织作用。

大力抓好纪律作风建设。强化内务规范和纪律作风养成，加大视频检查和现场随机检查、暗访力度，实施"见人见事见责任"通报。推进荣誉体系建设，大力实施文明单位创建巩固提升三年行动计划，积极创建青年文明号。加强和改进思想政治工作，开展经常性纪律教育，各级领导干部工作下沉、脚板向下，采取跟班作业、谈心谈话、工作提示提醒等方式，做到严在平常、抓在日常。弘扬正气，大力培树先进典型，加大奖励力度，激励干部干事创业、建功立业。在政策允许范围内为干部职工多办实事、多办好事，特别要持续激励关怀防疫一线、海岛和山区干部职工。

扎实推进党风廉政建设和反腐败斗争。坚持严的主基调不动摇，推进源头治理、综合治理、系统治理，构建关区大监督体系。突出责任落实，健全完善党委落实全面从严治党主体责任检查考核机制；突出关键少数，加强对"一把手"和领导班子监督；突出监督合力，完善纪检监察、巡察监督、督察审计、干部监督及职能部门监督等监督力量协作配合机制，充分发挥派驻纪检组监督作用，厘清各监督主体"条""块"责任。强化巡视巡察上下联动，深化开展科室巡察。用好监督执纪"四种形态"，深入治理违反中央八项规定及其实施细则精神突出问题，锲而不舍纠"四风"树新风，深刻认识形式主义、官僚主义是党和国家事业发展的大敌，重拳惩治风腐交织、隐形变异问题，严肃查处各类违纪违法行为。以"制度+科技"规范权力运行，建立"一监督一分析"制度，完善"一案双查""一查双析"机制，推动执法行为全链条进系统、留痕迹、可追溯。严肃精准问责，明确问责事项清单、程序要求，同步开展主体责任和监督责任分析，开展问责情况监督检查。常态化开展警示教育，健全典型案例通报分析制度，提升"以案促改"实效。

提升行政运行质效。狠抓机关作风建设，提高办文办会办事水平，持续推进精文简会，推动为基层减负从"减量"向"提质"转变。加强调查研究，提升信息报送质效。加大新闻正面宣传力度，树立海关良好形象。作好人大建议政协提案办理、值班应急、机要保密、档案管理、政务公开和信访等工作。实施统分结合、分类保障预算机制，压紧压实各单位自主平衡预算主体责任，加大民生投入力度。健全过"紧日子"长效机制，将绩效管理嵌入预算管理全流程，提升关区各类资产使用效率，进一步规范政府采购、公务用车、涉案财物等领域管理。创建绿色机关，全部处级及以上单位建成节约型机关。

在2022年广州海关全面从严治党工作会议上的讲话

广州海关党委书记、关长　李全

（2022年1月27日）

这次会议的主要任务是，认真学习领会习近平总书记在十九届中央纪委六次全会上的重要讲话精神，深入贯彻落实全国海关工作会议、全面从严治党工作会议部署，回顾2021年我关全面从严治党工作，部署2022年主要任务。

一、2021年工作回顾

2021年是中国共产党成立100周年，全关上下以习近平新时代中国特色社会主义思想为指导，在总署党委的正确领导下，坚定不移推进全面从严治党，坚持不懈正风肃纪反腐，清廉海关建设取得一定成效，为我关落实海关"十四五"发展规划开好局起好步、推动关区各项事业发展提供了有力政治保障。

（一）**坚持以政治建设为统领**。把党史学习教育作为贯穿全年的重大政治任务，与学习贯彻党的十九届六中全会精神相结合，通过"专题学习""实践学习""开门学习"等学思践悟，两级党委理论学习中心组带头学习345次，86个青年理论学习小组定期研讨，广泛开展庆祝建党100周年系列活动，1109个"我为群众办实事"重点民生项目基本完成，4个项目入围全国海关"百佳项目"。认真贯彻落实习近平总书记重要指示批示精神和党中央重大决策部署，推动"十四五"海关发展规划落地实施，细化225项措施动态跟进。出台做到"两个维护"狠抓责任落实的实施意见，制定规范落实第一议题制度9项措施，聚焦抓落实开展政治监督，实施视频督导检查，及时纠正偏差。统筹作好疫情防控和促进外贸稳增长工作，加强正面监管，服务乡村振兴，持续优化口岸营商环境、着力构建反走私大格局、服务粤港澳大湾区建设，以实际行动落实"两个维护"的成效不断彰显。高质量抓好党建工作，打造"初心堂"阵地。选树49个"四强"支部。巩固深化"强基提质工程"。举办党支部书记能力提升班，6个基层党组织获评全国海关示范（培育）品牌，基层党建工作连续3年在广东省直机关中获"好"的等次。

（二）**严格规范对"一把手"和领导班子监督**。制定加强对"一把手"和领导班子监督26条措施，监督指向更加明确、重点更加突出。印发关党委充分发挥领导作用的实施意见，修订"三重一大"决策制度实施细则和关党委议事清单，落实民主集中制更加严格到位。细化全面从严治党年度重点任务50项，组织自查并通报"一把手"和领导班子主体责任落实情况，围绕如何落实责任开展视频访谈，选取11名"一把手"现场述责述廉述党建，督促压实政治责任。组织对16名"一把手"开展巡察监督，检查5名"一把手"贯彻执行民主集中制情况，对10名"一把手"开展任中和离任审计。全覆盖组织领导干部开展配偶、子女及其配偶从业情况自查，抽查核实425人。制定强化问责工作10项措施，加强对"一把手"和班子成员监督。

（三）严实有力改进作风。制定深入治理违反中央八项规定精神突出问题、深化清廉海关建设17条举措，实施持续解决形式主义问题为基层减负12项措施，坚决精文简会，统筹检查项目，全面排查整治"指尖歪风"。建立7项调研机制，健全基层联系点制度，中心组成员深入开展调研148次，调研成果转化为解决问题、改进工作的实招。严格过"紧日子"，推进节约型机关创建，严控"三公"经费。坚持强素质、树形象，深化准军建设，聚焦业务需求开展联学联训、资质考核和岗位练兵，全覆盖开展内务督察和视频检查303次。坚持严管厚爱，制定疫情防控封闭管理人员专项激励措施，每季度开展思想动态调研摸清实情，优化职级晋升规则，深入推进文明单位创建、巩固提升三年行动计划。全年获得省部级以上荣誉11项。"放管服"改革深入推进。政务公开工作体系持续优化，"好差评"好评率保持100%，政务服务更加优质高效。

（四）标本兼治管权控权。坚持依法行政，深度参与《海关法》修法，稳步推进直属海关权责清单编制，形成7个权责类型、112个具体事项工作成果，进一步摸清权责底数、厘清职责边界。深入推进实施行政执法"三项制度"，有效发挥行政复议作用，召开推进行政执法规范化工作会议，严格制度执行和规范执法。积极拓展"制度+科技"应用，一体防控重点执法领域"三大风险"。开展涉案财物专项治理，健全政府采购、基建等领域制度，对企事业单位经营运行、实验室建设等开展专项审计，非执法领域风险防控不断强化。聚焦非职务领域开展全面排查，主动防范廉政风险。积极运用新海廉平台。强化内控机制建设，认真开展执法评估，持续规范权力运行。

（五）协同推进惩防体系建设。坚持释放"惩"的震慑，严格开展"现场监管与外勤执法权力寻租"专项整治，推动完善制度机制100项。深化拓展打私反腐"一案双查"，增强自主查发问题能力。加强巡视巡察上下联动，每季度评估推进巡视整改中长期工作，组织对16个部门单位开展常规巡察，完成对隶属海关单位巡察全覆盖；建立科室巡察制度，对2个科室开展"一竿到底"巡察；强化巡察整改，实名通报共性问题。制定规范运用第一种形态有关制度，健全实时更新台账、定期统计分析、关联考核评优机制。集中开展警示教育月活动，召开全关警示教育大会，每季度通报典型案例，推动开展"以案促改"，持续深化教育感召效果。

一年实践成果丰硕，我们深刻认识到"没有脱离政治的业务，也没有脱离业务的政治"，必须旗帜鲜明讲政治，进一步强化政治机关意识，提高政治判断力、政治领悟力、政治执行力，把讲政治要求落实到我关工作各领域、全过程；深刻认识到"不谋全局者，不足谋一域"，必须加强统筹协调，进一步强化系统观念，心怀"国之大者"，自觉把每一项工作放到大局中思考和定位，立足大局谋一域，谋好一域促全局；深刻认识到"明者防祸于未萌，智者图患于将来"，必须打好防范化解风险主动仗，进一步强化风险意识，树立底线思维，提高见微知著、驾驭复杂局面能力，做到在发展中保安全、在安全中促发展；深刻认识到"全面从严治党永远在路上"，必须一以贯之正风肃纪，进一步强化自我革命精神，一体推进不敢腐、不能腐、不想腐，营造风清气正的政治环境，为广州海关行稳致远保驾护航。

二、2022年主要任务

2022年广州海关全面从严治党工作总体要求：以习近平新时代中国特色社会主义思想为指导，深入学习贯彻党的十九大和十九届历次全会精神，认真落实十九届中央纪委六次全会要求，坚持以党的政治建设为统领，坚决捍卫"两个确立"，增强"四个意识"、坚定"四个自信"、做到"两个维护"，坚持稳中求进工作总基调，立足新发展阶段，完整、准确、全面贯彻新发展理念，自觉运用党的百年奋斗历史经验，弘扬伟大建党精神，永葆自我革命精神，认真落实全国海关工作会议、全面从严治党工作会议部署，坚持以严的主基调正风肃纪，聚焦"关键少数"深化全面监督，一体推进不敢腐、不能腐、不想腐，健全全领域风险防控体系，把全面从严治党向纵深推进，建设清廉海关，强化"五关"建设，以优异成绩迎接党的二十大胜利召开。重点作好以下6个方面工作。

（一）坚持把党的政治建设摆在首位，坚决以正确的认识、正确的行动捍卫"两个确立"、做到"两个维护"。

习近平总书记指出，必须坚持以党的政治建设为统领，坚守自我革命根本政治方向。全关要旗帜鲜明讲政治，做到时时处处向以习近平同志为核心的党中央看齐，不打折扣、不做表面文章。要切实强化政治机关建设。准确把握习近平总书记重要指示批示精神，真正悟透党中央大政方针，自觉从政治上、大局上观察和处理业务工作，把"两个维护"体现在强化监管、优化服务的实效上。拧紧学习、传达、督促、落实的闭环链条，严格规范落实"第一议题"制度，扎实贯彻党中央重大决策部署，结合实际细化落实措施，聚焦落实情况开展政治监督、强化视频督导，确保执行不偏向不变通不走样。深入开展捍卫"两个确立"、做到"两个维护"、强化政治机关建设专项教育活动，研究出台关于加强政治机关建设的实施意见，全面梳理各项业务、各个岗位具体政治要求，制定推动基层党组织和党员在专项教育活动中做在前、走在前的有关措施，确保专项教育活动取得扎实成效。要持续增强理论武装的政治自觉。坚持学懂弄通做实习近平新时代中国特色社会主义思想，作为党委理论学习中心组、支部"三会一课"、干部教育培训的核心内容，推动理论学习走深走实。按照党中央要求和总署党委部署，认真作好党的二十大精神的学习宣传贯彻。以学习贯彻党的十九届六中全会精神为重点巩固拓展党史学习教育成果，建立健全"我为群众办实事"实践活动长效机制。持续提升"关键少数"政治能力，定期组织"一把手"和班子成员接受系统理论教育，深化"星火"青年理论提升学堂，用足用好"初心堂"阵地，推动各层级党员干部领会实质、学用结合。要大力营造清朗政治生态。严肃党内政治生活，认真开好专题民主生活会和组织生活会，持续深化"强基提质工程"，不断增强党支部政治功能和组织力凝聚力。严明政治纪律和政治规矩，结合专项教育活动深入开展忠诚教育，教育督促党员干部坚持"五个必须"、杜绝"七个有之"。强化垂直领导意识。严格落实重大事项请示报告制度。突出政治标准选人用人。建立健全领导干部政治素质识别和评价机制，强化政治把关。

（二）坚持聚焦"关键少数"带动"绝大多数"，压紧压实管党治党政治责任。

习近平总书记强调，坚持抓住"关键少数"以上率下。各部门单位"一把手"和领导班子要增强管党治党的责任感使命感，在思想认识、责任担当、方法措施上坚定贯彻好全面从严治党各项要求。要坚决扛起主责主业。严格执行全面从严治党责任制度，细化分解年度重点工作任务，以开展落实党风廉政建设责任制情况自查为契机查漏补缺。"一把手"要认真落实"四个亲自"要求。各隶属海关单位党委书记要定期分析政治生态状况、开展全面从严治党专题调研，各职能部门"一把手"要积极推动加强本条线全面从严治党工作。班子成员要认真落实"一岗双责"，定期了解推动分管部门、分管领域党风廉政建设情况。要积极推动规范履职尽责。综合运用调研督导、巡察检查、定期考核等加强督促指导，深入掌握"一把手"和班子成员全面从严治党责任制度执行情况，全面了解、设法打通责任落实中的"堵点"。用好队伍建设综合管理平台，健全廉政档案系统，每年开展述责述廉述党建。了解掌握履责情况。严格督促"一把手"和班子成员落实民主集中制，规范执行"三重一大"等事项研究决策制度，统筹开展监督检查。要精准规范有力问责。坚持以"不落实之事"倒查"不落实之人"，对不抓不管、失职失责的典型问题要盯住不放，问责一个、警示一片、促进一方。研究制定新形势下强化问责工作的指导意见，强化主动问责意识，做到严肃规范精准问责。认真落实容错纠错机制，保护敢于负责、敢于担当的干部。形成激浊扬清、干事创业的良好氛围。

（三）坚持惩治震慑、制度约束、提高觉悟一体发力。提升不敢腐、不能腐、不想腐综合效能。

习近平总书记指出，要保持反腐败政治定力，不断实现不敢腐、不能腐、不想腐一体推进的战略目标。全关上下要时刻保持清醒头脑，永远吹冲锋号，牢记反腐败永远在路上。要以零容忍态度惩治腐败。重点紧盯领导干部特别是"一把手"和班子成员，密切关注政策支持力度大、资金密集、资源集中、风险突出的重点领域重要环节，高度警惕利用影响力或职权谋私贪腐行为，继续完善"一案双查"工作机制，全面清除隐患，防止塌方式腐败。延伸拓展"现场监管与外勤执法权力寻租"专项整治成果，认真开展"海关重点项目和财务管理以权谋私"专项整治，深入治理非执法领域问题。制定加强直属机关纪委建设有关措施，厘清职责定位，理顺工作关系。要切实提升以案促改工作实效。案发单位要认真开展以案促改，查摆制度薄弱点、廉政风险点、监督空白点，实现"以案改治理、以案改监管、以案改制度、以案改作风"效果。坚持分领域、分条线开展以案促治，组织案件多发的业务条线、同类岗位开展专项治理。探索建立以案促改效果评估分析机制，严格落实对受处分人员跟踪回访制度，提升惩治震慑、惩戒挽救、教育警醒叠加效应。要持续增强党员干部拒腐防变能力。加强新时代廉洁文化建设，强化党性教育和海关职业操守教育，推进家教家风建设，引导党员干部从思想上固本培元。高质量上好警示教育这门课，深入开展警示教育月活动，坚持每季度通报典型案例，打造穗关警示教育品牌。抓好年轻干部教育管理监督，从加强理想信念宗旨教育、从严日常管理监督等方面入手，注重发挥群团组织政治作用，引导扣好廉洁从政的"第一粒扣子"。

（四）坚持纠"四风"树新风并举，不断巩固拓展作风建设成果。

习近平总书记强调，要加固中央八项规定的堤坝，锲而不舍纠"四风"树新风。全关上下必须预防滋生已经严到位、严到底的情绪，坚持纠树并举、破立并举，持续把作风建设引向深入。要坚决落实中央八项规定及其实施细则精神。各级领导干部要带头做到"五个一律不准"，执法一线科长和关员做到"四个一律不准"。持续开展年度定期检查和重要时间节点实地检查，严厉提醒纠正问题。严格防范春节等年节假期"节日腐败"，警惕隐形变异问题，发现一起严肃查处一起。要锲而不舍整治形式主义、官僚主义。抓好为基层减负常态化机制落实，深入治理业务领域"象征性"执行制度、党建工作"留痕式"落实要求、教育培训"点水式"开展学习等现象，严防滥用积分排名、重复检查考核、文山会海反弹等问题。突出实干实绩考核任用干部，认真落实基层联系点制度和蹲点跟班、"三进"等调研机制，坚决纠治不担当不作为乱作为等问题，强化办实事求实效鲜明导向。继续推进文明单位创建巩固提升三年行动计划，开展窗口作风提升行动，发挥好特约监督员、"好差评"系统和12360热线等作用，防范群众身边不正之风。严格落实过"紧日子"要求，深化节约型机关创建，提高预算执行效率和资金使用效益，严肃制止餐饮浪费行为。要从严管理干部队伍。进一步提升第一种形态运用效果，既要第一时间处置苗头倾向问题，又要分析问题易发多发领域，采取措施防范同质同类问题发生。从严整肃关容风纪，增强内务规范强化月以及实地巡查、视频检查等效果，严格"见人见事见责任"问题通报制度。进一步加强对企事业单位管理监督，全面强化协管员等各岗位人员管理。严格规范领导干部配偶、子女及其配偶从业行为，加强离职管理。强化"8小时以外"监督，严防非职务领域问题。用心用情关心关爱党员干部职工，凝聚人心、激发活力。

（五）坚持统筹运用各类监督力量，形成全面覆盖、常态长效的监督合力。

习近平总书记指出，要完善权力监督制度和执纪执法体系，使各项监督更加规范、更加有力、更加有效。对此，必须科学有效统筹好我关纪检监督、巡察监督、干部监督、派驻监督、审计监督等监督力量，实现监督职责再强化、监督效果再提升。要牢牢坚守政治监督定位。各类监督要抓住政治监督的关键点和着力点，聚焦"两个维护"，聚焦习近平总书记重要指示批示精神和党中央重大决策部署，聚焦管党治党责任，聚焦"一把手"和领导班子等，做到跟进监督、精准监督。推进政治监督具体化常态化，增强从一般事务中发现政治问题、从苗头倾向中发现政治端倪等能力，善于从客观问题背后找到政治责任、从业务问题背后找到政治要求，提升政治监督效果。要突出重点开展监督。纪检机构要一体履行协助职责和监督专责，找准关键点开展深度监督。强化巡察监督，深入推进机关内设处室巡察，高质量完成五年全覆盖任务。干部监督要紧盯重点人重点事，统筹干部选拔任用、领导干部述职述责、个人有关事项报告等深化监督检查。派驻监督要充分发挥近距离常态化监督优势，提升主动发现问题能力。审计监督要紧盯重点领域和关键环节，不断强化从政治层面审视业务工作的审计要求。要持续打造监督共同体。推动监督力量优势互补、协调联动，探索建立定期会商机制，搭建"监督曝光平台"，做到信息互通、监督互动、结果互用。统筹用好监督队伍，配齐配强专责监督力量，做实"优进优出"机制，强化激励约束，提升监督队伍整体战斗力。

（六）坚持系统观念、强化底线思维，建立健全风险全领域防控体系。

习近平总书记强调，完整、准确、全面贯彻新发展理念，必须坚持系统观念。全关必须以系统观念和底线思维谋划开展工作，以制度建设为基础、科技手段为支撑，强化风险全领域防控。要全面加强对权力运行的制约监督。强化"制度+科技"运用理念，坚持用制度减权限权，深入推进规章制度"立改废释"和业务制度性文件合法性审查，更深层次推进全业务领域一体化，更广范围推行"双随机、一公开"监管，更大力度推动"放管服"改革，持续推进现场执法"选、查、处"分离和执法评估等，强化制度执行刚性约束。积极用科技管权控权，优化提升信息系统及科技装备应用效能，强化权力管控。要全面查摆整治风险隐患。深化各业务领域重大风险隐患梳理评估工作，深入剖析存在的深层次问题，推动整改措施落地见效。健全经常性查摆风险隐患特别是政治风险的长效机制，做到及时发现、准确分析、精确处理。要全面构建风险防控体系。坚决落实总体国家安全观，从维护国家安全和核心利益的高度、从政治的角度，梳理完善各项业务制度机制。建立健全风险防控清单，优化形势分析及工作督查例会形式，突出对业务工作的政治风险分析、各条线综合业务关联性分析。

结合全员培训等开展风险防控培训，组建专家团队开展专题调研，充分运用科技信息技术为风险防控赋能，全面提升风险防控质效。

同志们，让我们在以习近平同志为核心的党中央坚强领导下，在总署党委正确指导下，坚定信心、勇毅前行，以彻底的自我革命精神，坚持不懈推动全面从严治党向纵深发展，以实际行动迎接党的二十大胜利召开！

第二篇

专记

广州海关科学精准作好口岸疫情防控

2022年，广州海关坚决贯彻落实习近平总书记重要讲话重要指示批示精神，落实党中央、国务院决策部署，增强队伍战斗力，以高度的政治责任感完成各项工作任务。

一、筑牢口岸检疫防线

2022年，广州海关持续优化口岸疫情防控措施，加强信息收集和风险研判，及时更新口岸疫情防控技术方案，跟进相关优化调整政策落实情况，按照最新要求落实口岸卫生检疫工作，根据国务院联防联控机制要求，持续跟进优化口岸疫情防控措施，积极优化口岸卫生检疫监管场地和设施设备配置，关注入境卫生检疫作业全流程智能化应用情况，持续优化完善系统，加快推进出境一体机的采购及上线试运行。

年内，广州海关应对入境航班和人员增加，统筹协调人力资源安排，优化轮岗排班机制。落实高风险岗位工作人员"5天离岗居家健康监测"措施，对不具备居家健康监测条件的人员采取精准管理措施。针对"明确入境人员阳性判定标准调整"，与属地联防联控机制协调一致且共享核酸检测结果，以便地方后续追踪。

加强水运口岸疫情防控，广州海关针对来往港澳小型船舶，作好对船舶离船入境、换班、"外转内"船员的管控，落实疫情防控和生产发展"双统筹"要求，会同属地联防联控机制，调整集装箱班轮卫生检疫作业流程，缩短船舶靠港非作业时长，提升港口运转效率。

二、统筹协调联防联控

2022年，广州海关完善协调沟通机制，上下游部门形成合力，与机场、南沙等疫情防控主战场"一口对接"，确保各项部署要求快速传达落实，一线反映问题快速解决，提升关区疫情防控效能。办理疫情防控相关文件千余份，通过电话、邮件等方式解决问题百余次；加强与地方联防联控机制部门沟通，对地方制定的各项措施研究后提出意见，从加强口岸防控措施、建立出入境联防联控机制等方面着力，进一步提升关地联合防控能力；全面提升应急处置能力，制定新冠病毒检测实验室疫情防控特殊时期业务运行应急预案，应对本土突发疫情造成关区实验室整体检测能力下降或个别实验室无法正常运行的极端情形。制定作好北京冬奥会新冠病毒检测保障工作应急预案，完成巴斯夫公务机人员入境实验检测等任务。

三、确保疫情数据报送准确

2022年，开展岗前一对一谈话，建立"纪律、安全、警示、业务"四件套业务培训体系，保障数据质量，累计报送报表 18 种；报送"日报告统计表""重点国家（地区）入境人员流调和采样情况列表"365 期，审核流调采样数据；报送入境外交人员检疫情况 1100 余人次。各类疫情数据均按时报出，无误报、漏报或拖延报送。

广州海关严格落实各项数据安全管理规定，人员上岗前开展数据安全培训，及时开展保密检查系统自查，全年无数据安全异常。

四、提升个人防护与安全监督

2022 年，广州海关对口岸疫情防控各作业环节深入开展自查自纠，落实个人安全防护，针对问题制定整改措施，完善监督检查长效机制，严防风险隐患。加强口岸海关班前提醒和现场监督整改，作好防护物资储备、人员培训考核、视频监督检查等工作，严格预防和控制职业暴露感染，保障工作人员健康安全。

根据疫情形势变化情况，广州海关及时进行风险评估，结合口岸工作实际开展安全防护风险评估，动态调整个人防护标准，作好一线工作人员防护培训和管理，督促一线人员自觉遵守疫情防控工作制度，作好个人防护。开展常态化监督检查，针对入境人员卫生检疫、进口货物物品监测防控、实验室安全防控和内部疫情防控等环节开展专项检查，落实"每日一检查、每周一通报"机制，充分发挥二级、三级监控指挥中心作用。通过远程视频监控巡查与现场实地督导检查相结合的方式，对督查发现的问题建立台账并实行整改销号管理，对照海关总署通报，结合关区自查发现的问题，举一反三查找薄弱环节，以严格科学的防护措施防范化解安全风险。

五、作好疫情防控物资保障

建立以地方政府联防联控机制保障为主，海关总署调拨、各隶属单位自行采购为辅的多渠道疫情防控物资保障体系，全年筹措各类疫情防控物资 321 万件（套），向疫情防控一线人员调配各类疫情防控物资 298 万件（套），保障疫情防控一线人员日常疫情防控物资需求。完善疫情防控物资应急保障机制，修订疫情防控物资保障管理办法，根据广州市疫情防控形势及时启用广州海关疫情防控物资储备库机场库、南海库、南沙库三个应急物资储备分库，储备物资充足，确保各分库物资在紧急情况下可及时保障一线人员需求。作好海关总署一级储备库广州库管理，根据海关总署调拨疫情防控物资的紧急调令启动物资调配程序，及时将数十万件疫情防控物资调配各海关单位，全年启动应急储备库调配各类应急物资 13.7 万件。

六、科技赋能疫情防控

广州海关助力科研攻关，大力推进智能化全流程改造。年内在白云机场口岸部署上线智能分流一体机 20 台，智能采样登记终端 30 套，智能闸机 5 套，开展"智慧卫检"应用创新改革，研发智能检疫自助设备，实现无接触式疫情防控，从而降低职业暴露风险。加强实验室技术支撑，科学统筹关区 5 个实验室资源，高效完成样品检测及核酸检测阳性样品的全基因组测序工作，通过了海关总署及地方卫健部门多次监督检查。

广州海关大力支持广东外贸发展

2022年，广州海关贯彻党中央、国务院关于促进外贸保稳提质的部署要求和稳经济一揽子政策及其接续措施，结合地方重点工作，从促进重大平台对外开放、构建"海陆空铁"立体物流枢纽、培育新业态拓展增量、保障大宗商品便捷通关、减税降费帮扶企业纾困解难等方面接续发力。年内，广州海关关区7地市进出口总值1.9万亿元，同比增长2.8%，其中，广州、佛山两市再创历史新高。

一、滚动出台稳外贸措施，开展企业调研和帮扶

结合关区实际先后5轮制定实施措施97条，针对措施开展6轮督导和跟踪评估，及时总结经验做法及开展交流，其中跨境电商、"湾区一港通"措施入选海关总署选编的19个典型案例。建立"关长联系企业"机制和服务企业专班25个，对接重点企业2000多家，解决货物通关等问题1000多个。跟进地方外贸政策调整，细化海关支持措施30多项，及时跟进有关诉求。对跨境电商、中欧班列等相关典型事例开展持续报道，对各项保稳提质措施开展新闻宣传1000余次。

二、支持搭建"海陆空铁"立体物流枢纽，保障物流畅顺

支持南沙开辟国际新航线增至150条，"湾区一港通"达12.8万标箱，同比增长4.5倍；南沙国际分拨中心进出口货值471亿元，同比增长17.9%。应用"异地委托监管"保税租赁飞机货值56.8亿元。推广"批次进出，集中申报"，叠加《药品通关单》"一证多批"，提高生物医药流转效率。是年，经白云机场进出口货物货值3696.3亿元，同比增长1%。中欧班列联通20多个国家（地区）、30余个城市，同时开辟临时邮路3条，保障进出境邮路畅通，其发运班列、标箱及货运量均实现倍增。

三、加强外贸发展，拓展外贸增量

规范包装食品出口管理，支持地方政府拓展试点集聚区，将现有广州花都区试点拓展至广州市区8家专业批发市场，覆盖本地中小微商户1036家。依托综合保税区创新出口退货监管模式，提升进出口包裹物流运转效率，推动出口海外仓企业"一地备案、全国通用"模式落地见效。指导企业开展"跨境电商+外贸综合服务平台"业务，年内跨境电商进出口货值2714亿元，同比增长76.5%。支持企业开展全

球维修业务，已有 2 家企业在南沙综合保税区开展保税维修业务。

四、持续实施便利化措施，推进对外开放平台建设

支持南沙粮食集散中心建设，对五类矿产品实施"先放后检"，创新保税监管模式，推进分拨中心建设，年内创新示范区进口货值增速高于全年目标 15%。发挥南沙、机场综合保税区优势，实施"区外生产，区内仓储"专业化分工、料件"零库存"生产和物流供应模式，区间结转效率提升 30% 以上。是年，南沙、机场综合保税区进出口总值 1662.3 亿元，同比增长 48.4%。支持海嘉汽车码头对外开放，启用华南首个汽车整车出口监管仓库，年内南沙口岸进出口整车增长 3.3 倍，货值增长 2.9 倍。支持南沙国际冷链进境水果、种苗指定监管场地正式通过海关总署验收并启用。实施快速检疫审批，年内南沙口岸冷链货物进口货值 225.6 亿元，同比增长 79.7%。

五、扩大农食产品进出口，保障"菜篮子"供应稳定

全面实施出口食品生产企业"许可"改"备案"，办理时限从 5 个工作日缩减为 3 个工作日，便利出口食品企业备案。推进优质农食产品检疫准入，是年办理检疫许可证 6030 份，同比增长 22.6%。完成进口水果检验检疫 63.4 万吨、货值 19.7 亿美元，同比分别增长 4.2 倍、3.7 倍。支持优质动植物种质资源引进，是年，检疫监管澳大利亚种牛 4094 头、新西兰种牛 3644 头。建立"绿色通道"企业台账，公布属地查检绿色通道预约电话 24 个，搭建供港生鲜食品"水上新通道"和"绿色通道"。年内服务供港澳禽肉 8.2 万吨、货值 21.9 亿元，同比分别增长 5.3%、16.5%，保障供港澳食品安全稳定。

六、落实减税降费措施，助力企业降低成本

建立 RCEP 信息化系统应急管理机制，支持更多企业享受 RCEP 政策红利。年内签发 RCEP 项下优惠原产地证书 15462 份，企业享受优惠货值 51.1 亿元。助力多元化税收担保方式改革，年内税款总担保 2483 份，担保额度 728.5 亿元，关税保证保险 914 份，担保额度 133.4 亿元。落实"十四五"税收优惠政策，实际减免税进口货值和减免税款分别为 12.5 亿美元、7.3 亿元，同比分别增长 2.6 倍、2.4 倍。

七、加强对外合作，提高监管服务水平

制定实施工作措施 28 项，开展新一轮促进跨境贸易便利化专项行动，进出口整体通关时间持续保持在合理区间。对关区内 908 家企业开展调查工作，发布玩具等系列 RCEP 技贸措施政策解读 16 篇次。将 273 家企业纳入重点企业培育库，精准培育其中 38 家成为 AEO 企业，帮助企业协调解决通关疑难问题 63 个。开展知识产权海关保护，是年，广州海关查扣侵权嫌疑货物 6192 批次，涉及货物 370.9 万件。

广州海关服务粤港澳大湾区建设

2022年，广州海关贯彻落实中央区域重大战略和区域协调发展战略，聚焦深化面向世界的粤港澳全面合作，以重点项目为抓手，紧密对接地方和企业需求，持续推进服务粤港澳大湾区建设。

一、落实海关总署支持《南沙方案》16项措施

海关总署支持《南沙方案》16条措施出台后，广州海关迅速制定关区48条细化措施，同步协助海关总署作好新闻宣传，并联合广州市委宣传部、广州市政府新闻办共同举行专题新闻发布会，各级媒体对海关支持措施进行广泛报道，为全方面工作开展营造良好的舆论氛围；制定跨境科研用物资正面清单、生物医药研发用物品进口"白名单"、游艇自由行政策、全球保税维修等清单及措施配合地方部门争取政策，开展跨境转诊合作、期货保税交割等举措并根据地方部门需求推进。

二、保障援港抗疫物资顺利通关

2022年上半年，香港发生新型冠状病毒感染疫情，广州海关成立关区工作专班，派员赴深圳参与中央专班工作，针对疫情期间陆路口岸受阻、粤港跨境货车司机紧缺等实际情况，支持开辟南海北村、九江、三山码头、番禺莲花港、清远港、花都码头、南沙新港、高明珠江码头、顺德容奇码头、海珠滘心等口岸到香港的供港物资紧急水运出口通道，设立现场专窗和援港抗疫"绿色通道"，为供港出口物资提供24小时预约通关和"提前申报""抵港直装""随到随检"等便捷通关服务，对供港鲜活产品和抗疫物资优先审单、优先查验、优先放行。相关工作先后被《人民日报》、中央电视台《新闻联播》等媒体平台刊发（播）396篇次。

三、支持大湾区物流高质量发展

一是南沙国际航运枢纽增强辐射能力。推进开展"进口船边直提""出口抵港直装""海运中转集拼"等业务，支持南沙拓展国际物流新通道，年内南沙港新增15条外贸航线，截至年底，150条外贸航线通达全球100多个国家（地区）的400多个港口。"湾区—港通"联通省内6个地市15个内河支线港码头，是年进出口货物12.8万标箱，货物平均堆存期由7天缩短至2天。粤港澳大湾区机场共享国际货运中心（南沙）实现货物在南沙口岸"一站式"办理通关查验手续后运至机场快速出口，全程耗时压缩2小时以上，是年监管出口包裹货值3.9

亿美元。

二是广州中欧班列业务再创新高。支持广州国际港、南沙港两个装车组织站点运行，助力形成"11出4进"中欧班列常态化运行线路，是年监管进出口班列339列、标箱3万个，同比分别增长164.8%、135.5%。支持南沙新港"湘粤非"国际海铁联运、中欧班列、中亚班列等"陆海空铁"多式联运业务快速发展，辐射泛珠三角主要地区的海铁联运班列达35条，相比传统的海运转陆路运输路径节约20多天时间，是年海铁联运箱量达10.5万标箱。

三是空运物流保持增长。针对国内多个机场年内受疫情影响进口联运中转货物航班取消情况，与国内18个机场开展陆空联运业务，支持企业采用陆空联运模式将货物运输至境内口岸。支持快件企业开展快件陆海、陆空联运，新增D类快件转关至南沙经海运出口、高明海运进口快件转关至白云机场业务。提供非侵入式查验便利，吸引华为、富士康等高端制造企业逐年加大在广州机场的物流比重。依托口岸"港区一体"优势支持飞机、保税航材、生物医药等重点产业发展。

四是跨境邮路运输业务稳步发展。利用广州海关关区口岸多样化优势支持"海邮联运"等多式联运邮路建设，开通广州—深圳、广州—大连以及广东省航空邮件处理中心—南沙海运等3条临时邮路，拓宽邮路运输渠道，保障疫情期间进出境邮路畅通，是年疏运邮袋34.6万袋、2861.1吨。在粤港陆运跨境运输受疫情影响情况下，保持与澳门"一点清关"业务正常运转，是年自澳门"一点清关"邮件达10.9万件。

四、支持重点项目建设

一是南沙重点项目快速发展。亚太地区规模最大的工程塑料粒分拨中心、全国排名前三的保税药品分拨中心、粤港澳大湾区文化保税创意中心初步建成，是年南沙国际分拨中心进出口值达471亿元，同比增长17.9%。南沙港国际物流中心南区冷链项目正式运作，是年监管进口水果、冻肉、水产品等冷链商品225.6亿元，同比增长79.7%，冷链进口额上升至全国第三位。助力打造南沙农食产品集散中心，南沙粮食码头成为广东省内第一大粮食进口口岸，是年南沙口岸进口粮食总值达201.6亿元，同比增长14%。促进汽车产业链稳步发展，海嘉汽车码头正式投入使用，华南首个汽车专业出口监管仓落户南沙，全面推进平行进口汽车安全性能检验结果采信，是年南沙口岸整车出口15.5万辆，同比增长3.3倍；检验进口汽车3511辆、价值2.8亿美元，同比分别增长2.1倍、2.2倍。支持培育南沙进口贸易促进创新示范区，助力实现进口增速高于15%的全年目标。

二是特色产业稳步健康发展。推动佛山、广州跨境电商综合试验区业务健康规范发展，加快推进清远、韶关等新跨境电商综合试验区建设。积极配合广东省、广州市向国务院争取赋予广东钻石进出口贸易管理相关政策，支持粤港澳大湾区首个钻石公用型保税仓库投入使用，是年关区钻石加工贸易进出口值达376.6亿元，同比增长4.3%。创新开展"一船多供""集出分报"等模式，支持4家获批企业开展国际航行船舶保税油加注业务，是年关区开展国际航行船舶保税加油业务27.8万吨、价值14.9亿元。支持市场采购业务健康发展，花都试点集聚区拓展至广州市区内 8 家专业批发市场，覆盖本地中小微商户 1036 家。

三是助推国际经济合作。支持全球人道主义仓库和枢纽建设运作，实行海关便利化通关管理模式，是年出口救援物资 1.5 亿余件，发往全球 50 多个国家和地区。制定实施 10 项支持具体措施，支持第 131 届、第 132 届广交会网上办展。持续优化出口原产地证书网上申领、智能审核、自助打印等功能，允许经核准出口商自行开具 RCEP 等协定的原产地声明，逐步释放 RCEP 政策红利，是年关区签发 RCEP 项下优惠原产地证书 15462 份，享惠货值 51.1 亿元。

五、加强粤港澳三地规则衔接，支持打造高质量发展标杆

一是"广州—深圳—香港—澳门"科技走廊稳步建设。支持开展"跨境科研物资正面清单"试点，多次对接试点企业，提出支持措施。帮助香港科技大学（广州）成功纳入第二批享受"十四五"科技创新政策高等院校名单。是年关区办理享受"十四五"科技创新政策进口货值 3.6 亿美元，实际减免税款 3.4 亿元。

二是跨境贸易便利化水平持续提升。继续推进 AEO 企业通关便利互认，是年广州海关新增培育 AEO 高级认证企业 61 家，累计 AEO 高级认证企业 871 家，居全国海关首位，AEO 企业在关区口岸的进口、出口平均通关时间较全国 AEO 企业通关时间分别快 6.6%、34.2%。推进跨境贸易便利专项行动措施常态化，推广应用进口货物电子提货单、设备交接单，是年 12 月，关区进出口整体通关时间分别为 19.3 小时、0.6 小时，较 2017 年分别压缩 76.8%、94.5%。

三是粤港澳三地执法合作继续加强。深化粤港澳三地知识产权保护，建立知识产权案件信息交换核查机制，是年实施粤港澳海关保护知识产权联合执法行动 3 次，行动期间扣留侵权嫌疑货物 6.7 万件。联合香港渔农自然护理署开展马病"联合监测、结果互信"，支持研发"粤港澳大湾区赛马检疫通关监管系统"，实现粤港两地管理部门信息共享、处置统一，是年监管进出境马匹 4879 匹次、货值 11.9 亿美元。取消港澳食品监管报告证明文件 2 项，支持地方有关部门发布蔬菜、水果、畜禽肉、鲜蛋 4 大类产品 15 项《食品安全基础要求》，助力粤港澳"菜篮子"保障稳定供应。是年，监管供港澳食品 13.2 万批次、25.9 万吨，货值 51.9 亿元。

第三篇

大事记

2022年广州海关大事记

1月

1日 《区域全面经济伙伴关系协定》（RCEP）正式生效，实施首日广州海关出口企业申领原产地证书共17份，货值78.5万美元，出口目的国（地区）主要为日本、澳大利亚和泰国等。是日，《中华人民共和国海关经核准出口商管理办法》同时实施，首日共认定经核准出口商7家，为出口至日本的货物出具原产地声明1份。

广州海关持续加大群众理论研究工作力度，取得可喜成绩，2021年共征集论文547篇，比上年增加26.3%，为历年之最。获评中国海关学会"海关在总体国家安全观中的历史使命与责任担当"主题优秀论文2篇；获评中国海关学会广州代表处年度综合类优秀论文12篇，获奖总数居广州代表处各海关学会之首。

1—3日 海关总署副署长张际文率国务院联防联控机制综合督查组到广州开展元旦春节期间新冠疫情防控工作综合督查，前往白云机场运营指挥中心、国际1号货站、T2航站楼出发厅检查入境人员卫生检疫及进口货物监管情况，听取疫情防控工作情况汇报。广州海关关长丁吉豹、副关长孟传金等陪同。

5日 广州海关新能源汽车技术性贸易措施研究评议基地获总署批准设立，为全国第二批获批的国家级技术性贸易措施研究评议基地。

广州海关通过担保放行方式验放该关首票RCEP项下进口货物，货物从白云机场海关申报进境，为泰国进口活螺，价值1260美元。

7日 总署党委委员、副署长、政治部主任胡伟出席广州海关党委班子见面会，宣读总署党委有关任免决定，肯定广州海关过去工作成效，剖析问题根源，对广州海关新一届党委班子提出工作要求。李全、丁吉豹分别作表态发言。关党委班子成员参加。

8日 广州海关党委书记、关长李全主持召开广州海关党委会，学习贯彻习近平总书记重要讲话精神，集体学习《党委会的工作方法》，学习总署署长倪岳峰在全国海关专题会议上的讲话精神、副署长胡伟在广州海关党委班子见面会上的讲话精神，围绕落实总署关于开展捍卫"两个确立"、做到"两个维护"、强化政治机关建设专项教育活动进行研讨，并审议广州海关专项教育活动实施方案。

9日 广州海关党委书记、关长李全召开专题会议研究广州海关捍卫"两个确立"、做到"两个维护"、强化政治机关建设专项教育活动方案，听取相关部门意见建议，研究细化方案具体落实措施。政治部主任林高出席会议，相关部门单位主要负责人参加。

10日 广州海关党委书记、关长李全出席广州海关缉私局庆祝2022年中国人民警察节暨"双十"表彰、缉私警务实战大练兵开训仪式，活动以"奋斗的荣光"为主题，通过为现场"双十"获奖者表彰颁奖、为民警代表颁发从警纪念章、重温入警誓词等形式，增强缉私民警职业荣誉感，营造"比学赶帮超"的良好氛围。仪式通过视频会议方式举行，关领导唐龙军、孟传金、何继军、林高，相关部门单位主要负责人、缉私局班子成员、各缉私局全体民警等600余人分别在主、分会场参加。

广州海关查处的"5·06"重特大走私淫秽物品案被全国"扫黄打非"工作小组办公室评为2021年"扫黄打非"十大案件，为海关系统唯一入选案件。

11日 总署党委委员、广东分署主任张广志在广东分署听取广州海关党委班子工作汇报，李全代表广州海关党委围绕该关开展捍卫"两个确立"、做到"两个维护"、强化政治机关建设专项教育活动的落实措施，以及工作思路作专题汇报，全体关党委委员参加。

14日 广州海关召开捍卫"两个确立"、做到"两个维护"、强化政治机关建设专项教育活动动员会，广州海关党委书记、关长李全作动员讲话，提出要深入学习贯彻习近平总书记关于党的政治建设重要论述，深刻认识政治机关建设的重要意义；统一思想、提高站位，准确把握；全员覆盖、全域查摆、全面整改，在专项教育活动中做在前、走在前；发挥领导干部带头作用，在讲政治、勤学习、谋发展、敢担当、守纪律上作好表率；不负使命，向总署党委交一份满意答卷，以优异的成绩迎接党的二十大召开。在家关党委委员，巡视员，总工程师、总检验师等参加。

广州海关召开2021年度述责述廉述党建会议暨党风廉政建设工作例会，11个部门单位主要负责人向关党委述责述廉述党建。在家关党委委员，巡视员，总工程师、总检验师等参加。

广州海关党委委员、缉私局局长唐龙军主持召开缉私局专题督导调研座谈会，强调缉私部门要贯彻落实广州海关捍卫"两个确立"、做到"两个维护"、强化政治机关建设专项教育活动动员会议精神，以政治机关建设引领缉私业务建设，确保行稳致远；以落实"六项规定"引领缉私队伍建设，确保平安稳定；以"双丰收双目标"引领全年工作，确保耕好责任田。

广州海关副关长孟传金参加总署召开的北京冬奥会卫生检疫工作视频会议。会后，广州海关部署落实会议要求，提出结合关区实际完善工作方案和应急处置预案，及时开展应急演练，确保各项要求落实到位。

18日 在广州市政务服务中心年度考核中，广州海关获评2021年度"政务服务标兵单位"称号，连续11年获评该荣誉；同时获评"进驻部门政务信息优秀窗口"；3人分别获评"优秀首席代表""政务窗口服务标兵""进驻部门优秀信息员"，8人获评"优秀工作人员"。

天河海关、法规处刘筱分别获评2016—2020年全国普法工作先进单位、先进个人。

19日 广州海关党委书记、关长李全召开专项教育活动推进会，专题听取专项教育活动开展情况汇报，研究梳理业务领域各岗位具体政治要求、开展"强化政治机关意识"大讨论等工作方案。政治部主任林高、专项教育活动成员单位负责人参加，专项教育活动专班全体人员列席。

广州海关党委委员、税管局（广州）局长谭武召开税管局（广州）捍卫"两个确立"、做到"两个维护"、强化政治机关建设专项教育活动风险分析会。

广州海关评出第九届"十佳青年"和第三届"十佳青年员工"，评选活动顺利完成。

20日 广州海关召开党委班子党史学习教育专题民主生活会。广州海关党委书记、关长李全代表党委班子作对照检查，党委委员依次发言，开展批评与自我批评，总署第五巡回指导组一级巡视员钟万明作点评讲话。

广州海关组织参加总署召开的2022年促进跨境贸易便利化专项行动部署会。广州海关关长李全、副关长许广安，相关部门单位负责人等在该关视频分会场参加。

2021年广州海关关区内综合保税区进出口值首次超1000亿元，白云机场综合保税区和南沙综合保税区进出口值合计1120.8亿元，同比增长41.9%。

广州海关选派骨干专家参加总署新冠病毒检测技术专家组，作好北京冬奥会核酸检测技术指导工作。

24日 广州海关组织参加2022年全国海关工作会议、全国海关全面从严治党工作会议，广州海关党委班子成员，巡视员，总工程师、总检验师等在广州海关分会场参加。

25日 广州海关组织参加2022年全国海关纪检监察工作会议。关党委委员、党委纪检组组长何继军在广州海关分会场代表广州海关党委纪检组作交流发言。监察室和党委派驻纪检组全体干部参加会议。

26日 广州海关党委委员、缉私局局长唐龙军主持召开缉私局2021年度述职述廉述党建工作会议暨党风廉政例会。

广州海关副关长孟传金参加由总署卫检司组织召开的北京冬奥会口岸卫生检疫工作视频会议。

广州海关支持广州"单一窗口"空运口岸公共服务平台上线试运行。该平台与广州电子口岸管理有限公司合作，企业通过平台和相关系统发送空运舱单数据即可免费申报业务，提升进出口作业效率。

广州海关开展互认实施磋商工作的《中国—乌拉圭海关AEO互认安排》正式实施，该项目由总署企业管理和稽查司委托广州海关与乌拉圭海关进行互认实施磋商工作，是该关首次开展AEO互认磋商。

27日 广州海关召开2022年广州海关关区工作会议，广州海关党委书记、关长李全作讲话。会议总结2021年广州海关工作，明确2022年工作思路和重点任务。全体关党委委员，副厅级领导干部，巡视员，总工程师、总检验师，各部门单位主要负责人等在主会场和各视频分会场参加。会后，组织开展广州海关领导班子和领导干部年度考核暨党委干部选拔任用工作"一报告两评议"。

广州海关召开2022年广州海关全面从严治党工作会议，关党委书记、关长李全紧紧围绕学习贯彻习近平总书记在十九届中央纪委六次全会上的重要讲话精神，落实全国海关工作会议、全面从严治党工作会议部署，总结2021年广州海关全面从严治党、党风廉政建设和反腐败工作，部署2022年主要工作任务。关党委委员、党委纪检组组长何继军就学习贯彻2022年全国海关全面从严治党工作会议精神、纪检监察工作会议精神，推进关区党风廉政建设和反腐败工作向纵深发展提出意见，并通报2021年广州海关查处的10起典型违纪案件。关党委委员、政治部主任林高就贯彻落实两个会议精神和作好春节前工作提出要求。全体关党委委员，副厅级领导干部，巡视员，总工程师、总检验师，各部门单位主要负责人等在主会场和各视频分会场参加。

广州海关党委书记、关长李全出席2021年度关区表彰大会，关党委委员、政治部主任林高宣读表彰决定，关党委委员分别为先进集体和先进个人代表颁奖。巡视员，总工程师、总检验师，机关各部门单位主要负责人等参加。

28日 广州海关微视频作品《AEO你知多少》在第三届"新华信用杯"全国信用案例征集暨信用应用场景优秀微视频征集活动中获奖，是全国海关唯一获奖作品。

29日 广州海关推送的科普作品《细菌碰"瓷"的又一次失败》入选科技部、中科院"2020年度全国优秀科普微视频作品"，为海关系统获选两部作品之一。

30日 总署党委委员、广东分署主任张广志到广州白云机场海关调研慰问，广州海关关长李全、副关长孟传金参加。

2月

1日 总署署长倪岳峰通过视频连线方式检查广州海关值班工作并慰问一线值守人员，听取广州海关关长李全关于节日期间的工作情况汇报，详细了解货物监管通关和口岸疫情防控等相关工作情况。

7日 广州海关圆满完成汤加人道主义救援物资出境监管任务。1月27—30日，120套帐篷、1100张折叠床、500套箱型房屋、8万个医用防护口罩等相关物资分别从机场空港、南沙海港口岸如期出口。

广州海关协助完成海关总署病原体基因测序平台正式上线部署，根据总署科技发展司安排，广州海关作为项目承办实施单位配合信息中心广东分中心开展平台应急上线部署工作，该平台以新冠病毒基因库为数据基础，实现全国海关基因测序数据的统一管理和测序结果的统一分析，为外来传染病及疫情疫病防控提供技术支撑。

税管局（广州）派员参加世界海关组织（WCO）原产地规则技术委员会第40次会议。会议以视频方式进行，该局参会人员代表中国海关就"非优惠原产地的管理"议题进行交流发言。

广州海关开展"奋发01"打击骗税专项行动，联合国税、地方公安等部门，立案查处一起涉嫌骗取出口退税案件，涉及案值6.6亿元，涉嫌骗取出口退税9200万元。

9日 云浮海关联合地方部门综合施策助力中国（云浮）跨境电子商务综合试验区顺利落地。国务院批复同意云浮市设立跨境电子商务综合试验区。

广州海关风险防控分局派员参加WCO《世界海关组织海关风险管理纲要》更新起草组视频会议。

9—10日 海关总署党委委员、驻署纪检监察组组长王林在广州海关调研。9日，关党委书记、关长李全，关党委委员、党委纪检组组长何继军分别作广州海关党委、党委纪检组工作汇报。10日，王林前往佛山海关实地调研。

11日 广州海关关长李全与广东省委常委、

广州市委书记林克庆进行工作交流。林克庆感谢海关总署和广州海关对广州经济社会发展的支持，肯定广州海关服务经济社会发展采取的措施和成效，表示市委市政府将全力支持海关工作，共同促进广州开放型经济高质量发展。

《区域全面经济伙伴关系协定》（RCEP）生效首月，广州关区可享惠进出口货物超3亿元，其中进口协定项下货值7018万元，关税减让31万元，主要是来自日本的热轧钢板、丙烯酸聚合物；签发RCEP原产地证书639份，货值21081万元；将关区33家高级认证企业认定为经核准出口商，企业自主开具44份原产地声明享受优惠贸易便利，货值2287万元。

全国"扫黄打非"工作小组表彰2021年全国"扫黄打非"先进集体和先进个人，邮局海关印刷品和音像制品监管科被评为全国"扫黄打非"先进集体；何洁、翁志坤被评为全国"扫黄打非"先进个人。

清远海关主动对接地方政府积极助力中国（清远）跨境电子商务综合试验区顺利落地。国务院批复同意清远市设立跨境电子商务综合试验区。

14日 花都海关助力花都港至南沙港"湾区一港通"顺利首航，"湾区一港通"项目在关区正式启动。

15日 广州海关开展"2·09"打击走私进口游戏机专项行动，查获一起走私品牌游戏机3万多部、案值约1亿元的团伙走私案。

16日 广州海关组织参加驻署纪检监察组"海关重点项目与财物管理以权谋私"专项整治工作动员部署视频会议。在家关党委成员、相关部门主要负责人等在广州海关分会场参会。

21日 广州海关关长李全与广州市委副书记、市长郭永航进行工作交流。郭永航感谢海关总署和广州海关对广州经济社会发展的支持，充分肯定广州海关统筹口岸疫情防控和促进外贸稳增长等工作成效，表示将全力支持海关工作，共同促进广州开放型经济高质量发展。

广州海关召开2022年广州海关纪检监察工作会议，关党委书记、关长李全出席，党委委员、党委纪检组组长何继军主持会议，会议学习习近平总书记在十九届中央纪委六次全会上的重要讲话精神，落实2022年全国海关全面从严治党工作会议、纪检监察工作会议相关部署，回顾2021年关区纪检工作，布置2022年主要任务。监察室、各部门单位纪检监察干部等参会。

22日 广州海关关长李全主持召开统筹口岸疫情防控和促进外贸稳增长工作指挥部会议，部署支持香港抗疫相关工作。关领导许广安、孟传金、陈针分别作工作布置。相关部门单位负责人参加。是日，副关长陈针在广州海关监控指挥中心参加总署"支持香港抗疫工作调度机制"会议。

广州海关召开2022年关区打击走私工作会议，关长李全出席会议并讲话，对全关打私工作、打私队伍给予充分肯定，明确2022年关区打击走私工作总体思路，并对关区监管打私工作提出要求。副关长许广安就加强关区正面监管推动打私工作进行布置。相关部门单位负责人参会。

23日 广州海关开展"奋发02"打击出口逃避法定检验违法行为专项行动，缉私部门、稽查部门联合行动，组成13个联合行动组在广州、清远等地对2家报关企业及关联企业、9家收发货人开展统一查缉行动。经初步查证，相关企业存在通过一般贸易、跨境电商、市场采购等贸易方式，涉嫌伪报商品编码、逃避法定商检出口的违法行为，涉案货值约4.1亿元。

2月28日 广州海关组织开展2022年第一次党委理论学习中心组（扩大）学习，邀请广东省委党校教授就深入准确把握"国之大者"重要内涵，重点围绕准确把握当前世界发展趋势、中央对于经济工作的会议精神等进行专题授课。关党委委员，缉私局政委，巡视员，总工程师、总检验师等参加。

广州海关正式启动"出口化妆品安全卫生法规标准工作站"工作。工作站平台吸纳化妆品监管、实验室检测、行业协会等专业化的出口化妆品安全卫生法规标准专家团队，开展出口化妆品主要贸易国家和地区的化妆品法规标准收集和分析，助力关区化妆品出口企业提升产品安全卫生水平。

韶关海关主动谋划助力中国（韶关）跨境电子商务综合试验区顺利落地。国务院批复同意韶关市设立跨境电子商务综合试验区。

2月28日—3月25日 税管局（广州）派员参加世界海关组织协调制度委员会第69次（网络）会议，此次会议以视频会议辅以网络平台讨论的方式召开，历时4周，审议15个一般性议题、21个商品归类意见议题、51个归类技术性议题。税管局（京津、上海、广州）及天津等海关13名关员作为中国海关代表参会。

3月

1日 广州海关召开关区支持香港抗疫工作视频督导会议，副关长陈针对支持香港抗疫工作提出6项相关要求。佛山海关驻南海办事处、清远海关、番禺海关分别汇报供港物资出口物资通关工作，相关部门单位负责人参加。

广州海关技术中心首次参与制定的4个快速检测地方标准正式实施，包括"食品快速检测工作规范"等相关内容，4个食品快速检测地方标准由广州市市场监督管理局批准发布，并于3月1日正式实施。这是广州市首次制定食品快速检测领域系列标准，也是技术中心首次参与制定广州市快速检测地方标准。

2日 广州海关召开"海关重点项目和财物管理以权谋私"专项整治工作动员部署视频会议，广州海关关长李全作动员讲话并提出提高政治站位、统一思想认识，推动专项整治深入开展等相关要求。党委纪检组组长何继军传达学习总署专项整治工作动员部署会精神，结合关区特点作具体布置。

南沙海关助推南海九江港至南沙港"湾区一港通"顺利首航，实现"湾区一港通"项目在南海九江港正式运行。

广州海关缉私部门派员参加海关总署缉私局与澳大利亚联邦警察驻广州联络处视频会见。

4日 广州海关召开2022年党的建设工作会议、2022年政治工作会议。关党委书记、关长李全出席并讲话，提出提高政治站位，准确把握政治工作定位，努力开创关区政治工作新局面等相关要求。关党委委员、政治部主任林高传达学习全国海关政治部主任会议精神，总结2021年关区政治工作，布置年内重点任务。5个部门单位代表作交流发言。

广州海关获全国海关行政处罚案件指标考评三连冠，连续3年总分第一。

7日 广州海关缉私局开展"奋发03""1014"打击快件渠道"水客"走私专项行动。在总署缉私局的统筹指挥下，打掉2个快件渠道"水客"走私团伙。其中,"奋发03"专项行动查获案值约8亿元。

8日 总署党委委员、广东分署主任张广志主持召开省内海关支持香港抗疫视频连线督导会议,关长李全、副关长陈针参加。会议听取广州海关支持香港抗疫工作情况汇报,并与莲花山口岸一线关员视频连线。

10日 广州海关关长李全到肇庆海关调研,听取肇庆海关关于专项教育活动三级职责工作手册编制试点、内外贸同港作业监管系统及组合港等改革项目的工作汇报。调研期间,李全与肇庆市委书记张爱军、市长许晓雄就加强双方合作,推动肇庆外贸高质量发展等进行交流。广州海关副关长刘小威等参加。

广州海关召开捍卫"两个确立"、做到"两个维护"、强化政治机关建设专项教育活动督导工作动员会,政治部主任林高作动员部署。专项教育活动领导小组成员单位负责人员,督导组全体成员以及专项教育工作专班相关人员参加。

11日 省直机关工委第五考察组一行到广州海关考察,对广州海关出席省第十三次党代会代表初步人选考察对象进行考察,开展民主测评、组织谈话和资料核查等工作。

16日 副关长孟传金主持召开广州海关本级事业单位及经济实体、社会团体监委会议,审议后勤管理中心提请变更下属经济实体经营范围等事项。

广州海关全力支持关区首票供港抗疫药物快速通关,快速验放关区首票供港抗疫药物对乙酰氨基酚片4万盒,货值39.2万元。

15—17日 总署副署长王令浚到广州海关调研,关长李全参加。王令浚一行前往广州海关缉私局、肇庆海关、南沙海关,慰问一线关警员,听取专项教育活动岗位清单和三级职责工作手册编制试点、强化科技应用严密内外贸同港作业监管、关警融合深化全员打私等工作情况汇报并给予肯定,强调要切实提高政治站位,持续保持打击治理粤港澳海上跨境走私的高压态势。总署缉私局局长孙志杰,广州海关缉私局局长唐龙军、副关长孟传金等参加相关活动。

广州海关关长李全、副关长孟传金在广州海关分会场参加2022年全国海关卫生检疫工作会议并研究部署疫情防控工作,会议传达总署署长倪岳峰批示,总结2021年工作,研究部署2022年任务。会后,广州海关迅速学习领会会议精神,及时进行再部署、再落实。

21日 广州海关关长李全、副关长孟传金、党委纪检组组长何继军约谈白云机场海关党委班子,严肃指出该关存在的监管执法隐患突出、对打私反腐严峻形势认识不足、队伍日常教育管理不到位等问题,要求深刻剖析在制度落实、监督监控、内部管理、履职担当、责任追究等方面存在的问题,对该关党委班子提出深刻反思、强化整改、落实打私反腐责任、加强教育管理等相关要求。

22日 车站海关作好通关服务保障粤港澳大湾区首列出口班列"广州大朗—二连浩特—蒙古乌兰巴托"中欧班列顺利发运。至此,广州海关监管的中欧班列线路达到7出2进共9条。

25日 广州海关副关长刘小威出席中泰两国海关关于"经认证的经营者"互认行动计划在线签署仪式。这是《区域全面经济伙伴关系协定》(RCEP)正式生效后,中国海关与该成员海关签署的第一个AEO互认行动计划。广州海关作为该 AEO 互认磋商项目负责海关参加签署仪式。

广州海关技术中心牵头制定的《进口再生铜原料检验规程》《进口再生黄铜原料检验规程》两项检验规程获海关总署批准发布，10月1日起实施。

28日　广州海关技术中心自行设计的生物降解装置"一种好氧型生物降解实验容器"获得国家知识产权局实用新型专利正式授权，填补国内相关领域空白。

29日　广州海关14个集体和个人被确立为2021年度省直机关"广东省两红两优"创建集体和创建个人，数量名列省直机关单位第一。其中，创建集体4个，分别为共青团海珠海关支部委员会、共青团广州海关技术中心综合支部委员会、共青团广州海关后勤管理中心支部委员会和共青团广州海关缉私局委员会。

31日　广州海关关长李全到番禺海关调研，与班子成员进行座谈交流，了解该关近期工作情况，并与番禺区委书记黄彪进行工作交流。

广州海关技术中心戴俊获评国家科技部"全国科技系统抗击新冠疫情先进个人"称号。

广州海关完成海关总署病原体基因测序平台首批新冠病毒基因测序分析。

4月

6日　广州海关技术中心牵头制定的铁矿石领域国际标准项目成功立项，《铁矿-全铁含量的测定-EDTA滴定法-第2部分：碱熔法》国际标准制定项目，首次利用碱熔法与光度滴定法相结合进行铁矿石检测，成功克服传统重铬酸钾法前处理复杂、干扰因素多、精密度差等困难，具有准确性高、操作简单、绿色环保等优点。

8日　南沙国际物流中心南区获批海关水路运输类监管作业场所，总面积约14万平方米，建设围网及"2进2出"卡口，场所内设有3座冷库、1个冷藏箱专用堆场、1座配套楼，共设162个可供查验的查验口。

13日　广州海关党委委员、税管局（广州）局长谭武参加涉税化验实验室联盟筹备工作会，听取技术中心涉税化验联盟工作进展等情况汇报并提出要求。

14日　由广州海关技术中心主持的国家重点研发计划项目"跨境邮寄物中风险源在线可视化识别与处置技术"顺利通过科技部验收。项目研发针对水果、种子、肉、蛋、奶等动植物源性风险源的智能审图算法，实现动植物类检疫风险源的自动识别等功能。项目成果之一"动植物源性风险源智能审图算法"此前已在广州、上海、北京等7个直属海关10余个口岸现场进行试点。

总署缉私局发布2021年全国海关打私业务绩效评估情况的通报，广州海关全员打私绩效继2019、2020年位列全国海关第一之后，2021年再度位列榜首，取得"三连冠"。

15日　清远海关签发中国—新西兰自由贸易协定升级实施后广州关区首票该协定项下出口原产地证书。

佛山海关驻禅城办事处团支部获评全国五四红旗团支部。

20日　广州海关关长李全到顺德慰问广州海关因公牺牲干部家属。4月10日，顺德办四级主办袁浩在疫情防控封闭管理工作中因公牺牲。4月19日，时任总署署长倪岳峰作出批示"请广州海关代为表达总署党委向其家属的慰问"。

RCEP实施首季，广州关区经核准出口商数量居全国首位。一季度，关区已有经核准出口商共计49家，占全国经核准出口商总量的1/4。

广州海关选送的顺德办开展粤港澳联合执法行动在市场采购贸易领域查发侵权货物案入选"2021年中国海关知识产权保护典型案例"。

21日 广州海关成功分离新冠病毒奥密克戎BA.1、BA.1.1和BA.2变异株，此次分离奥密克戎变异株的输入病例来源于伊朗、俄罗斯、菲律宾等重点国家（地区），开展新冠病毒毒株分离具有较高的研究价值。

24日 广州海关副关长孟传金参加国务院物流保通保畅工作领导小组总指挥（全体）调度会议暨全省交通运输领域疫情防控、保通保畅及安全生产工作电视电话会议。

25日 粤港澳大湾区组合港"深圳蛇口—云浮新港"项目正式启动，首批载有22吨钛白粉、27吨大理石板材的集装箱以组合港模式在云浮新港顺利完成海关手续，发往深圳蛇口港。

26日 广州海关自行设计的生物降解装置"堆肥降解实验容器"获得1项国家专利。该款容器已被应用于海关检测机构堆肥检测实验中。

28日 广州海关技术中心黄吉城获全国五一劳动奖章。罗定海关获2022年云浮市五一劳动奖状。

粤港澳大湾区组合港"南海北村—深圳蛇口"项目正式启动。在该通关模式下，出口企业的转关手续由原来"两次报关、两次放行"精简为"一次申报、属地查验、一次放行"。

5月

1日 总署党委委员、广东分署主任张广志视频连线督导检查广州海关疫情防控工作。听取广州海关及机场海关病例处置、内部疫情防控、通关监管秩序等情况汇报，并提出工作要求。会后，关长李全连线机场海关进行相关工作部署。副关长孟传金，机场海关关长顾炯、总检验师相大鹏参加。

广州海关技术中心参与的中国检验检疫科学研究院国家质理基础设施（NQI）项目"消费品中化学物质限量定值关键技术研究"以优异成绩通过综合绩效评价。

3—5日 税管局（广州）派员参加世界海关组织估价技术委员会第54次会议。

5日 广州海关关长李全对天河、车站、佛山等11个隶属海关单位开展视频督导，听取人员返岗、业务运行、队伍思想等情况汇报，副关长孟传金、陈针参加。

9日 总署署长俞建华通过视频方式听取广州海关关长李全工作汇报。

南海办根据《国门生物安全监测方案》，在开展出境水生动物及水产品疫病抽样监测中检出鲤春病毒血症病毒核酸阳性，该病毒为《一、二、三类动物疫病病种名录》中的一类动物疫病，为广州关区首次检出。

广州海关联合地方公安开展打击走私进口卷烟专项行动，在查缉行动中抓获犯罪嫌疑人4名，查获涉嫌走私进口卷烟807.8万支。初步查证，涉及案值约2225.7万元。

10日 南沙海关参加签署《中国（广东）自由贸易试验区南沙新区片区知识产权全链条协同保护机制框架协议》，框架协议由南沙区人民法院牵头各知识产权保护有关单位共同签署。

河源缉私分局侦办的缉私系统全国首例涉检商品出口逃避商检案法院判决生效。

广州海关"三进"品牌（海关进企业、海关进社区、海关进校园）获评中央宣传部、中央文明办2021年度全国学雷锋志愿服务"四个100"最佳志愿服务项目先进典型。该品牌自2014年创立以来，发挥全关2250余名注册志愿者力量，9年来组织活动逾千项，成为全国学雷锋志愿服务"四个100"奖项设立以来海关系统首个获评最佳志愿服务项目先进典型。

10—25日 税管局（广州）派员参加世界海关组织协调制度委员会审议分委会第60次（网络）会议。税管局（京津、上海、广州）、天津海关、重庆海关共7名关员作为中国海关代表参会。

11日 广州海关首次在白云机场口岸快件中心公共仓试运行无纸化查验工作模式。试运行当日，实施快件无纸化查验154票，通关效率大幅提升。

12日 税管局（广州）派员参加中国—东盟自贸区项下中国与马来西亚原产地管理视频工作会议，双方代表就2019年至2022年4月以来协定项下原产地后续核查情况、加强合作以防范原产地瞒骗风险等议题进行讨论。

13日 车站海关保障广州市中欧班列首次进口哈萨克斯坦大麦。该班列合计100标箱，货重1325吨，货值268.6万元。

三水办在一批自加拿大进口的蜂蜜中检出欧洲幼虫腐臭病病菌，为广州关区首次检出欧洲幼虫腐臭病。欧洲幼虫腐臭病为《中华人民共和国进境动物检疫疫病名录》二类传染病。

18日 广州海关技术中心成为全国首个"玩具及婴童用品国家标准样品试点"单位。

广州海关在对一票南非进口展叶松原木实施检疫时首次截获检疫性有害生物喜马拉雅木蠹象，并按规定对该批原木进行处理。

16—20日 广州海关缉私局派员参加国际线上缉毒培训，参加意大利内务部中央禁毒局举办第六期《地下实验室》线上缉毒培训班。来自公安部禁毒局、海关总署缉私局，欧洲、南美等地共计186名执法人员在线参加培训。

20日 广州海关跨境电商"商品条码"应用改革试点启动。首日经广州关区进口的211家电商企业参与商品条码申报，占关区跨境电商申报企业的63.4%；填报商品条码共计17.1万条，占关区申报进口条数的92%。

24日 广州海关党委委员、税管局（广州）局长谭武出席广州海关学会税管局（广州）分会成立大会。

番禺缉私分局立案查处广州关区首宗特许权使用费情事，稽查发现某企业2018年8月至2021年8月期间以一般贸易方式申报进口纺织助剂，并对外支付商标使用费132.6万元，但未如实向海关申报。

广州海关开展"奋发12"打击"水客"走私高档手表专项行动，在总署缉私局统筹指挥下，与拱北海关、汕头海关协作开展统一查缉抓捕行动，共抓获犯罪嫌疑人12名，现场查扣涉嫌走私进口品牌手表一批，打掉走私、揽货及货主共4个团伙，实现全链条打击。该案案值约5亿元。

22—25日 广州海关党委书记、关长李全作为党代会代表参加中国共产党广东省第十三次代表大会；党委委员、缉私局局长唐龙军受邀列席会议。

25日 广州海关技术中心获总署批准建设新能源汽车、化妆品和传染病生物信息3个国家检测重点实验室。其中"国家传染病生物信息分析和检测重点实验室（广州）"填补全国海关系统该专业领域的空白，"国家新能源汽车检测重点实验室（广州）"拥有海关系统第一条新能源汽车检测线。

大铲海关缉私分局获评"全国优秀公安局"，为海关缉私部门唯一获此荣誉单位；广州海关缉私局周剑锋获评"全国优秀人民警察"。

26日 广州海关组织参加2022年度全国海关科技工作电视电话会议。会上，副关长赵晓光围绕广州海关科研工作经验成果作汇报交流。会议宣布2021年全国海关科技成果评定结果，广州海关获总署评定一级成果2项、二级成果3项、三级成果1项。

27日 税管局（广州）派员参加中国—东盟自贸区项下联委会原产地工作组第十三次（网络）会议，会议围绕中国—东盟自贸区项下产品特定原产地规则（PSR）转版、原产地证书自助打印、能力建设工作及其他实施相关议题开展磋商。

30日 南沙海关支持南沙港铁路中欧班列完成试运行首发。该班列经阿拉山口口岸出境至俄罗斯沃尔西诺站，货物主要为空调、液晶显示屏、灯具等，货值约1590万元。

31日 广州海关召开审计署驻广州特派员办事处审计进点会。广州海关关长李全作表态发言，表示将统一思想提高认识，严格遵守审计工作纪律，全力配合好国家审计工作，坚决抓好审计整改落实。审计组成员，在家关领导，巡视员，总工程师、总检验师等参加。

广州海关关长李全出席各部门、单位主要负责人学习贯彻党的十九届六中全会精神暨专项教育活动专题培训班并作开班动员暨主题授课。全关各部门、单位主要负责人分别在主、分会场参训。

6月

1日 广州海关首次在进口货物渠道截获检疫杂草疣果匙荠。该批货物自俄罗斯进口，申报品名为"救荒野豌豆种子""柔毛野豌豆种子"，经抽样送检，从中检出检疫杂草疣果匙荠，为该关首次截获。

2日 广州海关关长李全主持召开2022年广州海关统筹口岸疫情防控和促进外贸稳增长工作指挥部第十一次会议暨配合国家审计动员会。会议传达中央政治局委员、广东省委书记李希是日在广东分署、粤海关博物馆调研时的讲话，对关区重点工作进行部署。副关长孟传金、陈针分别就应急值班、疫情防控、安全生产和配合国家审计、外贸保稳提质等工作进行布置。关党委委员，巡视员，总工程师、总检验师等参加。

广州海关在自日本进境的紫薇、皋月杜鹃中首次检出山茶根结线虫，并按要求对相关批次种苗进行检疫除害处理。

粤海关博物馆《千年帆影百载关——粤海关与广东对外贸易》原创图片展入选6月全国博物馆100+精品展览。该展览由广东省流动博物馆、粤海关博物馆主办，入选广东省流动博物馆新增展览项目。

7日 广州海关技术中心食品所参加英国政府化学家实验室（LGC）组织的零食中丙烯酰胺含量测定的能力验证活动并取得满意结果。全球共有13个实验室参加此次能力验证。

8日 广州海关开展打击跨境电商渠道走私专项行动，成功打掉2个跨境电商渠道走私团伙，抓获犯罪嫌疑人5名，涉及案值3.3亿元。

9日 广州海关联合地方公安、税务、中国人民银行等部门开展打击骗税专案收网行动，分别在广州、深圳等地同时开展收网行动，抓获嫌疑人52名，捣毁报关货代中介团伙、非法结汇和虚开增值税发票等犯罪团伙6个，涉案金额逾10亿元。

14日 广州海关派员前往英德市开展驻镇帮扶捐赠活动助力乡村振兴，向英德市社会福利中心捐赠米、面、油等食品一批。

16日 广州海关与中国人民银行广州分行签署共同促进跨境电商高质量发展合作备忘录，就加强信息共享、风险联合研判、执法协同配合等进行交流。

广州海关开展"奋发16"打击邮递渠道"水客"走私专项行动。在沈阳、黄埔等海关和江苏淮安市公安局协助下，在广东、辽宁、福建、江苏四省七市同时开展收网行动，共抓获犯罪嫌疑人10名，打掉10个涉邮递渠道的非法团伙。经初步统计，该案案值约1.5亿元。

20日 广州海关保障首票"湾区一港通"进口货物在南沙港顺利通关。在该通关模式下，整体物流时长压缩40%，可减少运输成本200元/柜，助推湾区跨境物流提效降本。

21日 车站海关作好服务助力广州海关首票国际班列"铁路快速通关"货物顺利发出。

广州海关开展"奋发17"打击骗税专案联合收网行动，联合地方公安、国税等部门在广东广州、梅州等地开展收网行动，共抓获报关货代中介、虚开增值税发票中介以及参与非法结汇等嫌疑人24名，查处犯罪窝点8个，查扣涉案资产1100多万元。该案涉及案值约4.6亿元。

税管局（广州）派员参加中国—海合会（海湾阿拉伯国家合作委员会）自贸协定第11轮谈判原产地规则工作组（网络）会议，双方就原产地标准等协定原产地规则文本进行磋商。

22日 广州海关副关长陈针在广州海关监控指挥中心参加总署"支持香港抗疫工作调度机制"会议。

22—23日 广州海关党委书记、关长李全主持召开关党委巡察工作领导小组会议，听取3个巡察组对9个部门单位开展常规巡察的情况汇报，提出压实整改主体责任等相关要求，党委纪检组组长何继军、政治部主任林高参加。

23日 总署党委委员、广东分署主任张广志主持召开省内海关安全生产工作视频连线会议，广州海关关长李全、副关长陈针参加。会议听取广州海关关于安全生产隐患大排查和防汛防灾工作情况汇报，并就加强省内海关安全生产工作提出要求。

24日 广州海关关长李全组织指挥"奋发18"打击非法制造、走私出境制式枪支散件违法犯罪专项行动并召开现场综合治理会。关党委委员、缉私局局长唐龙军等参加。该专项行动在总署、公安部的统筹指挥下，广州海关联合上海、南京等海关以及属地公安部门开展统一查缉抓捕行动，共抓获涉案嫌疑人20名，打掉5个涉嫌制造、走私枪支散件出境的生产加工团伙，6个国内物流团伙，现场查扣制式枪支导气管3万支及枪支散件一批。经初步排查，该案涉嫌走私主要枪支配件约12.9万件。

大铲海关与乌鲁木齐海关所属红其拉甫海关开展"南北共迎二十大，山海携手启新程"线上党建共建活动。

27日 广州海关开展2022年扶贫济困爱心捐款活动，在家关党委委员在机关大楼出席活动并捐款。各部门、单位，各隶属海关单位于近日各自开展爱心捐款。

广州海关党委委员、缉私局局长唐龙军陪同总署缉私局局长孙志杰在大铲督导检查庆祝香港回归祖国25周年缉私部门安保工作，并出席"全国优秀公安局""缉私先锋艇"荣誉授牌仪式。

29日 广州海关技术中心获批担任国际标准化组织儿童保育用品技术委员会全国唯一技术对口单位。该对口单位是代表中国组织参加对口国际标准化组织（ISO）技术委员会标准化工作的技术机构，负责组织协调国内各机构参与国际标准研制、技术专家推荐、项目投票表态、国际活动组织等工作。

7月

1—2日 广州海关组织参加2022年全国海关年中工作会议，在家关党委委员等通过视频参加会议。会后，广州海关关长李全对作好学习贯彻会议要求，围绕疫情要防住、经济要稳住、发展要安全等工作再作强调。

2日 广州海关技术中心获中国船级社颁发海关系统首张"A类船舶压载水管理系统调试试验"服务供方认可证书。这标志着广州海关具备船舶压载水、生活污水现场取样、快速检测及详细分析等技术服务资质。

5—7日 广州海关派员参加世界海关组织举办的南亚国家稽查线上研讨会，参与主持会议并针对加强数据分析发言。印度、伊朗、孟加拉国、不丹、尼泊尔、马尔代夫、斯里兰卡七国约50名海关稽查中高级代表参加研讨。

6日 广州海关召开2022年广州海关年中工作会议，传达学习2022年全国海关年中工作会议精神，总结回顾上半年工作成绩，分析面临形势，对下半年重点工作作出部署。关党委委员作交流讲话，总工程师、总检验师和21个部门单位作交流发言。

7日 关领导陈针、杨国海参加总署防止口岸危化品积压问题专题视频会议。会议围绕作好进出口危险品检验监管，坚决防范危险品积压问题及依法依规、科学分类快速处置进出口危险品进行部署。会后，关领导就落实会议要求，加快清理关区监管作业场所危险品积压问题作出具体布置。

广州海关6个基层党组织获评全国海关基层党建示范（培育）品牌。大铲海关机关党委、南沙海关大南沙审核业务科党支部、南海办三山港监管科党支部通过示范品牌复核，机场海关查验二处应急监管科党支部通过培育品牌复核；税管局（广州）关税技术处党支部由培育品牌晋升为示范品牌；技术中心卫检所党支部新增为培育品牌。

广州海关机关党委（政工办）蔡怀泓、白云机场海关张雅婧2名党务干部获评海关系统"党务之星"。

RCEP实施半年，广州海关助企享惠货值超50亿元，其中进口享惠货值29.1亿元，享惠商品主要是钢铁、机械器具、塑料、水果和矿物燃料/油等，88.8%来自日本。为出口企业签发RCEP原产地证书6391份，助力21.7亿元货物在RCEP成员享惠，主要享惠商品是瓷砖、钢铁制品、箱包、干蔬菜和塑料制品等，90.7%销往日本。审核认定经核准出口商共计66家，约占全国总量的1/4，经核准出口商开具RCEP原产地声明262份，享惠货值9968万元。

11日 广州海关首次通过稽查查获出口化肥逃避法检案件，涉案货值16.7万美元。

番禺海关与缉私分局联合查获关区首宗"非法引进、释放、丢弃外来入侵物种罪"案件，在某邮包派件点查扣自日本走私进境的长戟大兜虫等甲虫16只，抓获犯罪嫌疑人1名，并循线查扣成虫、幼虫、标本虫300多只和养殖工具一批。

18日 广州海关监管跨境电商进出口商品总值突破千亿元规模。截至7月14日，广州海关累计监管跨境电商进出口报关单及电子清单2.9亿票，商品总值1068亿元，与上年同期相比分别增长74%和31.1%。

机场海关旅检一处荣获"全国消除疟疾工作先进集体"称号；卫检处范秀莹、保健中心吴健获评"全国消除疟疾工作先进个人"。

技术中心申报的"广州海关国门安全科普基地"顺利通过广州市科学技术普及基地评审，被认定为广州市场馆类科普基地。

20日 广州海关关长李全，副关长陈针、杨国海参加总署"口岸危险品综合治理"百日专项行动部署动员会，并就贯彻落实会议精神提出具体工作要求。

广州海关完成2022年扶贫济困爱心捐款活动，全关干部职工共捐赠善款29.8万元，统一汇至广东省扶贫开发协会接收捐款账户，用于广州海关乡村振兴驻镇帮镇扶村相关工作。

22日 总署专项整治第十一督导检查组与广州海关召开视频见面沟通会，广州海关关长李全汇报广州海关专项整治工作情况，并作表态发言。检查组全体成员、在家关党委委员参加。

广州海关完成2022年度在广东省社保局参保的1357名退休人员领取养老金资格认证工作。

26日 广州海关党委委员、缉私局局长唐龙军在大连参加2022年全国海关缉私部门年中工作会议暨全国打私办主任会议。

广州海关政治部主任林高参加2022年全国海关离退休干部工作会议。会上，广州海关等10个直属海关作书面情况交流。

广州海关开展"奋发21"打击海南离岛免税"套代购"走私专项行动，在总署缉私局统筹指挥下，在广州、佛山等地开展查缉抓捕行动，抓获走私犯罪嫌疑人23名，打掉"水客"走私团伙23个，现场扣押涉嫌走私的海南离岛免税化妆品、洋酒等一批。初步查证，涉案案值约6000万元。

27日 广州海关组织开展2022年第六次党委理论学习中心组（扩大）学习暨"喜迎二十大 奋进新征程"主题党日活动。广州海关党委书记、关长李全围绕"走好第一方阵 我为二十大作贡献"讲授专题党课，并为获得"光荣在党50年"荣誉老同志代表颁发纪念章。关党委委员、政治部主任林高宣读"两优一先"表彰决定，党委委员为受表彰代表颁奖。

广州海关技术中心作为主要起草单位制修订的9项玩具儿童用品相关强制性及推荐性国家标准获批发布。

28日 总署党委委员、广东分署主任张广志主持召开省内部分隶属海关关长视频连线会议。听取顺德办、清远海关贯彻落实2022年全国海关年中工作会议、全国海关"口岸危险品综合治理"百日专项行动部署会、全国海关疫情防控工作专题视频会议等有关工作部署情况汇报，提出抓好落实总署党委各项工作部署等相关要求。

广州海关党委委员、税管局（广州）局长谭武主持"中国实施《协调制度》三十周年"线上集中工作。总署关税征管司、部分直属海关、上海海关学院及税管局（京津、上海、广州）相关代表等参加。

29日 广州海关与长沙海关签署《长沙海关 广州海关合作备忘录》，签约仪式以视频会议形式举行。广州海关关长李全、长沙海关关长朱光耀分别致辞并签署合作备忘录。备忘录围绕党建和文化交流、口岸疫情防控合作、口岸通关协作、监管执法互助、执法技术研究五个方面加强合作，明确25项相关措施。

广州海关举行庆"八一"退役军人代表慰问活动，政治部主任林高参加。

31日 广州海关技术中心主持制定的《铁矿石 全铁含量的测定 EDTA光度滴定法 第1部分：微波消解法》国际标准（ISO 21826-1：2022）正式发布。

广州海关完成首批粤海关相关红色档案图纸修复及数字化工作。委托专业公司对粤海关博物馆馆藏纸质红色档案2000余页及广州海关综合档案室保管粤海关相关历史建筑图纸31张进行保护性修复并高清扫描，提升档案图纸保存年限及查阅利用便捷度。

8月

5日 广州海关召开2022年广州海关离退休干部工作会议。广州海关关长李全出席会议并讲话，强调要加强离退休干部工作队伍建设。

政治部主任林高主持会议，老干部代表等参加。

车站海关正式启用广州国际港中欧班列站点，畅通粤港澳大湾区与"一带一路"共建国家（地区）经贸往来。该监管场所启用首日，顺利发出一趟"穗满俄"中欧班列，搭载家电等货物594吨、3814万元。

11—12日 总署党委书记、署长俞建华到广州海关调研指导工作，先后赴大铲海关、粤海关博物馆、防控境外疫情输入专班、税管局（广州）、缉私局实地调研，听取查看基层党建、卫生检疫流程智能化、税收征管、粤港澳海上跨境打私等方面工作情况汇报，与机场海关连线，慰问一线关警员。总署党委委员、广东分署主任张广志，总署党委委员、办公厅（国口办）主任黄冠胜，总署有关部门主要负责人，广州海关在家关领导分别参加调研。

17日 税管局（广州）派员参加中国—厄瓜多尔自贸协定第二轮谈判原产地工作组（网络）国际会议，双方完成原产地规则章节协定文本磋商，并议定通过邮件交换特定原产地规则调整意见。

17—18日 "中国海关史"研究项目领导小组一行到广州海关调研，广州海关关长李全参加。"中国海关史"研究项目领导小组组长胡伟、副组长黄胜强听取广州海关关志、关史、年鉴及课题组第五组研究工作情况汇报，并进行实地调研。

18日 广州海关技术中心玩具所参与的国家发明专利《一种消费品化学成分检测分析用超声波萃取仪的超声萃取性能核查装置及方法》首次获得美国专利合作条约发明专利授权。

19日 广州海关派员参加广东省科普讲解大赛，首次获评广东省科普讲解大赛优秀组织奖；技术中心、白云机场、南沙海关分别派员参加，其中技术中心盛黎妮获评一等奖。

22日 广州海关组织参加全国海关加强新时代廉洁文化建设暨警示教育大会。总署党委书记、署长俞建华出席会议并讲话，驻署纪检监察组组长王林通报海关系统近期查处的8起违纪违法典型案例。会后，广州海关关长李全提出学习贯彻要求，将会议精神传达到全关每一名干部职工。

广州海关查获近年来数量最大的一宗涉嫌侵权日用品案。权利人某公司确认南沙海关查获的13.7万支牙膏为侵犯其商标专用权的产品，向海关提出知识产权保护申请并提交相应担保。

白云机场海关办公室青年理论学习小组、缉私局办公室青年理论学习小组获评广东省直机关青年理论学习标兵集体，另有3人获评广东省直机关青年理论学习标兵，获奖数量在省直机关中位列第一。

23日 广州海关关长李全、政治部主任林高到广州海关驻镇帮扶点英德市横石塘镇开展乡村振兴调研，与横石塘镇相关负责人和广州海关驻镇工作队就乡村振兴、驻镇帮扶等工作进行座谈交流，实地察看前期洪水引发受灾情况，并慰问受灾农户。

顺德缉私分局联合税务、地方公安等部门破获一宗虚开发票骗取留抵退税案。

25日 广州海关召开加强新时代廉洁文化建设暨警示教育大会、党风廉政建设工作例会。党委书记、关长李全出席会议并讲话，要求深刻汲取违纪违法教训，做到以案为鉴、警钟长鸣，提升管党治党责任感紧迫感。党委纪检组组长何继军通报广州海关查处的6起典型违纪案例。政治部主任林高主持会议。

27日 十三届全国政协常委、经济委员会副主任于广洲与外事委员会委员孙毅彪到广州海关调研，实地察看广州海关P3实验室、实验技术展示厅，听取税管局（广州）RCEP工作情况汇报，赴广州南沙港调研促物流保通保畅及了解南沙发展情况。总署党委委员、广东分署主任张广志，广州海关在家关领导等参加。

29日 广州海关技术中心获德国标准化学会认证中心关于生物降解测试能力国际认证。

30日 南沙海关邮轮监管科赵醴丽被授予全国"人民满意的公务员"称号。机场海关陆放获评第21届全国青年岗位能手。

31日 广州海关组织参加总署"人民满意的公务员"宣讲报告会，总署党委委员、政治部主任许大纯主持会议。南沙海关赵醴丽等4名受表彰的个人和集体代表作宣讲报告。广州海关关长李全、政治部主任林高等在广州海关分会场参加。

广州海关顺利完成中国海关贸易景气（进口）试点调查首次填报工作。广州关区共有110家企业入选中国海关贸易景气（进口）试点调查，1—7月上述样本企业进口总值641.8亿元，占关内七地市进口总值的18.6%。

9月

1日 广州海关退休干部邱良炳创办的教育基金会第26次助学颁奖仪式在海南省定安县新竹中学举行，对年内考上大学的受助学子给予奖励，并表彰优秀中小学生、教师及家长，共计382人，发放奖教奖学助学金。连续26年，邱良炳基金会资助金额共计162.2万元，受益师生4622人次。

5—23日 税管局（广州）派员参加世界海

关组织协调制度委员会第 70 次（网络）会议。总署关税司、税管局等单位 14 名关员作为中国海关代表参会，11 个直属海关的 21 名关员旁听会议。

6 日 广州海关副关长刘小威主持召开稽查岗位练兵工作督导会，听取广州海关稽查岗位练兵工作整体推进情况汇报。

9 日 广州海关组织参加全国海关疫情防控工作专题视频会议。会议就作好国庆前后海关疫情防控工作进行部署。广州海关关长李全，副关长孟传金、陈针等参加。

11 日 广州海关技术中心在申报国家自然科学基金项目方面获得突破，国家食品接触材料检测重点实验室（广东）苏启枝博士申报的"再生高密度聚乙烯中污染物向超临界二氧化碳流体传质的机理研究"项目获国家自然科学基金青年科学基金项目立项，资助经费 30 万元，该项目实现广州海关近 10 年来国家自然科学基金项目"零的突破"。

19 日 广州海关关长李全参加中央政治局委员、广东省委书记李希在南沙召开的全省推进广州南沙深化面向世界的粤港澳全面合作现场会。

广州海关关长李全主持召开党委碰头会，专题研究关区外贸保稳提质工作。

广州海关与广东省邮政管理局签署共同促进邮政业发展合作备忘录，并就继续加强关邮双方疫情防控、信息互通、执法互助，共同推进粤港澳大湾区邮政业健康稳定高质量发展进行工作交流。

21 日 清远海关莫瀚峰被中共广东省委授予"广东省依法治省工作先进个人"称号。

22 日 广州海关开展"奋发 32"打击邮递渠道走私医药产品专项行动，抓获犯罪嫌疑人 26 名，成功打掉 5 个犯罪团伙。经初步查证，该案案值 6650 万元。

广州海关申报的"广州市国门生物安全防控科技协同创新中心"获批准立项，获广州市财政资金支持。

23 日 广州海关组织参加总署《中国海关年鉴（2022）》编纂总结暨（2023）年鉴编纂启动部署会议，关长李全、副关长孟传金通过视频参加会议。

广州海关召开《国门星辰——党旗下的穗关人》报告文学集发布会暨文学协会成立仪式系列活动。发布会以线上线下相结合方式开展，中国海关出版社有限公司执行董事、经理、党委书记韩钢线上出席发布会并致辞，省直机关工委、广东分署相关负责人员参加。下午，召开文学协会成立仪式并开展专题讲座。政治部主任林高参加。

广州海关开展打击非法制造、走私出境制式枪支配件违法犯罪专项行动，抓获犯罪嫌疑人 10 名，成功打掉 4 个涉嫌制造、销售及走私枪支散件出境的团伙，现场查扣枪支散件一批。经查证，该团伙涉嫌走私及采购枪支配件 6.4 万件。

广州海关组织广州市区部门单位到血液中心开展 2022 年度无偿献血活动，共有来自 39 个部门 81 名人员参加，献血 20100 毫升。

27 日 广州海关组织参加全国海关技术性贸易措施交涉应对工作视频会议。广州海关关长李全参加，副关长陈针代表广州海关作为 5 个发言单位之一作经验交流。

广州海关党委委员、缉私局局长唐龙军参加总署缉私局召开的全国海关缉私部门夏季治安打击整治"百日行动"总结。会后，唐龙军主持召开广州海关缉私局相关工作部署会。

29日 广州海关和广州市残疾人联合会联合举办的"手牵手·阅海观楼——粤海关博物馆&百企百艺融合艺术展"在粤海关博物馆开展。

30日 广州海关关长李全出席广州海关2022年新录用公务员岗前培训结业仪式，听取队列训练成果汇报以及学员代表发言，勉励新关员牢固树立政治意识，做到"安身、安心、安业"，为海关事业发展作出贡献。政治部主任林高主持。

10月

6—7日 广州风控分局受总署风控司委托派员参加世界海关组织第18届全球信息与情报战略项目组视频会议，就中国海关跨境电商风险防控手段作经验交流，来自世界各国（地区）40多个海关的100多名代表参加会议。

8日 广州海关副关长陈针出席广州海关"支持广州南沙深化面向世界的粤港澳全面合作"专题新闻发布会。发布会由广州海关联合广州市委宣传部、市政府新闻办举办，围绕支持促进粤港澳大湾区要素便捷流动、支持重点项目建设、支持建设中国企业"走出去"综合服务基地、加强粤港澳三地规则衔接四方面内容介绍广州海关出台的48条措施，综合处、南沙海关相关负责人现场答记者问。《人民日报》、中央电视台等20多家主流媒体参加。

11日 广州海关召开专题警示教育大会。

12日 广州海关关长李全主持召开"跨境电商寄递'异宠'综合治理"专项行动领导小组工作会议，专题听取专项行动工作进展情况汇报，并提出相关工作要求，防范风险隐患。副关长陈针、杨国海参加。

国务院正式批复同意广州港口岸琶洲港澳客运码头扩大开放。经前期筹备建设，琶洲港澳客运口岸工程顺利完成竣工验收并取得《港口经营许可证》，两艘客船"海珠湖""海珠湾"顺利完成船舶备案。琶洲港澳客运口岸为广州中心城区唯一一个水上跨境客运口岸，口岸建成运作后，可接驳琶洲与香港国际机场及香港、澳门市区。

广州海关向广东省农业农村厅移交一批濒危水生野生动物制品，该批动物制品重89.7千克，共11个品种，包括石珊瑚、砗磲制品、海马干等，这些品种均列入《濒危野生动植物种国际贸易公约》（CITES）附录。

15日 党的二十大代表、广州海关技术中心卫生检疫研究所主任医师师永霞在北京参加党的二十大预备会议和广东省代表团全体会议。

16日 广州海关组织集中收看党的二十大开幕会，以及习近平总书记代表十九届中央委员会向大会所作报告。在家关党委委员，党委工作部门负责人在总关会场、各隶属海关单位班子成员在所在部门会场组织收看。

会展中心海关推动服务提质升级保障第132届广交会顺利举办，共服务超3.5万家境内外企业参展。聚焦展会"云开幕"特点，出台"线上咨询提质升级"等4项支持措施；聚焦展会备案、商品归类等56个热点主题精准解读，邀请菜鸟国际、银行等开展直播互动、答疑解惑；优化受展览品进出境免税免证、驻会监管免税款担保金等优惠政策。

17日 税管局（广州）派员参加世界贸易组织与世界海关组织联合举办的2022版协调制度转版研讨会，通过线上会议形式介绍中国海关开展 HS2022 税则转版工作面临的挑战及国内相关部门间联系配合等内容。来自中国、美国、柬埔寨、厄瓜多尔、马尔代夫等国家和地区的 120 多位代表参加。

17—21 日 税管局（广州）派员线上参加世界海关组织估价技术委员会第 55 次会议，会议以线上线下混合方式召开，重点就 5 项技术性议题、2 项新议题进行讨论。来自 90 多个国家和地区共 244 名代表参加。

18 日 广州海关圆满完成非贸渠道智能审图算法分类部署试点工作任务。6—9 月试点期间，连续在非贸渠道通过智能审图查获疑似仿真枪及配件 89 件、违禁书刊 62 件、检疫物 2 件、象牙制品 1 件。

20 日 广州口岸首批来自肯尼亚的鲜食鳄梨（牛油果）从南沙新港快速通关。该票货物以一般贸易方式进口，共 24 吨，货值 10.7 万美元，为 1 月中国与肯尼亚签订鲜食鳄梨（牛油果）输华议定书后广州口岸首批进口。

22 日 党的二十大代表、广州海关技术中心卫生检疫研究所主任医师师永霞在北京参加党的二十大闭幕会，接受中央领导会见。

24 日 广州海关组织参加全国海关学习宣传贯彻党的二十大精神视频会议。总署党委书记、署长俞建华传达党的二十大重要精神并发表讲话。会后，关长李全围绕落实总署领导讲话要求布置下一阶段工作。在家关党委委员，总工程师、总检验师等参加。

25 日 顺德办四级主办袁浩获评 2022 年第二季度"广东好人"。

26 日 南沙海关正式启动南沙港国际冷链指定监管场地。南沙国际物流中心冷链项目位于南沙新港三期码头，占地 20.8 万平方米，规划冷库容量 46 万吨，一期启用冷库专用堆场 5.5 万平方米，为全国最大单体冷库，全面建成后每月进出口冷链货物可达 1 万标箱。

28 日 广州海关关长李全主持召开全关疫情防控工作会议，传达总署署长俞建华关于疫情防控的批示并提出相关工作要求，机场海关汇报疫情防控情况，副关长杨国海就内部疫情防控、口岸疫情防控提出具体要求。

11 月

1 日 税管局（广州）派员参加中国—厄瓜多尔自贸协定第五轮谈判原产地工作组（网络）国际会议，双方就原产地规则修订文本达成一致，同时继续推进待定章节产品特定原产地规则磋商工作。

2 日 广州海关及所属佛山海关等 28 个处级以上海关行政单位顺利通过"节约型机关"创建验收，被国家机关事务管理局等四部门授予"节约型机关"称号，通过率 100%。

3 日 广州海关关长李全，副关长刘小威、陈针参加总署"口岸危险品综合治理"百日专项行动总结暨常态化工作部署电视电话会议。会议传达总署署长俞建华对全国海关危险品综合治理工作的批示，总结百日专项行动成效并部署下一步常态化工作。

稽查处派员参加大图们倡议（GTI）海关工作层会议，与俄罗斯、韩国和蒙古国海关就进出境加工项目实施方案进行研讨，并介绍中国在该业务领域的管理经验。

4 日 广州海关成功完成全国首票跨境电商零售出口跨关区退货业务。按照总署部署，广州海关作为 4 个直属海关之一开展跨境电商零售出口跨关区退货试点工作。

7日 广州海关参加总署组织召开的亚欧会议"智慧海关、智能边境、智享联通"国际研讨会。副关长杨国海通过视频会议形式参加相关活动。

广州海关技术中心牵头修订的新版"玩具特定元素迁移"国际标准修正件获得各成员专家一致投票通过。

7—25日 税管局（广州）派员参加世界海关组织协调制度审议分委会第61次会议，会议采用"论坛讨论+视频会议"方式进行，审议4个一般性议题和43个技术性议题。会上，中国海关针对"胰岛素结构类似物"所提修订2027年版《协调制度》的议题获得一致支持并顺利通过，该议题由税管局（广州）税收风险防控和集成作战成果转化而成。

8日 税管局（广州）派员线上参加第二届世界竹藤大会"促进竹藤商品的贸易便利化"平行会议。

9日 为促进内地与澳门互输产品质量安全水平、提升澳门方技术执法能力，广州海关在海关总署商品检验司统一组织下派员协助澳门经济及科技发展局开展内部培训工作。广州海关选派技术专家采取视频连线方式协助澳门方开展内部培训2场，澳门经科局40余人次参训。

10日 广州海关关长李全参加广州南沙深化面向世界的粤港澳全面合作高水平对外开放工作专班全体会议暨商务工作专题会议，会议由广东省副省长张新主持。

税管局（广州）派员参加中国—海合会自贸协定谈判原产地规则工作组（网络）会议，双方就产品特定原产地规则一揽子计划进行深入磋商。

12日 广州海关组织参加全国海关疫情防控工作专题视频会议，会议传达中共中央政治局常务委员会关于研究部署进一步优化防控工作的二十条措施会议、国务院联防联控机制全国视频会议精神，对海关系统疫情防控工作进行部署强调。会后，广州海关迅速就贯彻会议精神进行再部署、再落实。关长李全，副关长陈针、杨国海，总检验师相大鹏等参加。

13日 广州海关"双11"期间监管零售进出口清单超2500万票，业务量再创新高。10月31日20时至11月11日24时，广州海关累计监管跨境电商零售进出口清单2556.3万票，商品总值61.2亿元，同比分别增长68.4%、24.5%。

16日 广州海关技术中心申报的"基于CRISPR-Cas12a技术的基因编辑水稻检测方法的研究"项目获得2022年度广东省基础与应用基础研究基金省市联合基金立项，该中心为年内广东省内海关唯一获该项立项单位，实现十余年来广州海关在该方面"零的突破"。

广州海关技术中心获日本船级社（NK）压载水检测服务供方认可证书，成为华南地区首家日本船级社船舶压载水检验认可的第三方检测机构，可为日本船级社的全球客户提供压载水管理系统（BWMS）调试试验服务。该中心成为全国海关系统唯一拥有美国CBS、中国CCS、日本船级社等多家船级社相关资质认可的技术机构。

17—21日 广州海关组织参加中组部2022年全国新录用公务员初任培训班。培训由中国干部网络学院统一组织，广州海关在机场海关、番禺海关、南沙海关、邮局海关4个单位设置分课堂，共有43名2022年新录用公务员参训。

23日 广东分署主任李魁文听取广州海关

党委班子工作汇报。广州海关党委书记、关长李全代表关党委汇报广州海关工作情况，李魁文充分肯定了广州海关各项工作成效，传达总署署长俞建华对广东分署、省内海关工作的指示要求，就下一步工作提出希望。关领导孟传金、谭武、何继军、陈针参加。

广州海关副关长孟传金主持召开关本级事业单位及经济实体、社会团体监委会，审议通过后勤管理中心关于下属经济实体2021年利润分配的请示等8个议题。会议强调各事业单位要履行好投资主体责任，加强对投资经济实体的监督管理，运用合理的激励手段提升经营效益。

高明办食出码头监管现场大型集装箱检查设备搬迁、安装、调试及验收顺利完成，将正式投入使用。

广州海关技术中心专家、博士后杜欢申报的"邻苯二甲酸酯水解酶的催化机理及芽孢表面展示应用研究"项目获得第72批中国博士后科学基金立项，为年内海关系统获得的唯一一项中国博士后科学基金。

25日 中共广东省委组织部干部考察组在广州海关对党委书记、关长李全列为新一届人大代表、政协委员初步人选进行组织考察。

26日 天河海关紧急为广东省慈善总会接收世界卫生组织捐赠的一批防疫物资办理进口减免税手续。该批捐赠的防疫物资包括医用防护面罩、医用隔离衣等共计31.2万个（件），价值25.5万美元，用于支援广州市新冠疫情防控。

在广东省总工会、中共广东省委网络安全和信息化委员会办公室联合开展的2022年"网聚职工正能量，争做南粤好网民"主题活动中，广州海关创作的微视频作品《一声誓言，一生承诺》、摄影作品《码头检疫作业》分别获评正能量微视频、正能量摄影十佳作品，广州海关为广东省内海关系统唯一获评单位。

12月

1日 广州海关举行宪法宣誓仪式。关长李全监誓，政治部主任林高主持，线上线下同步进行，关区部分新任职的处级领导干部和新晋升关衔关员代表参加宣誓。

广州海关技术中心主持申请的"跨境虫媒传染病防控病原监控体系研究与口岸应用"等3个国家重点研发计划项目获科技部立项批准，获得中央财政科研经费支持。2022年全国海关系统共有7个直属海关获批主持9项国家重点研发计划项目，广州海关有3项，覆盖卫生检疫、植物检疫、商品检验等领域。

广州海关推荐的"法治国门'Young'样行"普法项目获评2021—2022年广东省国家机关"谁执法谁普法"创新创先优秀普法项目。

7日 广州海关查获一起邮递渠道走私"异宠"案件，现场查获长戟犀金龟、巨扁刀锹甲等涉案"异宠"200余只。

根据《中华人民共和国文物保护法》有关规定，并经审批，广州海关向广东省文物局指定的接收单位广州海事博物馆移交文物古钱币一批，共计372枚。这是广州海关首次向广州海事博物馆移交查获的走私文物。

12日 广州海关查获1起邮寄渠道走私洋酒进境案，抓获犯罪嫌疑人4名，现场查获高价值洋酒600余瓶。经初步估算，该团伙涉嫌走私进口高价值威士忌洋酒8000余瓶，案值约4000万元。

15日 广州海关总检验师相大鹏通过视频形式参加国家卫健委专家组对广州海关新冠、猴痘相关实验室活动申请现场评审会。评审采取线上+线下结合的方式进行，经过材料审核、人员面试、现场实验室操作考核等环节，广州海关P3实验室顺利通过现场评审。

广州海关向广东省林业局移交一批濒危野生动物制品，该批濒危野生动物制品重约168.8千克，主要为象牙制品、犀牛角、穿山甲鳞片、豹皮和其他濒危野生动物制品，上述物品均列入《濒危野生动植物种国际贸易公约》（CITES）附录。

23日 广州海关党委委员、税管局（广州）局长谭武参加广州白云机场综合保税区（三期）验收仪式。广州海关牵头省发展改革委、省财政厅等部门组成联合验收组，按照《综合保税区基础和监管设施设置规范》规定，对广州白云机场综合保税区（三期）的基础设施、监管设施以及相关配套设施进行集中验收，通过听取汇报、现场检查和联合评审，同意通过验收。

截至12月22日，广州海关年内完成税收652.7亿元，完成年初总署给予广州海关650亿元的指导税收目标。

28日 广州海关承担的5个专业领域12项署级科研项目顺利通过总署验收。其中经专家组鉴定为质量"优秀"的项目达50%。科研项目输出15项海关行业标准（含送审稿）、13项国家专利，部分成果在防疫物资风险管理、北京冬奥会入境卫生检疫保障中得到应用。

29日 广州海关提前部署、畅顺衔接作好新冠感染口岸卫生检疫措施调整准备。关党委第一时间研究部署，抓关键、提重点，细化关区口岸卫生检疫落实方案。

广州海关完成行政案件绩效全年预期目标。截至12月26日，率先完成结案数、重大案件、执行成效、成案线索等5个量化指标年度目标任务，其中办结简快案件（简易程序案件、快速办理案件）9558起，办结普通程序案件（原绩效口径）6870起。

第四篇 党的建设

党建工作

【概况】2022年,广州海关以迎接学习宣传贯彻党的二十大为主题主线,落实政治机关建设要求,把政治建设摆在首位,坚决拥护"两个确立"、坚定做到"两个维护"。落实全面从严治党要求,全面加强党的建设,建立关区三级风险防控清单机制,推动政治机关建设专项教育活动和相关专项工作的开展。在基层党组织中开展"强化政治功能,组织力凝聚力提升行动"、在党组织书记和党务干部中开展"强化政治意识,党建工作能力提升行动"("双提升"行动),着力加强关区内党建品牌和"四强"党支部建设,加强党员教育,推进青年理论学习提升工程,推动党史学习教育常态化、长效化,党建工作质量得到持续提升。

截至年底,广州海关党员共5995人,其中正式党员5914人,预备党员81人;在职党员4294人,离退休党员1701人。基层党组织496个,其中机关党委32个(含直属机关党委1个、隶属单位机关党委23个、事业单位党委7个、离退休人员党委1个),党总支13个,党支部451个。年内获评各级各类荣誉160余项,技术中心师永霞当选党的二十大代表,涌现出全国"人民满意的公务员"、全国五一劳动奖章获得者等一大批先进典型。

【迎接党的二十大】2022年,广州海关按照中共广东省委部署,开展"奋进新征程、建功新时代,以模范机关创建实际成效迎接党的二十大胜利召开"主题活动。"七一"前夕,围绕"走好第一方阵 我为二十大作贡献"主题,各级党组织开展主题党日活动和专题党课2000余次。完成广东省出席党的二十大代表、广东省第十三次党代表、广东省直机关党代会代表推选工作。技术中心师永霞当选党的二十大代表,这是广州海关自党的十八大、十九大以来,连续三届产生基层一线党代表。

【学习贯彻党的二十大精神】党的二十大召开后,广州海关党委第一时间召开专题党委会、组织党委理论学习中心组(扩大)学习党的二十大精神,制定关区6方面28项宣传贯彻措施。关区各级党组织组织党员收听收看党的二十大开幕会,深化"党委领学、机关党委督学、党支部研学、党小组促学、党员自学"的"五学联动"机制,实施"头雁""热网""强声"3项举措。其中"头雁"指发挥两级党委班子、各级基层党组织书记"头雁"作用,以"关键少数"带动全员参与;"热网"指发挥网站专栏、网络载体、网格单元作用,让每一个党组织都成为热源,每一名党员都成为热点;

"强声"指积极探索特色鲜明、行之有效的宣传方法，讲好海关故事、发出海关声音，弘扬主旋律、传播正能量。党的二十大代表师永霞开展巡回宣讲，各级领导干部带头在分管条线、所在支部宣讲党的二十大精神，紧扣党的二十大部署涉及海关的12个方面重点工作，开展专题研究36项，梳理形成重点工作95项推进落实。

【党员教育】2022年，广州海关把《习近平谈治国理政》（第四卷）和《习近平经济思想学习纲要》《习近平生态文明思想学习纲要》等作为党委学习及干部教育培训的重要内容，落实"第一议题"制度，第一时间学习习近平总书记最新重要讲话、重要指示批示精神。制定推动党史学习教育常态化长效化具体落实措施22项，巩固深化"我为群众办实事"成果。以"三学联动"贯通推进学习研讨、查摆问题、改进提高（简称"学查改"）专项工作和专项教育活动落地见效，通过专题研学，制定3方面10项"学查改"专项工作细化措施，紧密结合"强化政治机关意识"大讨论，开展专题主题党日活动400余次，组织各级干部撰写学习成果1900余篇，全关447个党支部每月开展1次全员研讨，持续深化学习成效。运用"钉钉"、"学习强国"、微信学习群等载体拓展学习平台，组织"政治机关每周一学，忠诚教育每人一讲"线上研学、"星火"课堂线上共读等活动，把学习阵地从"线下"搬到"云端"，确保防疫、学习"两不误"。持续推进青年理论学习提升工程，形成政治工作"半月谈"、青听"习"语等特色学习品牌，经验成果获《旗帜》杂志刊登。组织"穗关青年说"演讲比赛，31名优秀青年代表以"喜迎二十大 永远跟党走"为主题讲述典型事迹、感人故事，增强永远跟党走的信念信心。落实意识形态工作责任制，定期分析研判，调研青年思想动态。优中选优，以年度考核、党员民主评议结果"双优秀"作为评选关区优秀共产党员"硬条件"。坚持文化育人，采写关区有代表性的14名先进人物，编著成25万字的报告文学集《国门星辰——党旗下的穗关人》，在系统内引起良好反响。

【政治机关专项教育活动】2022年，广州海关按照海关总署党委部署，开展捍卫"两个确立"、做到"两个维护"、强化政治机关建设专项教育活动和"学查改"专项工作，关党委委员带头示范、各层级压实责任、全员深度参与，制定加强政治机关建设措施24项，建立关区三级风险防控清单机制，开展"强化政治机关意识"大讨论系列活动，试行干部政治标准清单、政治表现纪实档案、政治素质考察3项制度，编制广州海关各领域岗位职责、政治要求、工作依据、主要风险及其防控措施清单和"两级一岗"职责工作手册，明晰处（关）级、科级、具体岗位职责，强化党员干部对"没有脱离政治的业务，也没有脱离业务的政治"的认识。

【基层党建"双提升"行动】2022年，广州海关按照海关总署政治部工作部署，在基层党组织中开展"强化政治功能，组织力凝聚力提升行动"，在党组织书记和党务干部中开展"强化政治意识，党建工作能力提升行动"，即"双提升"行动。清查整治突出问题，规范党务工作，对企事业单位党建工作加强分类指导；坚持质量导向，动态管理党建品牌和"四强"党支部，6个基层党组织复核或新评为"全国海关基层党建示范（培育）品牌"，新评选广州海关"四强"党支部41个，撤销"四强"党支部称号2个；组织党支部书记、专兼职党务干部参加党务干部岗位练兵活动，2名党务干部获评海关系统"党务之星"；鼓励基层首创，大铲海关"支部工作考核日"（大铲海关创新考核模式，将每季度最后一个工作日定为"支部工作考核日"，对支部工作定期体检，通过考在平时引导支部书记把功夫下在平时）获评全国海关基层党建创新案例，"初心堂"党建阵地、"3+4+N"（"3"指机关带动系统、先进帮扶后进、内外相互促进3个共建维度；"4"指理论共学、经验互鉴、业务联训、项目攻坚4项重点内容；"N"指多个联系载体）联学共建机制分别获《广东省机关党建工作百优案例》《广东省直机关党组织联学共建案例选编》采编。

【"五个一"文化建设活动】2022年，广州海关深化精神文明建设内涵和效果，加强干部队伍建设，根据海关总署政治部关于作好海关系统新时代全民阅读工作的通知精神和广州海关党委"贯彻落实2022年海关精神文明建设工作要点及深入开展文明单位创建巩固提升三年行动计划"要求，在全关组织开展以"读一本好书、写一篇好文章、提一条好建议、做一件好事、选树一批好关员"为主要内容的"五个一"文化建设活动。年内，各部门单位利用"思想理论学用讲坛""青年读书分享会""三会一课"等活动平台开展经典诵读、工作经验分享等交流活动，不断提升关员素质才干。依托青年党校、"星火"青年理论提升学堂等平台互荐好书，组建"读书兴趣打卡会"，完成阅读打卡活动近千人次。组织"百篇经典青年读"等活动，广泛开展读书研讨、政策研究，形成青年理论学习读书心得110余篇次，多篇理论文章被《旗帜》杂志等主流媒体采用。打造"15分钟阅读圈"。设置图书角，建成"全天候"自由借阅职工书屋，获评"全国工会最美职工书屋"。发挥粤海关博物馆等爱国主义教育基地作用，丰富拓展阅读形式，策划的"千年帆影百载关——粤海关与广东对外贸易展览"入选6月"全国博物馆100+精品展览推介"。邮局海关机关党委组织开展"五个一"文化建设活动成果分享会，多名关员围绕主题分享为民服务、党团建设、"五个一"文化建设活动等领域工作学习成果和读书体会，反映良好。佛山海关驻南海办事处向全体干部职工推荐"读一本好书"清单，通过诵读经典片段、分享读书心得营造浓郁书香氛围；以"写一篇好文章"提升理论水平，向各层级载体推送论文24篇，获采用6篇次，获"金钥匙杂志"和"海关爱创作"等新媒体刊登37篇次；在"我为穗关献良策"活动中报送8条建议，针对性推动问题解决；以"做一件好事"增强宗旨意识，开展"三进"（海关进企业、海关进社区、海关进校园）活动49次，服务企业、师生109次。广州海关"三进"品牌获评中央宣传部、中央文明办2021年度全国学雷锋志愿服务"四个100"最佳志愿服务项目先进典型。

纪检监察

【概况】2022年，广州海关坚持以习近平新时代中国特色社会主义思想为指导，深入贯彻全国海关全面从严治党工作会议、全国海关纪检监察工作会议部署，坚定不移推进关区党风廉政建设和反腐败工作。全年立案查处14件14人，纪律处分10人。一体推进执纪问责，找准找实失责问题，坚持"错责相当"，同步问责主体责任、监督责任、案发单位、职能部门，对3起案件问责共10人，问责结果同步通报，促进干部队伍履职尽责。

【政治监督】2022年，广州海关围绕贯彻落实习近平总书记重要指示批示精神和党中央重大决策部署，制定政治监督项目清单，涵盖6个方面23个政治监督项目，聚焦统筹口岸疫情防控和促进外贸保稳提质、安全生产、学习宣传贯彻党的二十大精神等重点工作开展监督7项，督促整改问题39个。党委纪检组下沉口岸靠前监督，推动完善疫情防控链条，被中央纪委国家监委网站、《中国纪检监察报》刊载。紧盯再生金属、旧复印机、取样送检、涉案酒品、监管工作犬等开展专项监督31项，解决涉案财物销毁处置不严密、再生金属不按规定取样等具体问题。

【领导班子监督】2022年，广州海关加强对隶属海关班子履责情况监督，专题调研2次，提出5个监督路径——查找是否真正做到民主决策、贯彻落实重大决策部署是否有具体成效、是否敢于担当解决难题、是否履职尽责提升工作成效、是否廉洁自律主动接受监督，派驻纪检组做深做细对"一把手"和领导班子的监督。制定隶属海关领导班子成员下沉一线细化措施9项，压实隶属海关领导班子抓管理、带队伍、防风险责任。聚焦业务运行、队伍管理、廉洁自律等重点环节，制定加强对执法一线科室"一把手"监督措施9项，强化对56个执法一线科室"一把手"的配备管理。

【大监督体系构建】2022年，广州海关构建大监督体系，建立纪检监督分析例会制度，由党委纪检组牵头，每月召集督审、统计、政工、巡察等部门，对各类监督发现的突出问题综合研判，召开例会9次；探索职能监督有效路径，建立职能监督再监督制度，组织22个职能部门梳理形成监督项目清单，明确细化监督项目、检查频次、问题处置方式等内容，纪检、督审、巡察部门以清单为基础进行再监督，党委纪检组与自贸区和特殊区域发展处、动植物检疫处、商品检验处、进出口食品安全处、综合业务处、口岸监管处6个部门逐一研究提升监督成效的方法，推动职能监督落实落地。

【派驻监督】2022年，广州海

关党委面对面听取派驻纪检组工作汇报，党委委员逐一点评指导，指导派驻纪检组针对取样送检、再生金属、邮递渠道雪茄进境监管等开展专项监督26项，完善制度9项。开展"下沉监督"，派驻纪检组下沉到28个重点业务科室开展风险排查，推动驻在单位对议事程序、现场执法不规范等问题立行立改。实行"三个三分之一"，派驻纪检组每月至少花三分之一时间深入现场跟班作业，每季度与驻在单位至少三分之一的人员谈话，每年至少对驻在单位三分之一的人员进行日常提醒督促，谈话3817人次，日常提醒督促1814人次。6家直属事业单位纳入派驻监督，派驻监督实现全覆盖。

【专项整治】2022年，广州海关推进"海关重点项目和财物管理以权谋私"专项整治，理清1485个重点项目及财物管理底数，用好重点项目清单分析指引，摸排问题风险底数和易被利用谋私的管理薄弱环节，对发现的问题，及时督促相关部门单位整改。通过信访、逐一谈话、问卷调研等多种方式拓宽线索渠道，及时研判处置。推进深入整改，制定部门单位、职能管理条线、关区三级问题整改清单，分类施策，逐项推动整改落实，综合治理采购管理、资金使用不到位等问题22个，推动关区建立完善制度机制75项，挽回经济损失48余万元。

【以案促改】2022年，广州海关发挥查办案件治本功能，以钉钉子精神一追到底，狠抓问题深层次整改，办案环节同步深度剖析，在关党委会、关区形势分析会上，用视频录像直观呈现案发现场执法、查验、取样过程中突出问题，促使各部门单位高度重视相关问题和风险。关党委专门研究部署整治整改，政治部、党委纪检组、监管处相继出台从严加强基层执法队伍监督管理、加强现场执法监督管理、提升口岸监管规范化等制度文件。拍摄《把关人岂容国门蒙尘》专题警示片，召开警示教育大会2次，出台《受处分人员教育管理办法（试行）》，细化处分决定执行、重点考核监督等要求9项，建立"一对一教育帮带"机制，实施处分影响期全过程动态管理，提升纪律处分综合效果。

【纪检队伍建设】2022年，广州海关制订纪检机构学习宣传贯彻党的二十大精神工作方案，召开专题学习研讨会，党委纪检组组长带头宣讲，组织各级纪检机构深入研讨、对照查摆、明确措施，将学习成果转化为具体工作思路和举措。制订学习贯彻党的二十大精神专项监督方案，明确3方面监督重点，"阶段化+常态化"同步推进。制定纪检队伍政治机关建设专项教育活动细化措施，扎实推进政治机关专项教育活动和"学查改"专项工作。结合"海关重点项目和财物管理以权谋私"专项整治和加强对事业单位监督需要，围绕涉案财物管理、政府采购实施和风险管理、事业单位财务管理及审计等内容举办专题培训4期。围绕提高一体推进"三不腐"（不敢腐、不能腐、不想腐）能力和水平开展专题调研。40余人次参加驻署纪检监察组、广东省纪委监委、广州海关各类专项工作，工作能力和综合素质不断提升。开展制度规程"立改废"工作，动态修订纪检信访举报办理、问题线索管理、案件审查等5项工作规程，规范问题线索接收、转办工作，完善问题线索分办机制，建立问题线索了结集体研判、案件集体审议机制。规范办案安全制度，开展"办案安全大检查"，遵守安全、保密等各项工作纪律。

队伍管理

【概况】2022年，广州海关加强政治机关建设，在全关范围内开展政治机关专项教育活动和"学查改"专项工作。树立鲜明用人导向，加强领导班子建设和人才队伍建设；制定交流工作实施细则、集中工作管理、评比表彰奖励及人才推荐等人事制度，加强基层制度建设、队伍建设和激励管理监督；挖掘、培树和表彰关区优秀青年典型，引导和激励青年关员奋发有为，投身新时代海关事业；拓展深化重点培训、联学联训和教培职能机制，优化分级分类培训体系，加强执法岗位资质管理和行政执法资格考试考核；在红色海关史研究、博物馆品牌建设和特色文化宣传教育等方面取得明显成效。年内，广州海关共奖励先进集体50个、先进个人1311人次；开展疫情防控封闭管理专项奖励4批次，累计奖励81人，通报表扬2038人次。全年开展一级培训65项，参训7.8万人次；干部参训率和学时学分达标率均为100%。

【政治机关建设】2022年，广州海关编制全关"两级一岗"工作手册，设置岗位2495个，梳理岗位政治要求、查找主要风险点、制定防控措施。出台政治标准清单、政治表现纪实档案管理办法、政治素质考察实施细则，解决政治标准"是什么"、政治表现"怎么记"、政治素质"怎么考"问题。结合疫情防控需求和口岸业务变化情况，制定疫情人力资源调配预案，建立全关统筹、机动灵活的人力资源应急调配体系，优化一线、预备、应急三个梯队建设。

【领导班子建设】2022年，广州海关树立鲜明用人导向，结合关区实际选优配强处级领导班子，年内选拔处级领导干部42人，其中，从一线选拔26人，40岁左右的18人；交流处级领导干部16人。制定优秀年轻干部培养规划，明确培养目标，选派年轻干部参加疫情防控、乡村振兴、支援海南自贸港建设、博士服务团、驻外工作等。加强执法一线科长队伍建设，获评2021年度"百名优秀执法一线科长"人数位居全国海关前列。

【人才队伍建设】2022年，广州海关制定高精尖人才、技术人才、梯队建设亟须人才3类紧缺目录，推进事业单位27个岗位公开招聘；是年，公务员考录特殊资质专业占比58%，66名新录用公务员全部分配至业务量大、业务门类齐全、疫情防控工作任务重的4个隶属海关。各隶属海关分别制定资质培养基本目标、优化目标并推进实施，资质管理进入良性轨道。

【基层制度建设】2022年，广州海关按照海关总署要求开展

"关长走进口岸封管区"工作，直属海关和隶属海关两级关领导39人"走进口岸封管区"，与一线关员同吃同住同劳动。隶属海关班子成员根据一线科室情况，采取固定、长期、定期、机动4种方式下沉一线。全关56个执法一线科室负责人调整，实行隶属海关党委研究前报广州海关党委审批。制定交流工作实施细则、集中工作管理规定、评比达标表彰、奖励及重要推荐工作的联合审查办法（试行）等22项人事制度。构建"响应、呼应、反应"机制，推进"三定"评估、业务管辖调整、编制调整和科级机构优化调整，研究优化佛山海关运行机制。开展事业单位全面调研，明确发展策略。

【管理监督】2022年，广州海关针对疫情防控、政治机关专项教育活动和"学查改"专项工作、配合国家审计等开展专项考核，制定责任清单、成绩单、问题清单，配合作好总署选人用人离任检查，未出现重大差错问题。完成8个隶属海关选人用人离任检查，对6个单位开展选人用人巡察检查，对4个"一报告两评议"不理想单位开展谈话提醒。出台坚决防范和纠正干部选拔任用工作中说情打招呼六方面措施。开展海关工作人员违规投资企业及在企业兼（任）职清查2次，定期摸排"裸官"情况。采取措施提高个人事项填报准确率，加强管理，降低考勤异常率。综合多部门对表彰、奖励、评先推荐工作审核把关。

【队伍激励】2022年，广州海关制定落实总署保护关心爱护疫情防控一线人员工作措施等相关要求的实施细则，推动保护关心爱护疫情防控一线人员措施落地见效的工作方案，贯彻落实总署对驻艰苦海岛海关机构支持保障措施的具体实施细则等多项措施，加强关爱一线关员。突出实绩，定期奖励和及时奖励相结合，每年核定一定数量奖励名额由基层单位自主统筹。是年，奖励集体50个、个人1311人次；疫情防控管理专项奖励4批次，累计奖励81人，通报表扬2038人次。赵醴丽获评全国"人民满意的公务员"，因公牺牲干部袁浩获评"全国海关系统先进工作者"。

【"十佳青年"和"十佳青年员工"评选】为深入挖掘、培树和表彰关区优秀青年典型，引导和激励广大青年以新的状态、新的作为投身新时代海关事业，2022年广州海关举办了第九届"十佳青年"和第三届"十佳青年员工"评选活动，经过发动、推荐、投票、评审等程序，评选活动顺利完成，马凤霞、卢佩欣、任樑、朱欣然、陆放、陈浩彬、胡戎、崔妤、康宁、梁智慧获评第九届"十佳青年"；朱水生、刘思琪、苏信心、李雪梅、吴燕丹、张子豪、陈玉芳、韩芮、谢玉环、魏庄获评第三届"十佳青年员工"。

【重点培训】2022年，广州海关将学习贯彻习近平新时代中国特色社会主义思想及党的二十大精神作为支部书记培训、执法一线科长培训、任职培训、晋衔培训、初任培训等重点班次必修课，纳入一级培训和二级培训必学内容，灵活结合支部学习、专题辅导、岗位培训、在线学习、交流研讨等方式组织学习。全关参加海关总署网上专题学习班4990人，考试平均分99.4分。开设系列直播课堂14期，参训1.9万人次，基层通过二级培训同步开展全员培训。举办处级领导干部专业化能力提升（党的二十大精神学习专题）培训1期，处级领导干部学习贯彻中国共产党第十九届中央委员会第六次全体会议（简称"党的十九届六中全会"）精神暨专项教育活动专题轮训3期，科级领导干部（支部书记）能力提升专题轮训示范班4期，采取"线上+线下""公共课+特色课""示范班+自主学"等方式深化学习，开展"强化政治机关意识"大讨论，覆盖全关372名处级领导、1180名科级领导干部。组织新关员参加中组部初任培训线上班，作为海关总署承训单位之一完成149名新关员（其中，广州海关66人，拱北海关83人）初任培训任务，邀请全国"人民满意的公务员"、全国抗击新冠疫情先进个人等优秀青年代表与新关员面对面交流。举办拟晋升关务督办、关务督察衔级培训班2期，122人通过培训考核按时晋升。打造"大铲雄关""粤海关红色历史概述"等党性教育特色课程，以现场情景教育提升廉政培训实效。

【联学联训】2022年，广州海关通过实地走访和书面调研，梳理基层培训需求169条，收集隶属海关业务操作疑难问题128条，安排师资送教上门和线上线下联学交流，结对实练，实现重点岗位、重点业务全覆盖。建立关区业务指引培训工作机制，全关22个职能部门组织培训，解读制度性文件和业务指引类文件65份，参训超3.2万人次。加强执法岗位资质管理，出台资质管理措施7个方面21项。加强资质备考辅导，强化模拟测试，举办商检、动植检、食品安全等业务资质培训4期，组织参加总署资质培训4期，举办资质考试2场，全年新增获取资质68人次；组织参加海关行政执法资格考试，取得执法资格255人。制定《广州海关"十佳业务能手"评选管理办法》，评选综合业务、税收征管、动植物检疫、商品检验、企管和稽核查5个业务领域关区"十佳业务能手"。加强各类现场教学点和岗位实训大纲、教材、课程体系建设，年内南沙海关全链条监管业务实训教学点正式运行，全年组织实训6期115人次。申报创建国门生物安全、再生金属监管、邮递物品监管等其他关区特色实训点。抓好疫情防控等重点业务技能实训，健全疫情常态化防控培训考核机制，定期开展疫情防控人力三个梯队滚动式、实战化、全覆盖培训考核，组织实操培训1141期5322人次；组织第二梯队培训5期554人次。"挑毛病、纠错式"实训法在全国海关教育培训工作者培训班进行授课交流。针对重点业务和改革热点难点，分类组织线上专题培训，全年举办"穗关e课堂"54期，参与培训学习和互动答疑、研讨交流6.3万人次。2022年稽查岗位练兵中，3人进入"全国海关稽查岗位练兵个人技能比武百强人员"名单前40名。

【教培职能优化】2022年，广州海关修订教育培训工作管理办法，完善教学组训全流程管理，规范一级培训、二级培训。举办教育培训工作者网上培训班，提升培训管理专业能力。监测分析和通报督查学时学分，确保全员提前完成年度考核指标。加强对培训课件、师资审核，严把培训导向关、师资关、内容关；严明培训纪律，落实意识形态安全、疫情防控规定和准军事化纪律部队要求。加强线下实体班次开班导学、跟班督学、结班评学，重点班次凡训必评、凡训必考，训用结合。组织兼职教师培训班，开展教师节慰问，搭建关区兼职教师授课实践锻炼平台，推动领导干部上讲台，培养教学和业务骨干及专家等优质师资，选派优秀教师参加海关总署、协作区和兄弟单位授课22人次。结合培训重点项目，通过现场蹲点、问卷调查、电话访谈开展调研，分析调研结果，形成改进措施，完善"需求分析—培训施训—评估总结—完善提升"培训工作回路，提升培训实效。

【红色海关史研究】2022年，广州海关每月编发海关史研究工作简报，刊印《粤海关历史人文资源调研报告》。派员参加国家社科基金项目"中国海关史（新中国海关卷·下）"子课题研究，申报并完成"中国海关史"专项研究署级课题1个。选推红色海关历史人物研究成果5篇参加中国海关学会征文活动，在《海关研究》《金钥匙》发表研究成果2篇，1篇人物通讯被报告文学集《国门星辰——党旗下的穗关人》收录出版。用好研究成果常态化开展陈列讲解深化完善，累计开展14期，深化讲解内容158处，拓展知识点71个，讲解内涵和服务质量明显提升。抢救性复制及开发利用海关历史档案，保护性修复并高清扫描首批馆藏纸质红色档案2000余页、粤海关相关历史建筑图纸31张，提升保存年限和利用便捷度，面向海关离退休干部等定向征集藏品，新增藏品40件（套）。

【博物馆品牌建设】2022年，广州海关向海关总署申报"粤海关旧址"修缮勘察基建项目。完成粤海关旧址三楼内走廊地砖自然翘损修复项目施工。作好百年一遇珠江超高水位防汛工作，保障文物建筑安全。联合广州市残疾人联合会举办"手牵手·阅海观楼——粤海关博物馆＆百企百艺融合艺术展"及系列绘画活动，引进中国海关博物馆"高原边关主题展"线上展览。策展"关山万里 影像中的粤海关——许学山捐赠藏品展"临时展览。原创展"千年帆影百载关——粤海关与广东对外贸易展览"在广州东方博物馆、鹤山市博物馆等多地流动展出，入选6月"全国博物馆100+精品展览推介"。粤海关博物馆360度全景展示系统上线，在海关管理网构建"云展馆"，实现足不出户"云看展"。升级粤海关博物馆"初心堂"专题展，打造学习宣传贯彻党的二十大红色教育阵地，组织沉浸式主题党日、主题团日等活动。"5·18国际博物馆日"，联合青岛海关举行红色主题直播"史话百年风云 情牵南北博物馆"，观看量达150万人次。撰写粤海关大钟楼新闻通讯2篇，被《广州日报》等媒体刊登，《南方都市报》到馆采访。粤海关博物馆微信公众号全年编发推文71篇，公众号粉丝量破万。

【特色文化宣传教育】2022年，广州海关落实"我为群众办实事"，开展寒、暑期社会实践志愿服务活动，为青少年提供社会实践、志愿服务平台，组织"粤海关历史宣讲员"上岗志愿讲解121人次；组织126名青少年志愿者开展"云服务"；开展致敬最美逆行者慰问活动2场，向一线闭环人员及其家属致敬；开展"手牵手绘精彩"线下活动4场、线上活动2期，提供志愿服务1909小时。关区"三进"品牌团队开展国门安全研学活动4场；开展"汲取前进力量喜迎党的二十大"等宣传教育活动5场；联合广东革命历史博物馆举办"读懂广州百年长堤"活动11场；利用"学习·铸魂"海关红色讲坛活动，邀请退休老同志现场讲述红色海关历史。举办"大钟楼解密粤海关红色历史"主题宣讲培训。2名讲解员获广州地区讲解员大赛"十佳金牌讲解员"及"优秀讲解员"称号。年内承接海关系统内外党性教育和现场教学87批、接待观众13704人次。

第五篇 业务建设

法治建设

【概况】2022年，广州海关发挥法治服务保障作用，将提升执法规范化水平作为法治建设工作重点，加强规范化建设。不断完善制度体系，加强法治监督，提升行政复议办案效能，增强普法实效。开展一系列联合执法行动，加强知识产权海关保护，打击侵权行为。年内，处置"废改立"文件424份，解决执法疑难问题75个。办理行政复议案件60宗、行政应诉案件11宗，对160宗行政处罚案件开展执法检查，纠正各类执法问题31项。制定落实"放管服"改革措施13项，持续优化营商环境。开展普法宣传，解决企业各类疑难500余项。

【制度建设】2022年，广州海关参加《中华人民共和国海关法》（简称"《海关法》"）修法，研究《海关法》（征求意见稿）并提出意见，形成4万多字研究报告。牵头对《中华人民共和国海关计核涉嫌走私的货物、物品偷逃税款暂行办法》等8部海关规章开展立法后评估。参与《广东省广州南沙深化面向世界的粤港澳全面合作总体方案》等地方性法规立法，研提意见21件次，提出意见34条。完善加强政治机关建设、两级党委班子自身建设、关税征管、保税管理业务等领域制度文件103份。修订行政规范性文件管理办法，构建直属关、隶属关两级制度管理体系，分级分类规范管理业务类文件。加强业务制度审查把关，开展行政规范性文件、业务制度合法性审查32件次，同比增长200%，出具审查意见160余条，完善重大改革项目合规审查机制。清理规范性文件和业务制度，评估清理广州海关两级业务制度1110份，"废改立"文件424份。完善重大决策程序制度，修订"重大行政决策合法性审查办法""案件审理委员会工作规程"等制度，发挥审查机制效用，防范决策风险。印发《关于落实行政处罚案件办理中行政机关负责人相关职责规定的通知》，明确行政处罚案件行政机关负责人落实相关职责具体要求。对市场采购逃检行为罚则适用问题等75个执法疑难问题进行分析论证，促进执法统一。

【执法规范化建设】2022年，广州海关将提升执法规范化水平作为法治建设工作重点。梳理业务领域常见执法不规范情形，形成《对外执法规范化风险清单（第一版）》《关于提升行政处罚案件执法规范化水平的指导意见》，对执法检查作出制度安排。编印行政执法典型案例集，汇编行政执法案例18宗，以案释法，为基层提供执法指引，提升执法人员执法规范意识。建立"三项制度"（行政执法公示制度、执法全过程记录制度、重大执法决定法制审核制度）年度调研机制，规范行政执法公示不全面不准确、执法音像记录数据保管不规范、重大执法决定法制审核不全面等问题；现场专项调研固体废物相关执法，发现取样送检等5方面13个问题，提出规范固体废物相关执法5个方面具体措施；检查行政案件执法，评查隶属海关20个、行政案件案卷160宗，发现并纠正证据固定、法律适用等方面问题15个。形成"发现问题—提示风险—整改反馈"行政执法职能监督闭合回路，纠正执法问题31项。落实全国深化"放管服"改革电视电话会议精神要求，制定具体措施13项，优化海关监管服务。实施行政许可清单管理制度，调整公布广州海关行政许可事项清单及办事指南，通过联合执法、信用管理、现场检查等方式加强事中事后监管。推进行政许可标准化、规范化建设，依托海关行政审批网上办理平台等系统实现海关行政许可"在线办理"和"一体通办"。受理许可申办事项25556件，保持"零逾期"。

【复议应诉】2022年，广州海关提升行政复议办案效能，新增行政复议案件59宗，同比增长6倍。已审结案件中，决定撤销或确认违法19宗，直接纠错率42%，解决执法问题28个。办理行政诉讼案件11宗，审结案件6宗，保持"零败诉"。行政复议案件涉及行政处罚24宗，涉及纳税争议20宗，占案件总数74.6%。行政诉讼案件涉及行政处罚6宗，涉及纳税争议3宗，占案件总数81.8%。创新关区"枫桥经验"，建立"一办多站三机制"工作模式，其中"一办"指在法规处设立"枫桥经验"工作办公室，统筹指导关区复议诉讼争议的化解；"多站"指在隶属海关设立由法制工作人员、公职律师、业务骨干组成的"枫桥站"，具体开展争议调处等工作，统筹关区5个法治工作片区资源，组建"20个隶属海关法制联络员+业务骨干+关区59名公职律师"专业化行政争议调处工作队伍，实现关区执法现场全覆盖；"三机制"指形成源头预防、前端化解和后端调处三个环节紧密衔接的"枫桥经验"运作机制体系。发挥"枫桥经验示范点"作用，通过穗关模式"枫桥经验"化解行政争议案件20宗，调处结案率超30%。

【普法宣传教育】2022年，广州海关制发普法工作责任清单和任务清单，明确重点任务62项。以5个基层法治工作片区为单元，形成特色普法项目。以广州市中心片区为主要成员参与排演的"模拟法庭"作为总署普法讲师团特色项目，展演总署海关法治宣传日主题宣传活动。在"8·8"海关法治宣传日、"12·4"国家宪法日等重要节点宣传贯彻重点法律法规，在社会主流媒体发布新闻稿2000余篇次；在各隶属单位报关大厅、旅检通道等监管场所设置政策咨询专岗20余个，通过线上线下普法解决企业各类疑难500余次；依托广州海关实验技术展示厅、粤海关博物馆、长隆国门生物安全法治宣传教育基地，建设法治宣传教育阵地群，加强普法品牌效应和社会影响力。禅城办普法项目"法治国门'young'样行"获评广东省2021—2022年度全省国家机关"谁执法谁普法"创新创先优秀项目；清远海关1人被授予"广东省依法治省工作先进个人"称号。

【法治协作区建设及公职律师工作】2022年，广州海关作为全国海关法治工作第六协作区组长单位，牵头制订《全国海关法治工作第六协作区工作方案》及联合法治活动项目表，确定工作思路，明确"业务共进、信息共享、难题共解"的工作目标，建立日常沟通联系、重点工作事项协作、信息资源共享、成果应用转化4项工作机制，组织开展联席会议、党建联学、立法研讨等专题活动10次。落实中央关于加快推进公职律师工作要求，制定加快推进公职律师工作具体措施，扩大关区公职律师队伍到59人。引入公职律师全面介入行政争议处理、开展复议应诉工作，组织公职律师参与关区年度法治专项工作。参与海关总署公职律师"跨地域跨层级"调配使用试点方案研究，在关区范围内探索实行公职律师"跨地域跨层级"使用，合理调配公职律师跨隶属关区开展工作。

【打击侵权】2022年，广州海关根据海关总署统一部署，开展"龙腾行动2022""蓝网行动2022""净网行动2022"等知识产权保护专项执法行动，会同市场监管等部门联合开展网络市场监管"网剑行动"，加强对邮寄快递、第三方转运等重点渠道以及进出口食品、药品、日化用品等重点商品的监控。全年查扣侵权嫌疑货物6192批次，涉及货物370.9万件，保护国内外334家权利人合法权益。查办一批重大典型侵权案例，向公安机关通报移送重大侵犯知识产权案件线索，入选海关总署、海关总署广东分署（简称"广东分署"）及地方评选典型案例5宗，对外发布广州海关2021年度知识产权保护典型案例10宗。利用广州白云机场、广州航空邮件处理中心和南沙海港3个重点口岸，在广东分署牵头协调下，与香港海关、澳门海关完善信息通报、执法协作、互派交流等常态化合作机制，开展一系列跨关境联合执法活动。与其他直属海关建立重大案件、重大侵权风险信息快速反应和案件联动查发机制，开展联合执法、信息通报等合作10次，联合防范侵权货物口岸漂移。与粤港澳大湾区内其他海关，共同开展保护知识产权联合执法行动3次，打击跨境贸易侵权行为，查获涉侵权嫌疑货物1158批次，涉及货物6.7万件。协助海关总署加强国际执法合作，加大信息通报、转化处置力度，加强对输往RCEP成员侵权货物监管，查获输往及输自RCEP成员侵权货物299批次，涉及货物261.7万件。与广州市版权局、广州市公安局、广州市文化广电旅游局联合签署《版权执法协作机制备忘录》，完善版权全链条保护合作机制。与广州市市场监督管理局（知识产权局）开展首宗粤港跨境知识产权行政执法深度合作。深化行政执法与刑事司法衔接，与广州市公安局深化合作，理顺信息共享、线索通报、嫌疑侵权货物移交、案件查处等工作，推动案件深挖扩线、溯源打击。利用南沙自贸试验区制度创新政策优势，指导南沙海关联合地方法院推出知识产权纠纷一站式处理措施，支持广州南沙深化面向世界的粤港澳全面合作。推动南沙海关与地方司法、行政部门签署《中国（广东）自由贸易试验区南沙新区片区知识产权全链条协同保护机制框架协议》，进一步深化知识产权保护合作。协助地方法院扣押货物、划扣保证金等司法保护措施3次。

【知识产权海关保护】2022年，广州海关在"龙腾行动"中培塑出口知识产权优势企业，建立知识产权关企联络员制度，深入开展"海关进企业"等活动。聚焦"专精特新"（专业化、精细化、特色化、新颖化）等有知识产权边境保护需求企业，实行网格化指导，提供商标海外布局指导、预警分析、海关政策和维权培训、协助调查等服务。主动收集，解决中小微企业在进出口环节遇到的知识产权保护问题25个，开展普法宣讲活动覆盖企业883家，新增境内备案企业271家。为自主知识产权企业参与国际竞争提供边境保护，防范侵权假冒货物挤占市场。查获涉嫌侵权多个国货品牌货物69批次3.4万件，查扣批次同比提升86%。向进出口企业提供知识产权预确认、政策宣讲、风险预警等服务，设立知识产权"后台专家"，协同广州海关12360服务热线及时解答涉及知识产权通关等咨询170余条。将知识产权海关保护纳入企业信用管理、资信认证等。每季度向地方商务部门通报市场采购试点企业申报出口违规情事，对违规企业实施联网平台通报、督促自查整改、联合约谈、扣减扶持资金等联合惩戒措施。加强与邮政监管部门合作，督促邮政、快递企业认真落实实名收寄制度和验视管理，从揽收环节防范侵权情况发生。对接广东省知识产权保护中心、广东商标协会、广州市版权保护中心等单位，利用抖音直播等形式开展联合普法宣讲活动，指导企业国际维权。针对口岸海关、属地海关不同特点开展分类考核，引导隶属海关因地制宜丰富工作成效。依托在线直播、"知识产权10分钟"课堂等，组织各单位开展对一线执法关员培训25场次，覆盖关员1800名。借助现场调研、电话、微信等渠道第一时间回应解决执法咨询160余次。开展"4·26"知识产权宣传周活动，借助电视、纸媒、网站、新媒体宣传打击侵权工作措施和成效83篇次。

保税监管和自贸试验区

【概况】2022年，广州海关围绕"抓创新、促建设、强监管、稳基础"，统筹推动南沙自贸试验区和综合保税区高质量发展，深化改革，支持加工贸易保稳提质，全面推广以企业为单元的加工贸易监管改革，促进保税监管场所规范安全运行，提升服务新发展能力和水平。年内，关区内两个综合保税区进出口总值同比增长近五成，创历史新高，加工贸易和保税监管工作在业务发展的同时不断走向规范。

【综合保税区】2022年，南沙综合保税区成为广东省内首个发展绩效评级A类的综合保税区。12月23日，白云机场综合保税区（三期）通过验收，广州海关牵头的联合验收组与广东省人民政府签署验收纪要。深入研究地方经济发展，指导地方政府立足区域优势，申请设立佛山综合保税区。南沙综合保税区网购保税进口值连续三年增长，是年，进出口值达219.4亿元，同比增长11.5%。创新"保税+账册"模式，支持企业设置专用账册承接保税物流、跨境电商、一般贸易等多种贸易方式货物，实现不同类型货物集约高效同仓存储、按状态分类监管，形成辐射国际、国内两个市场的物流分拨中心。深化"区港联动"，支持企业在南沙综合保税区内开展中欧班列回程货物保税仓储和物流分拨。综合保税区内产业稳步发展，是年，关区两个综合保税区（白云机场综合保税区、南沙综合保税区）进出口总值1662.4亿元，同比增长48.4%，创历史新高。

【南沙自贸试验区】2022年，广州海关持续推进8项创新举措论证研究，其中"AEO智联培育平台""进口预包装食品标签技术整改移动远程监管"2项获海关总署批复备案，"跨境电商出口退货'一站式'监管服务模式"入选南沙自贸试验区2021—2022年度重大制度创新成果。修订自贸试验区监管制度创新工作规范，年内海关总署明确全国复制推广的企业集团加工贸易保税监管模式等2项措施均已落地实施。制定推动南沙自贸试验区和海关特殊监管区域两类区域优势互补、协同发展措施16项，出台推进南沙自贸试验区贸易投资便利化改革创新措施18项，促进粤港澳共享国际货运中心等业态创新发展。

【加工贸易】2022年，广州海关继续推广企业集团加工贸易监管模式，支持符合条件的珠三角、粤东北地区企业根据生产需要在集团内自主存放保税货物，实现保税料件在集团内自由流转，参与此项改革企业28家，进出口货值393.9亿元，占关区加工贸易进出口值的15%。企业开展保税料件流转、外发加工、货物自主存放、内销集中征税等业务1032票，涉及保税货物货值11.6亿元。全面推广深化以企业为单元的加工贸易监管改革，实行以企业自主自律为基础的"账册滚动核销+风险研判盘核"监管模式，取消联网监管"核销周期到期时100%下厂盘核"要求，参与此项改革企业135家。支持企业网上公开拍卖加工贸易边角废料，通过网上拍卖平台拍卖成交231.8万元，溢价率5.2%。深化加工贸易改革，促进新兴保税业态发展，调研加工贸易提档升级专题，征集现场海关和企业意见，提出完善加工贸易监管建议34条，为总署出台加工贸易稳定发展相关指导意见提供支撑。

【保税仓储】2022年，广州海关配合商务部门出台《广州市国际航行船舶保税加油管理暂行办法》，推动4家能源商品经营企业获批设立保税仓库，助力广州市企业首单省内跨关区（广州海关与深圳海关）国际航行船舶保税加油业务落地。支持企业依托保税仓库、出口监管仓库（简称"两仓"）发展出口集拼及钻石珠宝、生物医药等重点产业，粤港澳大湾区首个钻石公用型保税仓库、华南片区首个整车出口监管仓库投入使用。综合保税区药品通关单"一证多批"政策，促进保税仓库与综合保税区联动发展，保税药品进出口值268.4亿元，同比增长45.1%。强化安全生产监管排查，出台管理措施15项，采取"现场自查+交叉检查"方式促进规范经营；梳理关键节点18个，建立动态摸排机制，每周发布超期存储货物预警，加大"制度+科技"应用，守住安全监管底线；开展"口岸危险品综合治理"百日专项行动，强化现场督导检查，与地方应急管理部门建立安全生产联系配合机制。

【保税监管】2022年，广州海关清理失效保税监管文件35份，修订加工贸易、综合保税区、保税仓库、出口监管仓库等操作规程和业务指引8份；出台系统应用管理、"双随机"监管和手（账）册流程管理文件3份；参与全国海关保税物流中心设立审核指导意见、"两仓"管理办法、综合保税区海关监管办法、加工贸易账册模式整合等10项重大文件制定。梳理作业控制节点8类157项，制定职能监督项目清单13项，创新"自我监督+专项检查"模式，开展职能监督115次；开展加工贸易保税监管专项整治及迎审自查，整改问题54个；全面核查海关特殊监管区域、保税物流中心和"两仓"业务，整改完成"两仓"行政审批、账册管理等方面问题19个，查漏补缺，规范业务运行。

风险管理

【概况】2022年,广州海关按照"横向到边、纵向到底、不留死角"原则,开展全关区、各领域重大风险隐患大起底、大排查,建立以风险管理委员会(简称"风委会")为领导、业务风险分析例会为枢纽、"三级风险清单"为抓手的业务风险防控新机制,防范化解关区重大业务风险。年内开展的打击海南离岛免税"套代购"走私、打击危化品伪瞒报和"跨境电商寄递'异宠'综合治理"等专项行动,社会反响良好,实现以专项行动为牵引的风险管理绩效指标全面提升。

【风险防控新机制】2022年,广州海关建立业务风险防控新机制。对风险隐患"大起底、大排查",形成三级风险清单1278项,包括一级风险清单24项、二级风险清单245项和三级风险清单1009项。对号销账,指定专岗每月督办跟进,综合评估风险处置效果,杜绝"部分办结""形式办结",三级风险清单1278项全部处置完毕,办结率100%。滚动更新三级风险清单,持续收集、研判业务风险,更新三级风险清单76项,其中一级风险清单2项、二级风险清单32项、三级风险清单42项。一、二、三级风险清单均100%办结。组织月度业务风险分析例会,收集风险议题76个。召开业务风险分析例会暨跨部门联合研判会10次,办公室等27个职能部门和隶属海关单位参加集体研判,内容涉及重大决策部署、重点商品、重点渠道、业务疑难等34个风险议题。制发会议纪要10期,明确风险34个、处置措施163项,对应责任部门27个。推进现场即决布控,快速响应现场诉求。召开各渠道联合研判165次,试点现场即决布控,建立17个隶属海关共36人的即决布控队伍,开展即决布控检查1911票,查获900票。设置关区24小时风险防控联络热线,回应现场指令执行堵点、难点问题;优化布控指令解控操作,1个工作日内办结符合条件指令修改申请。

【风险专项行动】2022年,广州海关开展打击海南离岛免税"套代购"走私专项行动。建立海南离岛免税"套代购"监控模型8个,加强重点人群风险识别。与缉私部门"混合编队,共同经营",锁定高风险人群,抓获嫌疑人23名,相关案值6000万元。开展打击危化品伪瞒报专项行动。构建"职能+技术+现场"立体风险研判机制,整合监控分析、查发情事、线索等信息资源,实施精准布控。查发夹藏烟花爆竹等一类危险品8批次,"浮选剂""蓄电池"等涉危伪瞒报情事357起。开展打击"洋垃圾"、濒危物种走私专项行动。探索与国家濒危物种进出口管理办公室广州办事处、广州海关技术中心等专业部门合作新模式，开展联合行动。布控查获固体废物4037.2吨，移交缉私立案110宗。布控查获濒危物种58起，涉及货物45.3吨，其中查获小叶紫檀案例被《中国国门时报》、大洋网等多家媒体报道。移交风险线索开展专项稽查后转缉私立案无证进口涉濒危物种成分化妆品企业。开展"跨境电商寄递'异宠'综合治理"专项行动。依据查发情况第一时间提炼风险要素，扩大布控，精准拦截"异宠"包裹32件。构建"以单找人""以人找人""以物找人"的大数据模型，锁定高风险境内收件人地址。根据风险防控分局移交线索，缉私部门查获境内繁殖、销售"异宠"窝点1处，现场查扣长戟犀金龟、巨扁刀锹甲等"异宠"48种339只，抓获犯罪嫌疑人1名。开展"清邮"专项行动，精准布控查发安全准入风险邮件2194件，包括羟基丁酸毒品18件、枪支零配件27件、涉濒危动植物及其制品邮件1610起。组织职能部门会同邮局海关开展现场"切片"行动3次，当场查获医美针剂120盒、"异宠"2批次、γ-羟基丁酸毒品1件、"冷钱包"3个、知名品牌挎包1箱等。

【风险防控效能】2022年，广州海关以专项行动为牵引，风险管理绩效指标全面提升。移交缉私立案，风险处置类稽查单独追补税14宗。人工分析布控查获率26.9%，高质量查获超五成。大数据应用形成规模效应，运用"云擎"、风险地图等平台开发数据分析辅助监测模型477个，开放支持各部门单位使用，点击量超2.5万次。通过模型监测并有效处置关区再生金属退运复进口量增长、旧服装异常增长、删单退运原货柜复出等风险；连续4个月有新开发模型入选全国"云擎"前10名应用。定期监测口岸、商品、企业、人员数据，监控风险异动，形成风险分析报告。根据风险资料，白云机场海关一次性查获旅客超量携带新冠仿制药295盒，经化验不含有效成分奈玛特韦。发布对内预警99条，查获进口冻猪尾、膨润土、液体泵等商品伪报归类偷逃关税情事。梳理优化风险管理机制、促进外贸保稳提质意见措施，向总署风险管理司提交优化建议7项，得到解决4项。解决现场遇到的一级布控指令执行疑难120余项。加大真空包装等高新技术货物布控查验模式改革试点推广力度，助力高新技术产业发展。

税收征管

【概况】2022年，广州海关聚焦国家"十四五"规划，参与国际关税事务，落实国家重大政策，加强税收征管政策调研；创新改革税收征管工作方式，推进"智慧税管"建设；结合推进RCEP全面实施，缩减内部审批流程，利用国家税收优惠政策，为地方重大建设项目提供政策支持。同时加强税收风险防控，推进"源头治理、行业规范"工作的合作开展，促进税收征管各项工作任务顺利完成。

是年，广州海关税收入库667.4亿元，同比增长7.6%，其中关税入库115.8亿元，进口环节税入库551.6亿元。关区16类主要税源商品征税增长，合计增收48.5亿元，其中水果、机电产品、整车、集成电路、药品、精炼铜、谷物7类主要增收商品增收均超3亿元，合计增收税款44亿元。石化产品、棉纱、铁矿砂等16类主要税源商品征税下降，全年累计减收税款46.2亿元。

【税收征管政策调研】2022年，广州海关参与全国海关税收征管政策调研，聚焦"十四五"规划，围绕改善民生、先进技术、绿色低碳、数字经济、乡村振兴5个重点方向，关注行业、产业共性需求，牵头金属行业进出口税率研究、液晶显示进口税率研究2项全国范围重点行业调研，参与化工原料、人口发展与老龄化社会、氢能源行业等10项全国税收征管政策调研专题。调研关区内企业和基层海关，协同配合其他直属海关与地方政府，收集涉及航空、生物医药、高新技术、环保、农业、半导体、消费品等行业税收征管政策调研调整建议80条，报送海关总署39条，报送跨境电商进口商品清单建议12条。被关税调整方案采纳阿糖胞苷、鳄梨、未锻轧铝等税率调整建议19条，采纳条数同比增加1倍以上。广州海关作为全国海关税政调研专家库成员，参与海关总署专项行业调研、集中审核以及H2010参数库维护。

【税收征管改革】2022年，广州海关推广企业集团财务公司担保，助力广州汽车集团股份有限公司、中国南方航空集团有限公司、美的集团股份有限公司、中国石油天然气集团有限公司、广州港集团有限公司全国各地子公司利用集团财务公司担保，叠加全国通关一体化模式，在多地口岸科学安排货物物流和外贸业务，为企业节省融资成本上千万元；深化汇总征税、自报自缴、预裁定、多元化税收担保和原产地证书自助打印、智能审核，通关企业关税总担保额度728.5

亿元，其中属地企业关税总担保额度 65.4 亿元。办理各类预裁定 376 份，其中，归类预裁定申请 370 余份，签发 64 份；价格预裁定决定 6 份，涉及进口商品货值 2.6 亿元，征收税款 3727 万元。试点跨境电商商品条码应用。优化邮件征税流程，实现收件人海关端线上缴税，提升非贸征管智能化、作业信息化和缴税便利化水平，与广东省邮政管理局共同印发《广州海关广东省邮政管理局关于进境邮件税款征收联系配合管理办法》，明确关邮联系配合机制，解决"缴税难、缴库烦琐"问题，打通个人纳税服务"最后一公里"。

【税收优惠】2022 年，广州海关开展专题政策宣讲逾 20 次，涵盖"十四五"税收优惠政策享惠单位 730 家，为广州海洋地质调查局新建大洋钻探船等重大项目提供政策支持。创新工作方式，缩减内部审批流程，支持香港科技大学（广州）等粤港澳科研合作项目免税进口先进科研设备，试行减免税设备共享移出便利化措施，为粤港澳大湾区科研合作提速。联合广州市政府向财政部、海关总署争取广东省获得广交会进口展品税收优惠政策。出具"征免税确认通知书"1.2 万份，同比增长 1.9 倍，其中航材减免政策单量增长贡献度达 57%。实际减免税进口货值和减免税款分别为 82.5 亿元和 7.3 亿元，同比分别增长 2.6 倍和 2.4 倍。推进原产地证书自助打印、联网核查、智能审核等便利企业措施，优化出口原产地证书审签，助力 782.4 亿元"中国制造"货物享惠，同比增长 24.4%。优惠贸易项下进口货物涉及 19 个自由贸易协定及优惠贸易安排，受惠货值 785.1 亿元，同比增长 15.7%，实征税款 95 亿元，同比增长 5.2%，税款减让 74.4 亿元，同比增长 44%。

【RCEP 全面实施】2022 年，广州海关推进 RCEP 在关区全面实施。制订对企业宣传培训及重点企业帮扶方案，联手地方政府以"线上""线下"方式开展培训 30 余次，覆盖近万人次。深入不同类型企业近百家，发放调研问卷逾千份，编制发放《RCEP 原产地知识问答》宣传册 8000 余册。参与署级、司级课题研究分析，多篇成果被海关相关载体刊发，其中"关于 RCEP 实施视域下构建原产地声明体系研究"获总署 RCEP 主题征文一等奖。落实经核准出口商管理制度，为高级认证企业提供政策指导和培育，推广 RCEP 原产地自主声明制度助企业出口享惠。全年 RCEP 项下受惠进口货值 58.1 亿元，税款减让 0.9 亿元，受惠货物主要来自日本，货值占 92.7%。为企业签发 RCEP 原产地证书 15462 份，享惠货值 51.1 亿元；认定经核准出口商 80 家，经核准出口商开具原产地证明 570 份，享惠货值 2.8 亿元。

【税收风险防控】2022 年，广州海关以属地纳税人管理为抓手，开展信息摸底，探索开发底账指标数据模型，建立"一企一档"底账和特许权使用费及特殊关系影响成交价格台账，加强多部门协同配合和信息共享，开展纳税遵从度评估，制订差别化合规管理服务方案；成立征税要素风险监控分析工作团队，针对关区重点行业、重点商品开展涉税风险监控分析，提高税收风险处置水平。税管局（广州）分级分类处置税收风险，统筹验估、稽查、缉私、关税、风控等各方力量，打击涉税走私行为，移交缉私立案逮捕犯罪嫌疑人 36 名，打掉走私团伙 8 个。严打假证享惠走私风险，缉私刑事立案，行政立案10宗。

【落实国家重大政策】2022年，广州海关依法执行贸易反制和反倾销、反补贴措施，对自美国进口商品加征关税。同时，落实对美国加征关税商品市场化采购排除措施，免于加征关税，涉及企业3000家，报关单5万票，货值242.7亿元，商品编码2100个。税管局（广州）持续跟踪评估RCEP等自贸协定、暂定税率、钢铁、煤炭、成品油、再生资源等国家关税政策执行情况，设置参数监督执行，查漏补缺，确保国家关税政策执行。应对国际经贸摩擦，对相关政策开展评估分析和预测。牵头全国贸易救济工作小组，开展商品调研6次，报送监控报告、制度建议35项。

【"智慧税管"建设】2022年，税管局（广州）将大数据思维、大数据应用与税收风险防控有机结合。建立并发布"云擎"模型140个，使用"云擎"数据表124张，完成原产地、随附单证、实验室等内部数据表121张，外部数据270余万条入池，研发模型330个，实现分管一二级行业全覆盖。

【推进"源头治理、行业规范"】2022年，税管局（广州）与42个行业协会、82家龙头企业建立联系，与26个行业协会签订合作备忘录。与行业协会、龙头企业在行业资讯、政策宣传、税政调研等方面深化合作，建立原油、铁矿砂、橡胶及化妆品4个行业样板间。用好行业动态及行情数据为风险研判提供数据支撑，依托行业协会加大行业普遍性风险合规引导，引导企业守法自律，规范申报重点行业商品，提升成品油、玻璃基板、出口硅铁等16个行业商品合规申报水平。推进化学物质登录号（CAS号）应用，"化学物质登录号智能应用"系统覆盖99.1%进出口化学品；持续完善企业涉税申报差错通报机制及系统平台建设。

【国际关税事务】2022年，税管局（广州）参与国际会议和谈判20次，提交中国参会对案近200项，参与制定国际规则，推进双边、区域和多边合作。在《协调制度》会议讨论中推动6项中国相关议题取得满意结果，提交2027年版《协调制度》修订议题7项，助推民族产业拓展海外市场。派员参与分管自贸协定规则撰写及谈判，更新已实施协定，构建面向全球的高标准自贸区网络。

卫生检疫

【概况】2022年,广州海关坚持"人、物、环境"同防、"多病共防"、动态更新口岸疫情防控工作指引和口岸防控技术方案,落实疫情防控优化措施,多渠道作好各项应急处置。同时,加强科研能力建设,提升病媒生物监测和特殊物品监管效能,作好卫生监督和食品安全保障。年内,疫情防控作业信息化管理系统全流程智能化应用上线运行,入境旅客卫生检疫100%采用智能化模式。

【口岸疫情防控】2022年,广州海关动态更新口岸疫情防控技术方案及个人防护指南,优化调整防控措施,动态调整出境监管岗位人员个人防护级别;落实国务院联防联控机制和总署"人、物、环境"防控政策调整;调整封闭管理、入境人员阳性判定标准等措施。针对来往港澳小型船舶,作好船员离船入境、换班船员管控,统筹疫情防控和生产发展,调整集装箱班轮卫生检疫作业流程,缩短船舶靠港非作业时长,提升港口运转效率。针对地方疫情防控措施研提海关意见,加强口岸防控,完善口岸联防联控机制。落实工作场所个人安全防护要求,开展安全防护风险评估,作好一线工作人员防护培训和管理。针对入境人员卫生检疫、进口货物物品监测防控、实验室安全防控和内部疫情防控等环节开展专项检查,落实"每日一检查、每周一通报"机制,发挥二级、三级监控指挥中心作用,结合远程视频监控巡查与现场实地督导检查,对督查发现问题建立台账并实行整改销号管理。组织关区一级培训班2个、"穗关e课堂"培训班6次,参加总署专题业务培训3次。

【多病共防】2022年,广州海关抓严抓实防治埃博拉病毒病、猴痘、黄热病、霍乱、疟疾等重大烈性传染病和国内未见分布传染病。疫情监测小组上报疫情信息519条,开展季度风险评估3次、专题风险评估1次,研判口岸重点防控传染病风险,及时预警并提出防控建议。动态调整防范疫情输入应对措施,制发作好猴痘、黄热病、霍乱、埃博拉病毒病等重大传染病疫情防控工作通知等文件7份,指引1份,在疫情防控作业信息化管理系统加载"多病共防"功能,规范口岸现场操作,严防疫情叠加输入风险。从出入境人员中检出疟疾9例、登革热7例、乙型流感3例和带状疱疹1例。

【病媒生物监测】2022年,广州海关建立输入性病媒生物监测及卫生监督信息报送定期通报机制,开展疑难病媒生物鉴定及携带未知病原体的宏基因组和宏转录组序列测定，提升口岸公共卫生安全保障水平。全年开展口岸病媒生物监测1022次。

【卫生监督和食品安全】2022年，广州海关加强口岸卫生监督，审批签发"国境口岸卫生许可证"162份，开展口岸许可单位及储存场地卫生监督952场次，实施口岸食品安全抽检436次，完成9个核心能力达标一类口岸自查工作。

【特殊物品监管】2022年，广州海关强化特殊物品卫生检疫审批和风险评估，配合海关总署卫生检疫司"海关出入境特殊物品卫生检疫审批与分析系统"试点工作，规范审批程序。支持粤港澳大湾区建设，将粤港澳大湾区使用的特殊物品检疫审批时长缩短至10天以内。同时下放低风险特殊物品卫生检疫审批权限至部分隶属海关，此类物品平均审批时长3个工作日。

【科研能力建设】2022年，广州海关提升科研技术支撑能力，牵头成立工作组，联合中山大学开展口岸旅检现场新冠病毒气溶胶空气监测研究，结合系统性数值模拟实验的研究成果提出针对性控制措施。发挥"海关总署公共卫生安全中心实验室"技术优势，提升病原体检测、基因测序和病毒分离能力。牵头完成《广州海关关于应对全球疫情新形势、构筑口岸疫情防控新模式的调研报告》和《聚焦聚力精准检疫 健全口岸公共卫生体系》《"境外、口岸、境内"三道防线环环相扣 全链条筑牢口岸重大传染病疫情检疫防火墙》两个课题报告。

【应急处置】2022年，广州海关突出应急保障机制作用，提升应急管理综合水平。成立口岸突发公共卫生事件应急处置专家组，妥善应对多起突发公共卫生事件。组建工作专班，统筹推进北京冬奥会和冬残奥会（简称"冬奥会"）等重大活动卫生检疫保障工作。制订工作方案/预案6份，制发传染病风险评估报告8期，组织入境备降航班突发事件应急演练6次。

【全流程智能化建设】2022年，广州海关与有关部门合作研发卫生检疫全流程智能化应用。1月21日，广州白云机场海关口岸入境旅客卫生检疫100%采用智能化模式。7月1日，入境卫生检疫全流程智能化应用上线。完成出境卫生检疫全流程智能化业务论证和软件开发，提升出入境通关效率，降低职业暴露风险。

动植物检疫

【概况】2022年,广州海关开展"国门绿盾2022"及"跨境电商寄递'异宠'综合治理"专项行动,筑牢口岸检疫防线,严防动植物疫情疫病传入和外来物种入侵,探索关区动植检查验功能化、集约化改革,促进农产品优进优出。检疫监管进出境动植物及其产品67.2万批次、货值162.3亿美元;办理进境动植物检疫审批1.8万批;截获进境植物有害生物608种、1.5万种次,从非贸渠道截获外来物种476批次;首次从进境泥炭土中检出国内外未经报道的假滑刃属线虫新种活体,从进境松木中检出松材线虫等检疫性有害生物;退回或销毁检出不合格产品380批。

【供港澳活猪检疫监管】2022年,广州海关支持企业复工复产,及时办理企业注册登记。密切关注港澳市场需求,指导企业提前制订计划保障供应,统筹人力资源实行"即报即检"。配合香港食物环境卫生署(简称"香港食环署")完成关区2家供港澳活猪饲养场远程督导检查,加强与深圳海关清水河口岸沟通联系,确保活猪通关畅顺。完成供港澳活猪饲养场注册登记行政审批6家次;派员3000余人次前往现场开展监管、采样、检疫装,检疫活猪1万批次、40.5万头,同比增长16.1%;供应总量全国第一,供应量全国占比38.2%,广东省占比61.1%。供港澳活猪业务未发生质量安全事故。

【穗港赛马检疫监管】2022年,广州海关深化穗港两地合作,创新香港赛马会马匹跨境通关检疫监管模式,提升通关便利化水平。保障往返粤港马匹检疫监管安全和畅顺通关,监管进出境马匹4879匹次、货值11.9亿美元,服务广州市构建高起点、高定位、高水平的世界级马产业经济圈。

【支持农产品外贸】2022年,广州海关制定促进农产品外贸高质量发展若干措施,促进关区农产品进出口贸易提质增效。强化隶属海关、直属海关、总署司局三级联动,保障关区植物源性调料豆蔻、肉豆蔻顺利通关。落实便利措施,免除出境新鲜水果果园及包装厂提供无污染源证明材料,办理检疫注册登记企业19家次,惠及出境水果310批次、货值745.6万美元;免除企业办理进境水果检疫许可证提供存放场所证明材料,惠及进境水果企业4400多家次,进口水果货值19.7亿美元。帮助顺德国兰等优质种苗花卉扩大出口,出口种子483.4吨、货值454.7万美元,出口苗木花卉7.7万批、货值1.4亿美元。

开展RCEP研究，调查出口企业诉求，协调各方应对贸易国家（地区）提出的技术性贸易措施。

【支持新鲜水果进口业务】2022年，广州海关落实输华水果企业远程视频检查工作，加强境外输华水果企业境外源头管控，视频检查埃及葡萄、津巴布韦柑橘、肯尼亚鳄梨等8个国家（地区）16种次输华水果企业92家，完成伊朗柑橘、柬埔寨龙眼及印尼菠萝等8个国家（地区）8种次输华水果风险分析考察。

【进境粮食监管】2022年，广州海关及时规范处置检出小麦线条花叶病毒和玉米矮花叶病毒的进境粮食。协助海关总署开展小麦线条花叶病毒和玉米褪绿斑驳病毒联合检测研究。督促辖区内进境粮食加工企业更新加工工艺、设备升级改造，以适应进境粮食检疫监管要求。开展专项稽查，查处未严格落实进境粮食定点加工制度、未经有效除害处理或加工处理的进境粮食直接进入市场流通领域等违规行为。完成进境粮食检疫审批1212份，进口粮食1702批次、货值28.7亿美元，同比分别增长81.8%、34.5%。

【种用动物、种苗花卉检疫监管】2022年，广州海关制订进境大中动物检疫监管工作方案，统筹全链条检疫监管资源。隔离检疫驻场监管，全程实施"驻场兽医24小时驻场监管+远程督导专家全程督查+业务职能部门远程视频"，检疫监管进境种牛7738头。推广进境种苗检疫监管系统运用，规范进境种苗繁殖材料隔离种植场、隔离仓库等备案流程，实施进境种苗附条件提离，提高实验室检测鉴定效率，支持种子种苗等优质种质资源进口。检疫监管进境种子6599.9吨、货值2.4亿美元，同比分别增长27.4%、43.6%；进境种苗花卉5902批、货值3964.7万美元，同比分别增长36.4%、12.2%。

【打击非法邮寄递"异宠"】2022年，广州海关加强研判，加大打击力度，开展"跨境电商寄递'异宠'综合治理"专项行动。截获携带"异宠"邮快件19单、"异宠"136只，捣毁外来"异宠"黑窝点2个。开展系列国门生物安全知识宣传，"进企业"宣传活动16次，宣传贯彻企业93家次。

【"智慧动植检"建设】2022年，广州海关选派业务骨干和专家组建工作团队，参与智慧动植检建设。牵头生态安全应用管理系统法规文件、标准和标签以及境内外企业、规则指令等模块的建设及维护。参与其他系统模块任务书撰写、开发测试、推广使用、运维、调研评估等。参与推进检疫审批规范化建设，收集整理现有检疫审批有效文件72份，形成文件汇编，认真研究评议，提出解决办法，进行专题汇报，并将文件维护到生态安全系统法规标准数据库。组建检疫审批专班技术保障组、业务规范小组，对新检疫审批信息化推进过程中遇到的业务规范问题进行研究，并提供解决方案。

进出口食品安全监管

【概况】2022年，广州海关落实食品安全"四个最严"要求，筑牢国门食品安全防线，加强进口冷链食品监管和进出口食品监督抽检，健全进出口食品安全和进口食品准入管控制度，加大对食品安全政策法规研究力度，规范检疫审批程序，便利进出口企业产品合法进出，服务保障粤港澳大湾区食品安全稳定顺畅。年内，关区进出口食品安全工作再上新台阶，进出口食品安全形势保持总体稳定，其中退运或销毁未予入境食品化妆品350批次，同比增长22.4%，占全国的12.4%。

【进口冷链食品监管】2022年，广州海关按照国务院联防联控机制和海关总署相关规定，开展进口冷链食品新冠病毒监测检测和口岸环节预防性消毒监督。按照分级分类处置技术指南规范处置新冠病毒核酸阳性进口冷链食品。结合口岸工作实际向海关总署提出多项疫情防控优化措施建议并获采纳，口岸冷链物流通关时间、费用大幅压缩。压实层级责任体系，明确标准规范，迭代更新工作方案，检查执行情况，"每日一检查、每周一通报"，采取"四不两直"（不发通知、不打招呼、不听汇报、不用陪同接待、直奔基层、直插现场）对口岸现场采样、消毒监督和安全防护等环节进行视频督导检查。

【食品安全监管】2022年，广州海关健全进出口食品安全部门牵头组织、相关部门各负其责、隶属海关推动落实的协作工作机制，研究梳理食品安全国家标准和海关总署下发的新政新规，评估清理制度性文件。召集职能部门集体会商，研判实际工作中遇到的业务难点堵点。建立关区国际食品安全管理体系及准入研究专家团队，承接海关总署进口食品源头管控工作任务，组建关区食品安全监管专家库，分设肉类、水产品、燕窝、乳品、植物源性食品5个小组，专家成员覆盖全关各重点进出口食品口岸现场。通报食品安全情况，压实企业食品安全主体责任及地方政府属地管理责任。处置食品安全突发事件，关注涉及进出口食品安全舆情事件，收集上报食品安全风险信息千余条。妥善处置某品牌奶粉含致病菌、某品牌冰激凌检出环氧乙烷、某品牌牛奶被举报等多起食品安全事件。对接广州市食品药品安全与高质量发展委员会，2021年广州市食品安全工作评议考核获得A级（优秀）。

【进口食品准入管控】2022年，广州海关落实防范化解进出口食品重大、系统性业务风险工作要求，制订风险排查工作实施方案，对跨境电商零售进口特定成分含量宣称类食品开展专项监测并实施风险消减措施。梳理肉类、水产品、蜂产品、食用明胶、化妆品5类产品超1万个项目风险因子检测方法，开展蜜蜂欧洲幼虫腐臭病、水产品三文鱼药物残留量检测方法研究，对动植物源性食品等已有检测项目进行扩项，完善食品安全风险因子检测方法和技术储备。

【进出口食品监督抽检】2022年，广州海关制发关区监督抽检和风险监测计划，制定工作指南并开展专题培训，完善不合格情况及时初报制度，通过系统逐月开展监督检查。完成进出口食品化妆品监督抽检和风险监测工作任务。机构调整后，全国首次在美国输华牛产品中检出禁用物质莱克多巴胺、在加拿大输华蜂蜜中检出欧洲幼虫腐臭病病菌。

【助企纾困】2022年，广州海关落实"大食物观"，规范检疫审批，用好"制度+科技"，利用远程移动办公加快肉类、水产品等食品检疫审批进度，对符合要求的实施快速检疫审批，压缩进境审批流程时长。牵头联合深圳、拱北海关创新"进口预包装食品标签技术整改移动远程监管"，获海关总署备案。研究俄罗斯食品安全监管法规标准，促进关区特色烤鳗对俄出口。出台支持促进预制菜贸易六项措施，包括优化出口食品生产企业备案和对外推荐注册、加强出口食品原料基地备案及源头管理、加强预制菜进口原料监管等，推动关区预制菜产业发展。建立"出口化妆品法规工作站"，收集分析东盟、日韩、美国等国家（地区）化妆品技术法规标准，支持技术中心筹建化妆品质量安全检测国家重点实验室，助力广州建设化妆品产业集群。组织专家会商解决进口大米全链条堵点难点，协调验核进口大米植物检疫证书，保障粮食安全。及时向海关总署反映进口肉类和水产品申报异常情况，验收南沙新增进境肉类指定监管场地，促进冰鲜、干制水产品安全顺畅进口。

【服务粤港澳大湾区】广州海关支持构建"水上应急通道"，促进肉类、蔬菜和鲜蛋率先在全省以水运方式供港，吸聚汕头、武汉等外关区农食产品到广州海关申报出境，启动禽流感应急检测，确保关区供港食品安全稳定顺畅。落实《粤港澳卫生检疫、动植物检疫和食品安全控制合作备忘录》，评估研究《香港食环署有关食物内兽药残余规管方案》中水产品残留限量变化情况及影响，促进粤港食品安全标准规则衔接。

【境外食品安全政策法规研究】2022年，广州海关承接海关总署澳新食品安全和生物安全管理体系研究，持续开展对澳大利亚动物源性食品年度残留监控计划、输华肉类不合格情况评估，对其输华虾类产品白斑综合征疫病、葡萄酒等展开风险评估。组织专家对新西兰出台的水生动物产品卫生标准进行翻译，撰写评估报告，促进中新水产品贸易安全和顺畅发展。承接新版香港食物中兽药残留规管方案评估，派出专家多次协助开展亚太经合组织（APEC）食品安全合作论坛（FSCF）专项工作。

商品检验

【概况】2022年，广州海关严把进出口商品质量安全关，力促外贸保稳提质，不断夯实业务基础，加强职能监督和风险监测、以及对进出口危险化学品及其包装检验监管，持续推进落实商检模式改革和商检制度建设，推广第三方检验结果采信，推进质量安全风险预警和快速反应监管体系建设，打击假冒伪劣和贸易欺诈，加大对一线执法人员业务指导培训、信息宣传和政策研究力度，各项工作取得明显成效。

【进出口危险化学品及其包装检验监管】2022年，广州海关协助海关总署编制作业指导书，为一线提供执法指引。全年检验监管进出口危险化学品及其包装17206批，货值28.1亿美元，重量266.8万吨，检出不合格3387批，批次检出不合格率19.7%。开展"口岸危险品综合治理"百日专项行动，成立关区业务指导技术组，指导一线加快检验放行。开发运用"进口危险化学品全流程实时动态监控"系统，开展危险化学品与危险货物分类比对筛选，分析研究涉危HS编码884个、检验检疫代码1260个，提炼出风险信息11大类、主副危险信息15类，植入监控系统，对涉危报关单单单预警，对商品危险信息逐项提示。7月，开展口岸危险品综合治理后，关区危险品货物全流程通关时间缩短为6.4天，较上半年压缩43.7%，关区监管场所内滞留危险货物"全面清零"。专项行动期间，设置打击危险品伪瞒报规则48条，查发伪瞒报情事365宗，其中查获烟花爆竹7宗。

【重点敏感工业品检验监管】2022年，广州海关规范进口再生金属原料检验监管，制定执法监管系列释疑文件，推动海关总署优化布控规则和取样送检比例。现场排查进口再生金属、矿产品、塑料原料、旧机电等重点商品固体废物风险，推动海关总署将进口再生金属列入"两段准入"附条件提离负面清单，强化维修/再制造用途进口机电料件质量安全管理，严防"洋垃圾"借道入境。发挥技术支撑作用，强化固体废物属性鉴别。对疑似固体废物进口货物进行属性鉴别1081批，309批经鉴别为固体废物，防范固体废物通过伪瞒报、夹藏夹带进口。检验进口再生金属原料33568批，重量139.8万吨，货值51.9亿美元。检验出口化肥170批，重量2.5万吨，货值1576.3万美元。申报进口化肥8170.7吨，货值3515.1万美元，同比分别增长8%和87.4%。落实进口煤炭现场检验检疫、放射性检测和外来夹杂物检验，优化服务促进煤炭进口，检验监管进口煤炭13批，重量60.4万吨，货值5322.1万美元。强化进口机电产品检验监管，检出不合格进口旧机电产品152批。开展进口特定用途医疗器械检验监管专项工作，医美产品专项行动中打私专项案值4.8亿元。作好出口香港物资检验，解决出口口罩等业务面临的政策难题，支援香港抗疫。作好全球人道主义应急仓库和枢纽医疗物资检验，开展出口防疫物资实验室检测25批。

【打击假冒伪劣和贸易欺诈】2022年，广州海关落实"清风"行动部署要求，把进出口假冒伪劣商品纳入海关国门安全风险，集中分析研判、调查取证、行政处罚和整体防控。查办进出口商品假冒伪劣案例3个，检出进口棉花短重贸易欺诈案例2个。指导隶属海关查办未经检验擅自使用进口成套设备典型案件，货值220万欧元，罚款131.7万元。

【商检业务改革】2022年，广州海关进口五类矿产品采用"先放后检"监管方式，进口检验237批，重量5.2万吨，金额3412.3万美元，同比分别增长25.4%、1.6倍和19.9%。改革进口大宗商品重量鉴定方式，依企业申请实施进口大宗商品重量鉴定38批、1.34万吨。对企业未申请的不再实施重量鉴定，每次节约登轮作业时间2~3小时。检验进口棉花5批次，依企业申请出具重量证书4份、品质证书1份。实施进口汽车零部件产品检验监管便利化措施，免于办理CCC认证的进口汽车零部件，报关单位凭收货人自行出具的自我声明办理申报手续，即可将货物提离口岸。列入相关公告目录内涉及CCC认证的汽车零部件产品，检验时采信认证认可部门认可的认证机构出具的认证证书，原则上不再实施抽样检验。检验监管进口汽车零部件产品26万批，数量8141万件，货值21亿美元。

【商品检验采信】2022年，广州海关推进平行进口汽车安全性能检验结果采信，检验进口汽车3511辆，价值2.8亿美元，同比分别增长206.1%和223.8%。推进《海关总署支持广州南沙深化面向世界的粤港澳全面合作若干措施》落地实施，推动海关总署扩大进口商品检验采信试点，组织业务专家研究进口服装采信，梳理核对进口法检服装商品编码，明确检验采信工作要求。向海关总署商品检验司报送《关于进口服装检验采信工作的思考》和《进口服装采信机构检验报告审核指南》。

【商检制度建设】2022年，广州海关加强执法规范化建设，全面清理关区商检业务规范性文件，对31份文件提出清理意见，制修订规范性文件5份，规范"分送集报"模式、行邮渠道货物商品检验、进口机动车检验检测机构监督管理、风险监测样品管理、维修/再制造用途进口机电料件质量安全管理，依规、分类、集中处置风险监测验余样品。协助海关总署完善顶层设计，推动海关总署商品检验司印发关于再生金属原料固体废物属性鉴别有关问题的通知，参与修订固体废物属性鉴别工作程序、再生金属国家标准。协助总署优化进口玩具、食品接触产品等7类商品检验表单，推动总署明确进口木制品取样送检指令执行问题。受商品检验司委托，牵头完善商检业务数据闭环管理，与风险管理司共同开发业务数据"云擎"查询统计模型，组织专家研究实验室管理系统（e-lab）改造需求，匡算全国海关法检商品检验检测成本，牵头调研政府协议装运前检验工作。

【职能监督检查】2022年，广州海关制定督促检查工作管理细则，明确职能监督项目清单9项。采取调阅系统数据、常态化视频监控、实地监督检查、业务骨干下沉一线等方式，开展实地监督检查14次、视频监控检查40次，抽查系统资料241份，下沉一线16人次，解决问题18个。对发现的问题，开展分析评估和分类处置。对执行不规范问题，制发联系单17份督促基层单位核查整改，结合巡察、审计举一反三，健全制度，堵塞漏洞。

【业务指导培训】2022年，广州海关针对监督中发现的问题以及一线执法疑点难点，举办进出口危险化学品及其包装、进口再生金属、出口化肥、机电产品检验监管以及风险信息录入等专题培训，制作进口再生金属取样送检教学视频，录制医用口罩、医用防护服和呼吸机检验监管在线培训课程，到广州白云机场海关、南沙海关送教上门9场，收集整理危险化学品及其包装、再生金属等典型案例133个，编制固体废物属性鉴别法规标准及案例汇编300册供现场参考。组织参加海关总署进出口危险货物及其包装检验监管持证上岗培训考试101人，通过考核取得岗位资质68人，通过率67.3%，参加出口打火机资质考试5人，全部通过。评选商品检验领域"十佳业务能手"，提升一线执法能力水平。

【风险监测】2022年，广州海关开展跨境电商进口消费品风险监测，检出牙刷磨毛、小家电电源插头不合格等11批，检出不合格率22.4%。开展法检商品以外进出口商品抽查检验工作，抽检样品147批（其中进口125批、出口22批），检出婴幼儿服装抗拉强力不合格、进口商品标签不合格等问题。依托关区5个风险监测点，运用信息雷达、网络爬虫等技术，拓宽风险监测采集渠道，各监测点收集家电、陶瓷和食品接触产品等风险信息2855条，关注技术性贸易措施274条，组织监测点、隶属海关单位录入质量安全风险信息4546条。监测进出口食品接触用金属制品、食品接触用纸制品、出口电热毯、进口厨房消毒小家电、进出口陶瓷砖、坐便器等重点日用消费品风险，向海关总署报送风险监测专项报告6篇。

【风险评估】2022年，广州海关探索风险评估方法和模型，依托风险管理平台收集风险信息，评估"带动力装置的玩具及模型"质量安全风险，提出风险布控及预警建议。采用层次分析法（Analytic Hierarchy Process，AHP）和诺模图法评估汽车用制动器衬片、婴儿倾斜睡眠类产品、进口学生用品、食品接触用咖啡滤纸等商品质量安全风险，向海关总署提交风险评估报告5份。受商品检验司委托，维护进出口法检商品统计基础数据库和研究进出口商品检验监管业务工作机制，为商品检验领域业务数据分类统计和质量安全风险管理提供基础支撑。

【信息宣传】2022年，广州海关聚焦商检业务改革和把关成效，创新信息宣传方式，结合"3·15""六一儿童节"开展食品接触产品、进口婴童用品等质量安全检测专题直播，点击量220万人次。拍摄发布首个以商品检验为主题的海关影像作品《一生有你》。发表信息快报188条、呈报要情等信息29篇,发表商品检验司旬报9篇、各类载体新闻20余篇。

【政策研究】2022年,广州海关牵头开展署级课题"新中国进出口商品检验制度历史沿革研究",参与广东分署课题组"深化关检业务融合 优化进口商品检验监管模式的路径探索",完成关级课题"科学规范进口再生金属检验监管推进再生金属产业高质量发展""广州海关关于推进科学高效商品检验监管的调研报告"等。

口岸监管

【概况】2022年，广州海关落实总体国家安全观，坚持统筹发展和安全，持续加强监管与优化服务，在口岸监管工作中严格加强货运渠道监管和疫情防控，提升口岸安全管理效能；健全完善口岸监管制度和监管体系建设，优化监管装备管理，推进"智慧海关"、口岸物流智能化和湾区物流一体化建设，切实推动口岸监管工作高质量发展。在中欧班列监管、进出境旅客行李物品监管、邮快物品监管、跨境电商监管业务改革及综合试验区建设方面大胆创新，不断优化口岸营商环境，同时在服务广交会、北京冬奥会及冬残奥会举办方面作好监管保障，使口岸监管工作更好服务国家发展大局和粤港澳大湾区建设。

2022年，广州海关监管进出口货运量6420万吨，同比下降13%，其中，进口3081万吨、同比下降23.5%，出口3339万吨、同比下降0.2%；监管进出境航空器4.1万架次、船舶4.9万艘次，实施进出境运输工具登临检查作业2.3万次；原始舱单入库119万票，同比增长10.2%；查验报关单17.4万票；现有海关监管作业场所70家、集中作业场地16家，其中包含指定监管场地34家。监管进出境人员143.7万人次，同比增长4%；监管进出境外交邮袋3562件，同比增长20.3%；办理公自用物品核准业务10618宗，同比增长43.7%；监管免税入出库1.3亿元，同比下降78%。监管进出境邮件2899.7万件，同比下降58.5%，其中进境482.9万件、同比下降48.4%，出境2416.8万件、同比下降60.1%。监管进出境快件业务总量2503万票，同比下降14.8%。监管跨境电商进出口报关单及电子清单6.1亿票，商品总值2714亿元，同比分别增长84.1%、76.5%。

【疫情防控】2022年，广州海关加强货运渠道疫情防控，作好口岸监管环节进口冷链食品和高风险非冷链集装箱货物新冠病毒采样和预防性消毒。优化口岸疫情防控"挑毛病专家组"机制，开展检查5402次，发现问题764项，编发周通报47期，督促现场及时整改，规范口岸疫情防控作业和管理。实施进口冷链商品新冠病毒检测核酸抽样9359批次，检测样品13.7万个，预防性消毒集装箱6143个、海运货物707.1万件、航空托盘2301个、空运货物30.4万件。实施进口非冷链物品核酸检测抽样5062批次，检测样品5.7万个，样本2个，口岸环节预防性消毒非冷链集装箱（含集装器）货物2496批。加强进出境人员健康申报核验及体温监测，监督检查隶属海关管理场所39次，覆盖隶属海关13个，建立"一关一台账"，研究提出问题11个、建议28个。参与总署疫情防控"线上"集中工作9次，涉及旅客通关管理子系统、口岸卫生检疫，推广广州海关有效经验做法。解决进境卫生检疫全流程智能化模式试点问题6个，实现通过智能核验一体机对旅客健康申报记录进行自动审核并返写署级系统。

【安全生产】2022年，广州海关坚持人民至上、生命至上，开展"安全生产月""安全生产万里行"主题活动，建立安全生产风险隐患信息"吹哨人"预警机制。采取"四不两直"，开展全领域、全覆盖安全生产工作大检查3次，防范化解安全风险隐患。推进"口岸危险品综合治理"百日专项行动，查获夹藏烟花爆竹出口案件6宗，涉案烟花爆竹90吨。强化与交通运输、应急管理、公安等部门协同配合，推动完善查发烟花爆竹伪瞒报出口案件快速反应处理机制，提升口岸安全管理综合治理水平。

【口岸核生化反恐】2022年，广州海关落实总体国家安全观，全面启用核辐射探测功能应用模块，加大口岸监管环节核生化有害因子监测查发力度。完善"每周监控、每月盘点、每季通报、每年考核"工作机制，强化对现场核生化监测工作指导督促和跟踪问效。建设反恐怖工作基础能力，通过"集中示范＋专家指导＋交叉观摩"，组织隶属海关开展口岸监管环节涉恐应急演练19场。处置放射性超标294例，其中排除涉恐放行273例、退运（退场）21例；查缉枪支及散件逾7万件，切实维护国门安全。

【进口再生金属监管】2022年，广州海关构建"各负其责、协同监管、形成合力"再生金属全链条防控体系。制定进口再生金属监管执法释疑文件，规范再生金属检查、掏箱、取样送检等作业环节，加大影子商品过机查验力度，防范固体废物夹藏和伪报走私。口岸监管现场查验进口再生金属报关单3.4万票，防止"洋垃圾"入境，帮助广州市建设"无废城市"。

【监管制度建设】2022年，广州海关围绕口岸监管作业重点环节和高风险领域，制定加强货物口岸检查作业规范指引，设置配套专题培训课程，制作视频教学片，规范口岸监管单兵设备作业要求和使用管理，夯实现场业务能力基础，统一关区执法。印发"海关监管作业场所（场地）管理工作指引"，规范监管作业场所（场地）管理。

【职能监督】2022年，广州海关依托查验管理系统指导隶属海关统一开展复查复验、科长实货复核工作。充分运用大数据技术，构建再生金属、市场采购、危险品通关等监控模型，建立监管常态化监控检查作业清单。对口岸货物检查作业规范性开展季度专项监督检查，构建职能部门专项监督防线。规范管理指定监管场地，完成南沙国际冷链物流公司水果、种苗指定监管场地验收，对2家不符合管理要求的指定监管场地进行退出管理。

【业务运行监控】2022年，广州海关优化两级监控指挥中心运行，采取建立考核机制、制定监控清单、优化通报方式、完善线索提示等措施完善监控指挥体系。发挥二级监控指挥中心牵引作用，关领导按分管业务领域每周轮流督导检查隶属海关，业务职能部门依托平台开展业务督导，确保重大决策部署及重点工作落实到位；

提升联席作业效能，聚焦重点领域、关键环节和突出风险开展专项监控检查，及时发现、督促整改问题，年内发现问题、风险隐患263个，制发整改通知单、核查联系单203份，全部落实整改。完善三级监控指挥中心运行，制定监控检查指引46项，细化考核指标19项，编制监控检查清单内容190项。持续完善监控摄像头设置联网，联网接入总署监控指挥中心监控摄像头5035个，在线率98%以上，高清率超99%。

【监管装备管理】2022年，广州海关建立监管查验设备、CT等重点监管设备运行状态月报、监管设备底账月报、闲置设备线上集中调配、非正常运行设备挂网展示4项工作机制，动态监控全关245台重点监管设备运行情况，对接一线需求开展设备调拨，年内异地搬迁使用监管查验设备1台、CT设备1台，调拨口岸监管单兵设备146台。创新监管工作犬复训，定制个性化训练模式，通过专业机构代训、外聘教官上门培训、脱产自训等方式，多时段多地点开展复训，降低疫情传播风险，监管工作犬日常饲养、训练、应用一体化，年度复训考核改为"标准化考核+个性化点评"，18名训导员、21只监管工作犬通过考核。

【智能审图】2022年，广州海关健全数据共享机制，报送标准图像2185幅，同比增长53%。推进总署扩大智能审图算法分类部署试点，聚焦大宗商品、再生金属、水果、电器等重点货物，迭代升级算法，部署有效识别商品和有效拦截商品，可识别清单覆盖面占比提升至87%。新增26类、198种广州海关特色和重点商品算法纳入应用。使用"智能审图"辅助机检，审核机检图像15.5万余幅，棉纱、原料纸等生产原料和电器、铝合金异型材、家具、箱包鞋子等加工成品，免于开箱卸柜快速验放，大幅提升口岸整体通关效率；涉嫌危险品伪瞒报等9宗案例入选全国海关货运监管领域监管查验设备智能审图查获典型案例。完成13个现场20台CT设备算法分类部署，分别在邮递、快件、旅检渠道自主选择部署拦截商品算法11种、7种、11种；通过"智能审图"共扫描图像1283万幅，报警39.1万次，查获各类情事181宗，同比增长19.1%。专项研发低值货物类进出境快件（简称"C类快件"）CT智能审图，制订图像数据提取方案，向海关总署提供2.9万幅C类快件图像数据；按照海关总署统一部署，试点运行C类快件智能审图算法，扫描图像2021幅，准确率100%；推进"异宠"智能审图算法研发及制图，率先完成甲虫类CT机制图351幅。

【市场采购监管】2022年，广州海关大力推动市场采购贸易出口预包装食品政策尽快落地，建立"市场监管—商务—海关"三方监管配合机制。配合地方政府将广州花都试点集聚区拓展至广州市区8家专业批发市场，覆盖本地中小微商户1036家，试点市场内外贸一体化融合发展，打开专业市场中小微企业和个体商户出口新通道。修订市场采购贸易监管实施细则，规范市场采购贸易监管。推动地方政府完善源头管理，对违规企业实施差别化管理。监管市场采购出口1094.4亿元。

【转关作业无纸化】2022年，广州海关推行支持货物在口岸海关和属地海关之间应转尽转，发挥属地海关监管资源优势，促进内河码头口岸、车检场货运物流发展。结合发展多式联运，在关区常态化运作"水水中转""铁水联运""空陆联运"等多种业务模式，协调解决重点企业物流供应链堵点、痛点、难点问题，助企纾困，促进外贸保稳提质。

【口岸物流智能化建设】2022年，广州海关优化关区海运、空运物流智能化监管系统功能，加强与海关特殊监管区域管理系统等其他业务系统对接联动。支持广州航空物流公共信息平台建设，建设"电子仓库""查验全流程可视化"功能，加快航空跨境贸易电子化、无纸化，提升海关监管效能。开发建设口岸监管辅助应用、智能卡口系统应用，提升现场监管规范化、信息化水平。

【湾区物流一体化】2022年，广州海关牵头，和拱北、黄埔和江门3个直属海关一起，在15个码头推广应用以南沙港为枢纽港的"湾区一港通"出口业务，支持以花都港为试点开展"湾区一港通"进口业务，拓展业务覆盖范围，促进物流畅顺，业务量12.8万标箱，为2021年业务量的4.5倍。推动"多港合一"，与深圳海关共同推进以蛇口港为枢纽港的"组合港"项目，全年业务量17.2万标箱，为2021年业务量的3.1倍，有效推动粤港澳大湾区港口群一体化发展。

【进口直提、出口直装改革】2022年，广州海关应用"智慧海关"成果，在重点口岸推广进口"船边直提"，涉及卷钢、木浆等货物96.6万吨。建立生产企业与港口码头点对点直通的"厂港联动"物流模式，实现当天运抵、当天放行、当天装船离境，年内2.8万吨供港建筑材料、食品等物资实现"抵港直装"。

【中欧班列】2022年，广州海关新增广州国际港、南沙港南站两个中欧班列装车组织站点，形成白云大朗站、广州国际港站和南沙港南站3个中欧班列站点，多点支撑发展态势。开辟"广州—二连浩特—蒙古乌兰巴托""广州—磨憨—老挝万象""广州—阿拉山口—俄罗斯莫斯科"出口路线3条和"哈萨克斯坦契卡洛沃—霍尔果斯—广州"进口路线1条，监管中欧（广州）班列常态化运行线路拓展至"11出4进"。首次实现粮食进口班列开行，提前半年超过2021年监管班列数。年内监管中欧（广州）班列339列，发运标箱30074个，货值77.9亿元，同比分别增长165%、136%、105%。

【服务广交会】2022年，广州海关助力第131届和第132届广交会线上举办，提升"海关直播间"服务质量和宣传影响，运用海关信用管理数据完善AEO企业线上推介，提高订单成功率。第132届广交会线上参展企业超过3.5万家，其中出口参展企业比上届增加约40%；线上平台进一步丰富，展品超过306万件，服务时长从10天延长到5个月。

【保障北京冬奥会及冬残奥会】2022年，广州海关发挥冬奥会临时工作专班作用，针对广州白云国际机场作为北京奥组委指定备降机场之一，召开涉奥工作会议3次，制订各类工作方案5份，提前在通关监管现场设置"北京冬奥会海关专用通道及专用窗口"标识，建立应急值班指挥机制，落实冬奥会期间值班值守制度，冬奥会值班值守44人次。与海关总署冬奥会专班、北京海关、北京市外事办、广州市体育局等部门沟通25次，确保信息畅顺。开展监管现场突发事件处置、卫生检疫、备降航班保障等模拟演练12次，协调办理涉奥情事3宗。所属佛山海关驻禅城办事处电商渠道查获关区首单侵犯奥林匹克标志专有权"冰墩墩"手办玩具2个；所属广州白云机场海关办理一批冬奥会投影设备复运出境，货值2100万元。

【进出境旅客行李物品监管】2022年，广州海关应用智能审图系统，发挥"先期机检""一次过检"效能，查缉涉毒涉枪爆、濒危物种及其制品、外来入侵物种等重点敏感物品。制发"加强行邮监管作业规范性的工作指引""免税商店及免税品监管操作细则"等规范性工作指引8份。强化业务规范，加强检查督导，开展实地调研，严格落实系统数据录入、单证审核、监管查验等要求，加强动态风险研判分析，及时防范风险隐患。认真梳理行李物品监管业务岗位职责和政治要求清单，编制"两级一岗"职责工作手册。针对业务薄弱环节多批次举办关区"线上+线下"培训，提升业务实操水平。旅检渠道查获毒品大麻1宗40克，查获象牙等濒危物种及其制品33宗20千克，分运行李渠道查获濒危物种及其制品3宗65.1千克。

【邮快物品监管】2022年，广州海关召开寄递渠道强化正面监管工作关长办公会2次，通报邮快渠道业务情况以及存在问题，下发"加强寄递渠道正面监管""严格制度执行，提升口岸监管规范化"的通知，约束现场作业制度的执行。实施加强进出境邮件物流监管工作方案，制定整改措施4方面30项和整改验收清单3类11项，完成场地设置、功能区管理、仓库管理和退运邮件管理核心整改事项4项，将退运邮件全流程物流轨迹纳入信息化管理。对快件监管现场强化监督指导，编制"快件监管制度执行检查清单"，从制度落实、视频监控、数据监控和疫情防控4个方面，形成监控要点84项，设置专人专岗定期开展监控记录工作台账，对监控发现问题及时研判、督促整改。

【跨境电商监管】2022年，广州海关建立健全跨境电商进口监管长效性机制，进一步完善关区跨境电商平台核查工作机制，核查电商平台726家次，实施暂停数据传输通道企业90家，关区大型优质电商平台业务占比由年初的90.4%提升至95.1%。完善联防联控机制，与中国人民银行广东省分行签订合作备忘录，加强验核支付信息真实性，先后向该行移交支付信息150条。打击跨境电商出口高报价格、伪报瞒报等不法行为，建立出口商品价格管控综合治理机制，定期实施出口业务量及商品价格水平滚动监测，对81家高风险企业实施验核原始交易凭证、加强实货查验等措施，防控跨境电商出口价格高报风险。运用数据分析、视频监控、实地检查方式开展常态化跟踪检查，排查跨境电商领域重大风险隐患。

【邮政快件业务优化改革】2022年，广州海关为邮政包机、海邮联运、陆路转运、中欧班列等邮路运输方式提供政策支撑，发挥关区口岸多样化优势，拓宽临时海空邮路3条，支持邮政通过临时邮路疏运邮袋34.6万袋、2861.1吨；提升跨部门执法合作，与广东省邮政管理局签订合作备忘录1份，在数据共享共治、执法合作等方面形成合作事项12项，优化邮递渠道口岸通关环境。在快件业务改革方面，推行"应试尽试"策略，关区6个隶属海关8个快件监管现场参与快件通关管理系统（2021）试运行，通过该系统监管进出境快件885.6万票，其中文件类进出境快件134万票、个人物品类进出境快件751.6万票，全国试点运行业务量最大。

【跨境电商业务改革】2022年，广州海关发展B2B（企业对企业）出口新模式，试点出口海外仓备案无纸化，支持企业通过"通关一体化""属地监管，转关运输""低值货物简化申报"等模式办理通关手续，提升通关效率，扶持广佛等地传统制造企业依托跨境电商转型升级，扩大B2B出口业务规模，全年监管B2B出口货值1317亿元，同比增长1.6倍。深化进出口退货监管改革，支持唯品会、考拉海购等企业在南沙综合保税区内运作退货中心仓，创新跨境电商零售出口退货监管模式，支持粤港澳大湾区机场共享国际货运中心项目建设，提升商品退货效率，试点零售出口跨关区退货，完成全国首票跨境电商零售出口跨关区退货业务，全年监管进出口退货商品55.1万件，同比增长60.8%。发展"跨境电商+外综服"模式，全年出口商品3862.6万件。

【跨境电商综合试验区建设】2022年，广州海关支持广东创建跨境电商示范省行动方案，利用广佛产业及物流优势，引导传统制造企业依托跨境电商转型升级，扩大业务规模，推动广州、佛山跨境电子商务综合试验区分别被列入2021年跨境电子商务综合试验区评估第一、第二档，加强对清远、韶关、河源、云浮等新设立跨境电商综合试验区建设的政策宣讲和业务培训，指导各关立足产业实际实现差异化发展，其中韶关海关和肇庆海关开启B2B出口业务，清远海关重启跨境电商零售出口监管业务。

【"智慧海关"建设】2022年，广州海关参与全国海关免税商店和免税品监管作业管理系统、掌上海关App新增分运行李办理模块及无纸化办理流程、完善空港旅客舱单机制、旅客通关管理子系统卫生处置应用模块和实验室系统对接、海关知识库平台业务测试等8项"线上"集中工作。参与更新第九版《健康申明卡》，撰写业务需求任务书，牵头组织北京、上海、深圳等海关研究优化健康申明卡申报项目，配合海关总署科技部门作好旅客通关管理子系统相关模块业务功能升级，进行业务测试，提出优化建议6条。在白云机场海关出境旅检现场试运行"旅检业务监控和指挥平台"应用项目，协调解决系统试运行过程中遇到的问题，提升系统应用实效。在国内率先将退运邮件纳入信息化管理监管模式，实现退运邮件从接收指令、入仓、装袋、出仓、装车、卡口提离和实际离境等全流程实物流、信息流监管闭环和追溯管理。

【服务粤港澳大湾区】2022年，广州海关落实《南沙方案》，配合制定《海关总署支持广州南沙深化面向世界的粤港澳全面合作若干措施》及细化措施。指导琶洲港澳客运码头规范配置监管设备设施，参加琶洲客运口岸调研，支持琶洲港澳客运码头新增设立口岸免税店；反馈白云机场T3航站楼海关查验场地意见和建议，规范设置旅客通关作业场地。参加财政部广东监管局组织的座谈会，研究回复地方政府关于推动免税经济发展的意见及建议7次，关注国家、省（自治区、直辖市）、市关于市内免税店的各项政策发布动态与工作推进情况。

【优化口岸营商环境】2022年，广州海关推进机场空港、南沙海港跨境电商国际枢纽港建设，南沙口岸跨境电商进出口首次突破千亿元规模。支持南沙综合保税区建立全球退货集散复销中心，深化出口退货"合包"监管、进口退货中心仓、"个人额度前置审核"、"零售出口跨关区退货"等便利措施，解决企业异地存储、多次打包配送费用高等难题，降低企业综合运营成本；应对疫情及陆路运输受限对企业造成的影响，发挥广州机场空港及南沙海港物流优势，引导企业转入海、空运输，畅通跨境电商物流通道。在"6·18""双11"等网购节期间，提前作好企业调研，预判业务高峰，合理调配监管资源，优化监管措施，保障跨境电商进口商品快速通关。

统计分析和政策研究

【概况】2022年,广州海关落实两级海关工作会议、全面从严治党工作会议部署要求,健全政研队伍管理机制,夯实业务基础,提升"首报、首发、首用"能力,"加强、加密、加深"分析研究水平,统筹开展政策研究和各层级课题研究,围绕新形势、新态势等相关热点开展研究分析和关区业务分析,加强统计数据质量综合管控和数据异动监测,开展经常性统计调查,作好统计服务和统计督察整改,服务宏观经贸和地方外贸经济发展,较好完成关区政策研究及统计工作各项任务。

【政策研究】2022年,广州海关依托政研工作7项机制(即团队管理、优秀作品展示、成果报送、任务快速响应、轮值编审、考核督办、激励表彰),深化研究型海关建设,全年全关各部门单位共报送政研文章693篇,被海关总署相关载体采用。聚焦党的二十大,专栏刊载"学习贯彻党的二十大精神专刊"专题研究成果22期;根据海关总署党委提出的"12个必",分解细化36项研究课题开展研究。提升关区政研转化效能,编发广州海关政法研究49期,展示优秀理论和业务研究成果;收集各部门在产业发展、业务改革、风险防控等优秀政策研究6期57篇,推动优化木材查验场所布局、优化养殖场备案流程、加强港澳小船监管等一系列关区改革。健全政研队伍管理机制,定期开展跟班编审,锤炼锻造年轻政研人才,累计专人定向培训20多人次,形成各类研究成果30余篇。

【课题研究】2022年,广州海关统筹开展各层级课题研究,牵头署级课题1个,参与署级课题5个,围绕业务执法和综合管理两大类,立项关级课题66个,相关成果在不同层级载体得到转化。充分运用好调研报告渠道,集中展示调研成果,向海关总署报送调研报告15篇。结合关党委部署要求,发挥应急响应机制,推进时效性要求高的重点课题研究逾60个。参与国家社科基金"中国海关史"项目第五课题研究,组织开展"中国海关史"专项署级课题"中国海关统计制度方法发展演变研究"。

【服务宏观经贸】2022年,广州海关围绕中美贸易新动向、经贸运行新态势等热点开展研究分析,撰写统计要情300多篇,被海关总署采用34篇。每月监测水运、空运、陆运、铁运等跨境物流链变化趋势,报海关总署统计分析司专题报告36篇;定期制作全球及国内主要经贸数据统计表,编译重点报告18篇,获海关总署相关载体采用3篇。运用宏观研究成果分析广东外贸,撰写外贸大省对比、订单外流等省市外贸材料，推动解决相关问题，形成广东分署专报13篇，获广东分署要情采用31篇。监控关区外贸、业务运行状况，编发广州海关统计监测分析月刊12期。

【服务地方经济】2022年，广州海关深化外贸研究，制定外贸形势分析会议制度，组织外贸形势分析会议5次，各隶属海关同步完善相应机制，每月对宏观形势、外贸形势和海关业务运行形势进行研判分析，部署各部门解决外贸和业务运行中的堵点问题214项。结合地方外贸研判结果和实际发展态势，聚焦南沙发展、市场采购、冷链、"专精特新"、免税经济、专业市场等重点，通过问卷调查、电话随访、实地调研等方式开展企业调研超3000家次，向广东分署和地方政府报送广州海关专报26篇，报送省委信息2篇。

【关区业务分析】2022年，广州海关梳理重构关区重点业务指标体系，囊括统计项目5类统计数据项131个，构建关区重点敏感业务数据"云擎"查询模型，为各职能处室和隶属海关提供业务数据查询服务100多次，推动业务运行情况的监测分析。参与海关总署统计分析司"统计业务改革"建设集中工作，牵头分析研究应用小组工作，牵头修订和设计行邮、检验检疫类业务统计指标体系。

【统计数据质量综合管控】2022年，广州海关根据海关总署相关文件精神，制定贯彻落实《关于更加有效发挥统计监督职能作用的意见》的具体措施。建立关区出口商品价格管控综合治理机制，对纳入海关统计的出口货物价格实施事前、事中、事后全链条综合管控。压紧压实基层海关数据核查责任，形成"分析研判、落地核实、现场处置、结果反馈"工作闭环，提升统计监督效能，下发核查命中率78.1%。对统计司下发的数据核查，按时答复统计数据质量监督15次。推动跨关区数据核查处置，通过综合业务管理系统发送跨关区数据核查，涉及直属海关3个。提交稽核查联系单2份，涉及企业3家。参与署级课题"加强海关统计监督体系建设研究"撰写，完成关级课题"新形势下加强海关统计监督体系建设研究"。

【数据异动监测】2022年，广州海关每月监控关区进出口态势，及时发现商品、企业等异动情况并下发现场验核风险，运用海关统计数据查询分析系统、"云擎"等工具研发定制统计数据监控分析模型60余个，覆盖进口量大、占全国比重高但税收量少的商品等重点商品、口岸异动监测等，便利职能部门和隶属海关开展数据异动监控，指导隶属海关加强异地企业进出口监测，提出引导外贸数据回流措施6项，作好"应统尽统"工作。

【统计调查】2022年，广州海关规范执行海关总署统计调查制度，配合海关总署完成2022年中国外贸出口先导指数样本轮换工作、中国海关贸易景气（进口）试点调查、跨境电商统计试点调查等任务。组织对外宣传广州海关出口先导指数调查20余次，为关区165家企业颁发中国海关出口先导指数样本企业证书，在《南方日报》《广州日报》、"学习强国"等多家媒体、网站及平台刊登相关新闻，提升社会对海关统计调查业务的知悉度。选派业务骨干参加景气指数编制前期论证工作，积极参与海关总署跨境电商统计试点调查资料编制及优化邮件电商包裹统计方法等专项任务。

【统计服务】2022年，广州海

关将优化外贸数据服务纳入促进外贸保稳提质25项措施,修订统计数据服务管理办法,提升面向广大企业和社会公众的数字化统计服务能力和水平。向广州市地方行政机关、关区内各部门、社会公众提供海关统计数据服务508次。上线"广州海关统计数据查询服务应用",方便隶属海关开展分析研究工作。向政府部门、社会公众、行业协会等用户调研海关统计数据在线查询平台使用情况,向统计司报送《广州海关关于强化海关统计线上服务能力研究的报告》。

【统计督察整改】2022年,广州海关成立统计督察整改工作领导小组,在统计处设立工作专班,制订统计督察整改方案及任务分解表,针对统计督察反映的12个问题,在强化学习、制度建设、职责履行、队伍建设等方面制定整改措施25项。派员参加统计司牵头组织的统计条线配合国家审计工作专班,多次开展线上研判,答复审计组取证要求;梳理国家审计查发的问题,并在纪检监督分析例会上通报,提交有关隶属海关跟进企业信息核实和核查,开展针对性整改工作。

企业管理和稽查

【概况】2022年，广州海关加强稽查、缉私和风控部门的工作联系配合，加强风险收集研判，实施多项涉税及涉管制类专项稽核查，加大涉检稽核查和涉检行政处罚力度，提升安全保卫效能，推进以信用为基础的海关新型监管机制建设，完善属地查检工作机制，以及口岸与属地的联系配合，推进"多证合一"等"放管服"改革，支持企业用好用足用活海关政策措施，促进外贸保稳提质，顺利完成各项企业管理和稽查工作任务。

是年，广州海关备案进出口企业8.7万家，同比增长10.4%；现有AEO认证企业871家，新增61家，AEO认证企业数量稳居全国首位。关区食品类特定资质企业5498家，同比增加15.6%，累计对外推荐企业30家，推荐范围涉及15个国家（地区）。新开展稽查作业436宗，办结稽查作业639宗；办结核查作业2569宗，其中查发问题作业1817宗；办结主动披露作业（未转稽查）301宗；办结涉检行政处罚案件3282宗，涉案货值19.3亿元；完成进口货物目的地事中查检20188票，实施出口检验检疫属地查检16031批次。

【风险收集研判】2022年，广州海关总结稽查与缉私、风控部门在协同互助、共享共建方面的实践经验，形成稽查与缉私协同打击走私犯罪工作机制，以及稽查部门和风控部门工作联系配合办法。组建稽查改革专班建设"稽查大脑"，集中力量查发大要案，打击危害国门安全、税收安全的不法行为，查发一批重大稽查情事；建立两级稽查风险分析团队，加强风险甄别和分析研判，提高自主分析线索转化率。发挥各类后续监管方式排查风险优势，顺畅不同手段衔接、转换机制，形成贸易调查摸排、核查初步验证、稽查深入调查、属地查检实时补充的风险查发链条。年内，开展贸易调查52宗，核查转稽查69宗，属地查检向稽查移交线索。

【专项稽核查】2022年，广州海关实施涉税及涉管制类专项稽核查，维护税收安全，稳定进出口秩序。打击"洋垃圾"入境，推进再生金属行业专项稽查，查发问题企业26家，涉及货值9.1亿元。打击伪报原产地偷逃对美加征关税行为，对12家进口再生塑料企业开展专项行动，涉及货值8.2亿元。打击濒危植物制品违规进口，查发涉嫌税号申报不实影响国家许可证件管理企业12家，涉及货值4.5亿元。落实战略资源产品贸易管制措施，对C类快件出口稀土行业的5家重点企业开展专项行动，查发存在问题稀土及其制品38.8吨。开展违禁印刷品专项稽查，查发存在问题印刷品4.13万份。针对干海参、铜铝锭原产地、特许权使用费、减免税和不作价设备、保税仓库、特殊区域物流企业、出口退税等重点渠道、重点商品开展专项行动；甄别出口旧衣物、市场采购和跨境电商直接出口存在的申报不实、逃漏检、虚假贸易等问题，开展专项行动4轮。推动主动披露新政落地，开展主动披露作业301宗，推动企业守法自律。

【涉检稽核查】2022年，广州海关加强涉检稽核查，提升安全保卫效能。聚焦民生小商品，对出口甲油胶行业25家高风险企业开展专项行动，查发涉嫌逃漏检等违法情事，涉案货值5.7亿元。维护粮食安全，开展进境粮食加工专项稽核查，查发存在违规或者需责令整改企业71家，涉及粮食72.9万吨，货值15.2亿元。紧盯出口环节逃漏检及扰乱报检秩序风险，实施出口化肥专项稽查，查发多次伪报出口逃避法定检验企业1家，案值107万元；开展出口危化品专项行动，查发存在涉嫌逃漏检或扰乱报检秩序企业4家、危化品28批次，涉及危化品326吨；推动竹木草专项行动，查发涉嫌冒用、转让竹木草制品注册登记生产企业电子底账企业4家。

【涉检行政处罚】2022年，广州海关根据海关总署统一部署，自8月1日起，由稽查处全面承接关区检验检疫行政处罚工作的指导、监督和检查。制订职能调整工作方案，指导隶属海关系统推进，保障业务平稳过渡和案件快速处置，重点督促涉及危险品行政处罚快速处置。与缉私局建立沟通联系机制，共同研究防疫物资、危化品案件清单移交，完成涉检处罚系统授权、变更、清理220人次，确保涉检处罚工作不断、不乱、不散。摸清业务底数，梳理人员配置情况，明确基层海关岗位配置要求，针对性强化基础培训，提高案件规范办理能力，举办线下和线上培训班各1期。参与顶层设计，协助海关总署完善涉检行政处罚制度体系，修订涉检行政处罚操作规程，明确立案标准、处罚幅度参照标准和免罚清单，完善执法依据。开展打击"异宠"相关违法行为专项工作。收集近2年在口岸查获非法进境"异宠"相关情况，对关联性、链条性问题进行跟踪摸排。是年，办结涉检行政处罚案件3282宗，涉案货值19.3亿元。

【AEO制度建设】2022年，广州海关推进AEO国际互认取得突破，受海关总署委托分别与乌拉圭、泰国海关开展AEO互认磋商。推动中国—乌拉圭海关互认安排于1月26日起正式实施；中国、泰国海关于3月25日在线签署AEO互认行动计划，这是RCEP生效后中国海关与RCEP成员海关签署的第一个AEO互认行动计划，于11月完成与泰国海关双方线上认证观摩，正式进入文本磋商阶段。评估与荷兰海关AEO互认效益，向270余家与荷兰有贸易往来的企业进行问卷随访。积极参与国际AEO能力援助项目，派员参与面向RCEP成员和中东欧国家的AEO培训班授课。优化培育机制和模式，以"一带一路""RCEP""专精特新"等相关企业为重点，坚持"线上+线下""海关+地方政府+行业协会"多平台培育，创新普及式、定向式、数字化培育方式方法，引导企业对标AEO标准完善经营管理。74家企业申请AEO企业管理，其中61家企业通过海关认证，新增

AEO企业数量位居全国第三位；辖区广州市AEO数量超越上海，排全国城市第一，佛山市排全国城市第五。

【新型监管机制建设】2022年，广州海关推进以信用为基础的海关新型监管机制建设。完善认证技术支持小组工作机制，严格认证作业程序，持续对AEO合规实施预警和督促整改，深化AEO"培育—认证—复核—延续—退出"闭环管理机制。是年，对9家未通过复核的AEO企业予以降级，确保关区AEO企业"量""质"并进。AEO企业在关区口岸进口平均通关时间较全国AEO进口平均通关时间缩减6.6%，出口平均通关时间较全国AEO出口平均通关时间缩减34.2%；102家次AEO企业享受实验室优先快速检测便利，较常规企业平均提前16天出具检测结果；109家适用加工贸易账册管理的AEO企业享受优化加工贸易监管措施；对20家AEO企业实施管理类核查作业优化叠加，优先安排AEO企业口岸检查作业1181批次，优先开展AEO企业属地查检作业2314批次；推动南沙等地方政府对AEO给予资金奖励。动态开展信用监管，对312家失信企业实施信用修复，失信企业占比降低78%；将56家企业认定为失信企业，2家企业纳入严重失信主体名单。

【促进外贸保稳提质】2022年，广州海关加强外贸市场主体调研分析，建立关长联系企业机制，构建问题处置"收集—入库—分办—解决—反馈"的完整链条，组织保稳提质、再生金属、"专精特新"等13个专题调研，解决企业实质性诉求463条。5月起，出口食品生产企业备案办理时限压缩至3个工作日内，关区平均办理时限为1.5个工作日，时效提升37.6%；建立鲜活易腐农食产品属地查检绿色通道，对适用范围内进出口农食产品，实施优先查检、"5+2"预约查检等机制，节假日实施查检1300余批次，享受绿色通道进出口货物超过1万批。制定"擦亮'海关进企业'品牌""关地联合政策宣讲"等八项措施，促进基层海关单位为企业提供"政策包"，联合广东省人民检察院、广东省工商业联合会（总商会）举办普法宣传贯彻会，支持企业用好用足用活海关政策措施。

【"放管服"改革】2022年，广州海关推进"多证合一"改革，通过"多证合一"办理备案1501家，占新增备案企业的12.4%，备案数占省内海关近6成。实施"资质融合备案"，对出口食品原料种植基地、供港澳蔬菜种植基地备案和出口畜禽原料养殖场、出口禽蛋原料养殖场备案分别实施"资质融合备案"，减少企业提交资料5项，现场考核缩减一半。支持优质农产品种植和生产基地建设，简化备案流程，供港澳蔬菜加工企业免于提交水质检测报告等材料，出口食品原料种植基地免于提交土壤水质报告。用视频连线、问卷调查等"零接触"方式替代现场巡查，指导9家企业完成香港食环署2022年度对内地供港备案肉类和蔬菜加工企业及养殖场巡查工作。推行无纸化网上办理，落实报关单位注销便利化，通过"单一窗口""互联网+海关""多证合一"等网办途径，推行海关备案、变更、注销等业务"零接触、网上办、全国通办"。优化改革管理类核查手段，联合市场监管部门对49家出口商品生产企业开展核查领域部门间联合抽查，减少打扰企业生产；用好第三方机构专业技术优势，经合理评估采信企业第三方报告142家；通过关企系统对接、在线音视频沟通等多渠道开展网上核查作业21宗，提高核查效能。

【属地查检】2022年，广州海关完善属地查检工作机制，强化口岸与属地联系配合，建立进口目的地检查指令跨关区流转规则、联系配合机制，制定关区属地查检作业随机选人工作措施，解决改革过渡期间布控执行的历史、疑难问题。指导基层单位通过移动远程监管、监管资料存档上传等方式开展进口目的地事中查验，协调处置跨关区指令流转、出口申报前监管重复申报等业务运行问题，确保进出口货物正常流通。规范执行抽样送检作业，强化目的地作业时效管理，强化出口查检作业规范操作，落实执法亮证制度等。完成进口货物目的地事中查检20188票，查检异常实施技术整改或检疫处理427票，责令退运91票，责令销毁45票，移交或实施行政处罚42票。出口申报前监管，实施现场查验16031批次，取样送检9258批次，检出不合格138批次。

查缉走私

【概况】2022年，广州海关按照海关总署统一部署，构建全员打私大格局，加强查缉货运走私、行邮走私和沿边沿海走私力度，打击跨境赌博、电信网络诈骗活动，抓好刑事案件、行政案件处理及反走私宣传活动，关区打私工作展现新作为。

年内，立各类案件17118起，案值124.4亿元，同比分别下降13.9%和48.9%。办结各类案件17151起，案值128.3亿元，同比分别下降12%和39.7%。

【查缉货运走私】2022年，广州海关在来往港澳小型船舶中连续2次查获涉嫌夹藏走私冻品42吨。查发申报为再生金属、再生塑料的固体废物309票、4144.1吨，立案侦办走私废物罪案件，查获各类走私固体废物71.8吨。开展"奋发08"打击粤港澳特大海上跨境走私专项行动，抓获犯罪嫌疑人31名，打掉走私揽货通关犯罪团伙1个及货主10余名，涉嫌走私国家禁止进口货物95柜、2000余吨。侦办"奋发36"郭某走私固体废物案，查获走私限制进口类固体废物5085.5吨。查办"奋发01""奋发15""奋发17"等虚开骗税案件，总案值27.1亿元。立案调查申报不实影响国家出口退税管理行政案件。侦办"奋发26""奋发27"多家异地公司出口除味包申报不实案，涉及企业53家。

开展全链条打击淫秽出版物走私专项行动，抓获犯罪嫌疑人6名，打掉淫秽出版物犯罪核心团伙2个、境内非法印刷团伙1个，查获涉案淫秽出版物9万余册。6月，在4省9市开展打击非法制造、走私出境制式枪支散件专项行动。9月，开展2起打击走私枪支配件专项行动，分别入选公安部"百日行动"第三波次集群战役重点案件和总署缉私局"百日行动"集群战役重点案件。开展"口岸危险品综合治理"百日专项行动，成立行动专班，在南沙港集装箱码头，查发集装箱夹藏烟花爆竹出口情事1起，查获危险货物烟花及爆竹21吨。

开展打击甲油胶及类似商品生产企业专项稽核查行动，侦办"奋发02"打击出口甲油胶逃避商检违法行为案件，案值4.1亿元，为全国海关首起出口商品逃避商检案件。

【查缉行邮走私】2022年，广州海关开展"奋发03"打击快件渠道"水客"走私奶粉、保健品专项行动，抓获犯罪嫌疑人6名，案值8亿元。开展"奋发12"打击"水客"走私高档手表专项行动，抓获犯罪嫌疑人12名，案值5亿元，入选海关总署年度十大缉私典型案例。开展"奋发16"打击邮递渠道"水客"走私洋酒、奢侈品包和化妆品专项行动，案值1.5亿元。开展"奋发25"打击邮递渠道"水客"走私专项行动，案值1.2亿元。开展"奋发32"打击邮递渠道走私医药产品案，案值6650万元。

立案侦办毒品走私案件。联合广州市公安局侦办通过邮递渠道走私含有毒品成分的"减肥药"案件1起，查获含麻黄碱和咖啡因"减肥药"4.5万粒。联合广州、惠州等地市公安，接连破获通过邮件渠道走私进口毒品γ-羟基丁酸案件10起。旅检渠道查获入境航班旅客随身携带疑似大麻膏40克。开展打击"异宠"、象牙等濒危动植物及其制品等安全准入物品走私活动。年内，邮递渠道查获活体昆虫等"异宠"情事42宗、象牙等濒危动植物及其制品2829宗；快件渠道查获象牙等濒危动植物及其制品495宗（包括含濒危野生动植物成分的药品和保健品）；侦办全国海关首起"非法引进、释放、丢弃外来入侵物种案"，查扣日本走私进境长戟大兜虫300多只。立案侦办走私珍贵动物及其制品案件。查获犀牛角制品175克，同比增长2倍；查获象牙制品3718克，同比增长49.9%；查获穿山甲鳞片546克，同比下降45.5%；查获濒危海马干制品14.8千克。多个快件、邮件监管口岸查获多起保健品潜藏濒危野生动植物及其制品成分，查获含麝香、鹿茸等成分的安宫牛黄丸或其他保健药品2637件。

侦办海南离岛走私案24起，开展"奋发21"打击海南离岛免税"套代购"走私专项行动，抓获"套代购"走私犯罪嫌疑人23名，案值6000万元。

【查缉沿边沿海走私】2022年，海关总署、公安部、中国海警局、广东省人民政府、全国打私办组织开展打击治理粤港澳海上跨境走私相关联合行动，按照上级部署要求，广州海关开展相关联合行动。查获水上渠道案件1212起，案值6.1亿元。查获走私冻品案件110起、"三无"船舶类案件497起，同比分别下降80%和29.5%。查扣"三无"船舶等违法船舶497艘、冻品4358.1吨，查获成品油536.5吨，以及花胶、燕窝、鲍鱼、进口洋酒、安宫牛黄丸等高值货物一批。首次查发利用城市下水道走私案件，查获走私日本产牛肉2.9吨。侦办"奋发35"谭某等人走私冻品案，查获走私日本产高值牛肉7.6吨，货值414.8万元。

与地方执法部门开展水陆联查行动54次，联合查发案件556起。国庆节前后，联合地方公安，在广州、佛山、肇庆、清远等地实施统一抓捕，查获水上走私案件4起，抓获犯罪嫌疑人18名，查扣冻品410吨，扣押车辆10台、船舶3艘。

【打击跨境赌博、电信网络诈骗】2022年，广州海关加强动态分析，提炼典型案例特点，配合地方公安部门开展"断卡"行动，联系中国人民银行、公安等部门，加强风险研判、执法互助和线索移交。查获涉嫌跨境赌博、电信诈骗银行卡、手机卡等2.5万张，查获电子钱包、密码器、筹码等3.4万个。

【刑事案件处理】2022年，广州海关立刑事案件424起，同比增长2.2%，案值48.3亿元，同比下降62.6%。立刑事大要案22起。海关现场查发278起，占65.6%。刑事结案362起，案值66.8亿元，同比分别下降44.3%和43.1%。其中，移送起诉案件191起，同比增长11.7%，案值55.9亿元，同比下降38.6%。

【行政案件处理】2022年，广州海关立行政案件16694起，案值76.1亿元，同比分别下降14.3%和33.3%。立行政普通程序案件7085起，案值70.8亿元，同比分别下降28.9%和18.2%。立行政大要案33起，报海关总署审批案件2起。行政案件结案16789起，案值61.4亿元，同比分别下降10.9%和35.5%。行政普通程序案件处罚（绩效口径）2792起，同比增长51.7%；简快案件查办9630起，同比增长1.3%。

【反走私宣传】2022年，广州海关按照打击走私"国门利剑2022"联合专项行动部署，开展大案要案、综合治理、普法教育宣传，扩展"立体宣传"矩阵。在"6·26"国际禁毒日开展毒品销毁活动专项宣传，相关成果在中央电视台《新闻联播》等节目中播出。各级媒体报道打私新闻33条次，中央媒体报道4条次。

科技发展

【概况】2022年，广州海关推进科技创新，持续作好信息化应用项目管理，承办署级项目建设及推广应用，开展"智慧海关"关级项目建设，强化实验室管理和建设，抓好网络安全，优化信息化基础运维保障和网络创新技术应用，推进科研项目管理，进一步提升科技应用水平。

是年，广州海关在全国海关首次科技成果评定中获得成果6项，其中一级成果2项、二级成果3项、三级成果1项，高等级（一、二级）成果数量列全国首位。技术中心主持的3个项目和参与的1个项目获2021年广东省科技进步二等奖。

【信息化应用项目管理】2022年，广州海关加强论证评估制度规范建设和执行指导。细化海关信息化应用项目管理办法，规范项目论证，召开技术论证、项目论证会4次，选派技术人员参与业务部门需求论证7次。建立信息化应用项目绩效评估机制，组织专家组考核全口径69个关级项目绩效，结合评估结果，项目退出运行18个。"广州海关统计数据查询服务应用"项目启动立项建设，"口岸监管辅助应用——智能取样送检箱模块"启动重大变更报批及建设手续。

【署级信息化项目建设及应用】2022年，广州海关持续开展非贸类通关重点项目建设，完成系统新增任务书42份，推动跨境电商、邮递物品等署级非贸通关管理系统与通关管理、非贸一体化风险防控、行邮税征管应用等署级系统互联互通，实现跨境出口B2B模式、跨境电商全国退货、跨境电商订购人验核、支付机构验核、电子烟消费税等一系列业务改革配套措施落地。保障"6·18""双11"等网购节跨境电商业务高峰通关有序，审单速度最高峰值每分钟8.4万票。持续优化旅客通关系统卫生处置应用建设，全国复制推广卫生检疫全流程"一码通关"模式，超200万旅客通过系统办理卫检业务。年内，广州海关完成快件通关管理系统（2021）对接智能审图CT机测试，排查12360热线话务系统故障，试点新版海关信息系统运行管理平台，开展功能测试及切换，向科技发展司汇总反馈问题23个，持续作好智能审图实战应用技术保障。

【关级信息化项目建设】2022年，广州海关持续创新"智慧卫检"应用，在白云机场口岸部署上线智能分流一体机、智能采样登记终端和智能闸机。开发内部人员防疫综合信息台账应用。做强做优"大数据基础平台""数据中台"，实现业务数据互联、共享，为信息化应用提供统一、标准化数据服务；升级"内外网数据交换平台"，打造安全高效的数据传输体系，完善数据交换标准体系建设。推动"退运邮件信息化管理"，实现退运邮件全流程信息化管理；用科技手段解决进口危化品以及重点敏感商品通关全流程各环节工作时长的监控、分析和预警；加强对通关全流程全链条实施管控；利用物联网等技术手段，研发智能取样送检箱，解决业务现场取样送检管理问题。推进"线上海关""智慧海关"与广东省、广州市国际贸易"单一窗口"对接，开展"预约通关""远程移动监管""关企资料交互""广州市保税燃油供应通关信息服务平台"等特色应用。建设"智慧人事""多维考勤"等关级项目，完成对接全国海关队伍建设综合管理平台及政务办公系统。

【实验室管理建设】2022年，广州海关统筹关区5个新冠病毒检测实验室，高效完成入境人员、进口冷链商品、非冷链货物及环境监测样品检测及核酸检测阳性样品基因组测序任务。持续推进海关总署公共卫生安全中心实验室建设，与广州医科大学合作，共建争创海关系统首个全国重点实验室，签订《广州国家实验室 广州海关合作框架协议》，深化与广州国家实验室战略合作；推动海关总署新批复国家新能源汽车检测重点实验室（广州）、国家化妆品质量安全检测重点实验室（广州）、国家传染病生物信息分析和检测重点实验室（广州）、国家技术性贸易措施研究与应对检测重点实验室4个国家检测重点实验室。

【实验室安全监督管理及质量控制】2022年，广州海关严格落实疫情防控"每日一检查、每周一通报"工作机制，每周组织专家对关区5个新冠病毒核酸检测实验室开展安全防护监督检查，开展检查43次，发现问题38个，均整改销账。对关区3个化学检测实验室开展监督检查。制发实验室样品管理实施细则和实验室仪器设备管理规定，进一步规范关区实验室管理。

【网络安全保障】2022年，广州海关严格落实海关总署各项要求，分级制订具体工作方案和任务清单，压紧压实各部门网络安全责任，顺利完成党的二十大期间关区网络安全保障任务。网络攻防实战演习成功，其间互联网业务全天对外服务不受影响。开展网络安全管理相关培训8期、网络安全检查5批次、网络安全自查4次，加强干部职工网络安全意识和防护技能。防范化解"失常、失控、失效"风险，开展实战应急演练6次，梳理信息化系统安全运行方面存在的弱项缺项，汇总阶段性问题台账11条，研究提出细化改进措施51项。落实安全生产要求，加大对机房督导检查力度。突击检查计算机中心机房，地毯式排查值班巡查台账、网络线路、渗水防护、消防安全、备品备件仓库等区域，形成专项整改清单并及时处置。实地督导隶属海关网络间、配线间安全管理，对隶属海关信息化基础设施开展防雷巡检，覆盖23个隶属海关54个本级网络间，发现问题25个，对不能现场立行立改的12个网络间防雷系统落实整改。

【信息化基础运维保障】2022年，广州海关推进国产信息化工程改造，"硬件+软件+服务"三位一体，搭建高可用和负载均衡环境，升级远程办公保障体系，优化技术架构，增配高性能服务器集群，扩大互联网带宽，依申请开通远程办公用户800余人；组织技术骨干 10 余人为全关用户提供 24 小时技术支持，在线及时解答问题 1000 多个；加强运行监控，实时监控服务器资源、网络资源、系统运行及安全态势，确保安全稳定运行。

【网络线路覆盖保障】2022 年，广州海关创新网络技术应用，提升网络支撑保障能力，定期对全关范围所有办公场所和业务现场开展主备线路及 4G 备份切换应急演练。建设业务网、视频专网、审像专网等重要网络的广域网络流量监控平台，覆盖全关广域网线路 260 多条。建设关区网络语音基础环境，IP 电话通信录使用范围延展到各隶属海关，全关新增电话授权 12000 个。

【科研项目管理】2022 年，广州海关着力开展科研攻关。技术中心牵头的跨境虫媒传染病防控病原监控体系研究与口岸应用、重大入侵生物甄别技术与现场侦测处置关键设备研制、入境重要商品风险防控和智慧监管关键技术研究及应用 3 项国家重点研发计划项目获科学技术部立项；获批广东省防治新型冠状病毒科技攻关专项立项 1 项，推荐"广东省社会发展科技协调创新项目"指南选题 7 项，推荐 59 名专家入选广东省科技专家库；"广州市国门生物安全防控科技协同创新中心建设"首次入选广州市"科技协同创新体系建设"专题；向海关总署推荐署级科研项目 12 项，获批 8 项，新立项关级科研项目 13 项。加强项目实施过程管理，承担的 13 项署级科研项目通过海关总署验收。向海关总署科技发展司报送"微刨新"成果 12 项。

第六篇

综合保障

政务管理

【概况】2022年，广州海关坚持将统筹、协调、系统观念贯穿到政务管理工作的各方面、全过程，紧密围绕中心，主动服务大局，加强政务保障。年内，建立综合督查机制，定期抽查各个督办事项；完善应急值班制度，加强紧急事件、重特大突发事件的及时请示报告，定期组织开展应急演练；压紧压实政府信息公开保密审查主体责任，作好政务公开、12360热线服务和信访工作；加大政务信息和新闻宣传力度，抓好保密宣传教育活动和保密档案管理，以及史志年鉴编修等工作；发挥各项联系机制的作用，加强对外合作，及时听取办理各级人大代表、政协委员的各项建议提案，发挥政务管理职能作用，有效提升机关运转效能。

【督查督办】2022年，广州海关建立综合督查机制，定期抽查各个督办事项完成情况，开展"回头看"电话督查督办工作104件，防止发生办理情况与实际不符、纸上办结等问题，发挥督办推动工作落实作用；跟进落实国务院"互联网+督查"转办问题线索，及时核查反馈问题线索，未发生负面舆情。

【应急值班】2022年，广州海关加强紧急事件、重特大突发事件第一时间请示报告，提高响应效率，构建应急处置流程。定期组织关区各单位开展各类应急演练，不断校验、完善各类应急预案，提升关区风险预警及化解处置能力。细化值班信息报送范畴，规范值班信息报送机制，强化信息、舆情、信访岗位间信息联动，加强各职能部门和隶属海关密切联系，提升值班信息准确性、真实性、全面性和时效性。编辑报送值班信息417期。

【政务公开】2022年，广州海关压紧压实政府信息公开保密审查三级主体责任，避免密级信息、个人信息外泄。将两级政府信息公开申请办理渠道纳入关区政府信息公开指引、指南，便于公众检索。收到政府信息公开申请62件，复议撤回1件、纠正1件，实现零诉讼。组织隶属海关对标完成《海关领域基层政务公开标准指引》，设立政务公开专区32个、"办不成事"反映、"马上办"等各类窗口101个，官网创设"基层政务公开"专栏，对外展示隶属海关优秀实景、案例，向海关总署选报亮点21个。

【12360热线】2022年，广州海关运用12360热线"预·言"和"问题清零"机制，应对新冠药品、疫情物资等热点咨询17项，提前防范和化解负面舆情。投稿署级"12360海关热线"97篇，广州海关12360微信、微博粉丝数达24.9万人。"三进"品牌获评

全国学雷锋志愿服务"四个100"之"最佳志愿服务项目",成为全国海关系统首个获评项目。联合海关总署办公厅创新国门安全教育模式,制发《广州海关"三进"品牌工作手册》,推行"牌长"负责制,"三进"品牌特色科普基地增至10个,形成地域特色海关政务服务生态。

【信访工作】2022年,广州海关加强和改进信访工作,制发信访工作制度和依法分类处理信访诉求清单。建立关区信访业务数据月度反馈机制、信访工作年度报告制度、关区各部门单位信访工作统计评估机制,以及信访渠道问题线索审核监督程序及办公室、监察室联合抽核机制,防止问题线索在传导中递减。组织参加全国海关信访工作专题培训,开展"互联网+信访"培训,提升关区干部信访工作能力。构建"信、访、网、电、邮"五位一体信访受理体系,重启关长接待日活动,重视初信初访,用心用情用力解决企业、群众关心的"急难愁盼"问题,工作成效被《中国国门时报》等推介。开展信访风险排查3次,督促隶属海关建立信访工作预案,为隶属海关配发信访工作记录仪,提升非正常访应对能力。实地检查部分隶属海关信访工作,走访关区公安机关加强协作联动,妥善处置缠访闹访、重复信访情事。完成党的二十大等重点时期、重大活动信访维稳保障工作。处理信访事项236件,进口商品投诉举报17件,协查事项32件,未发生因投诉举报引发行政诉讼败诉案件,1件信访事项申请复核被海关总署予以维持。

【政务信息】2022年,广州海关加强不同信息载体错位均衡发展,印发文件4份,出台措施28项,优化信息任务定量考核、月度刚性通报、"十佳信息"评选等硬举措。围绕学习宣传贯彻党的二十大精神、加强政治机关建设等中心工作开设专栏,全面反映工作措施、成效进展、意见建议。多篇政务信息获海关总署采用,获评2022年全国海关优秀信息6篇,获评全国海关信息工作先进单位2个、先进个人3名。直属海关领导班子信息工作考核满分。

【新闻宣传】2022年,广州海关围绕迎接党的二十大这条主线,发挥新闻宣传服务海关中心工作效能,对外发布新闻稿件700余篇,被各级各类媒体平台采用4000余篇次,其中《人民日报》报道31篇次、新华社报道30篇次、中央电视台报道59篇次。其中《广东积极保障生鲜商品稳定供港》《广州国际港中欧班列站点正式启用》《广州对泰国等"一带一路"沿线国家进口同比增长17.4%》3条新闻消息获中央电视台《新闻联播》刊播;白云机场海关关员筑牢口岸防线的相关事迹在中央电视台《新春走基层》栏目刊发。在海关总署新媒体"海关发布"上发稿580余篇,报送"喜迎二十大"基层一线组图获"海关发布"专栏采用。

【保密档案工作】2022年,广州海关组织保密宣传教育月活动,荣获中共广东省委保密委员会办公室、广东省国家保密局颁发的全省保密宣传教育月活动优秀组织奖。组织开展"保密故事大家讲"主题讲述活动,向海关总署、广东省推报保密微视频作品4部,其中佛山海关驻南海办事处作品荣获中共广东省委保密委员会办公室、广东省国家保密局颁发的全省"保密故事大家讲"优秀作品三等奖。修订印发档案工作管理办法,档案、资料利用管理规定，以及档案分类和编号方案等档案工作制度。开展2轮历史档案资料抢救性修复及数字化工作。接受广东省档案馆档案工作综合检查，被评为"优秀"等次。

【史志年鉴编修】2022年，广州海关着手开展《中国海关年鉴（2022）》供稿和《广州海关年鉴（2022）》编纂出版工作，年内按要求向海关总署关史办报送年鉴供稿材料，同时经过编目撰写、资料搜集、编纂统稿、修改打磨、保密审查、部门会签等环节，最终形成20余万字的《广州海关年鉴（2022）》分册终稿，并与中国海关出版社有限公司签订出版合同。稳步推进《广州海关志（1991—2020）》编纂工作，年内完成五轮统稿，收集汇总所有部门单位的初审反馈意见215条，并逐一修改完善，最终形成83.8万字的初稿。年底对照专家顾问反馈的数百条审核意见，进行认真细致的修改完善、查漏补缺。顺利完成口述史料抢救征集工作，向海关总署关史办报送口述史料（访谈录、回忆录、文字材料等）8份。编纂并向广州市方志办报送2021年地方志资料年报材料和《广州年鉴2022》材料。协助"中国海关史"第五子课题组推进相关研究工作，作好会务保障；协助开展"中国海关史"专项研究申报工作，在关区范围内征集到4个部门的申报资料，报送总署后全部确定立项。

【对外合作】2022年，广州海关发挥全国海关"智慧海关、智能边境、智享联通"（简称"三智"）专项联络工作组秘书处职责，将"三智"理念融入业务改革发展，加快项目培育落地，向国际合作司报送早期收获项目1个、先行先试项目6个。加强与中东欧国家海关检验检疫合作，支持中欧班列发展，扩大海铁联运规模，延伸中欧班列物流链至更多中东欧国家和地区。参与国际组织工作研讨、行业国际标准制修订、技术性贸易措施交涉应对、推动AEO互认合作。统筹各部门组织开展WTO/TBT-SPS措施的预警和通报评议工作，应对国外技术贸易壁垒，助力中国企业开拓国际市场。推动粤港澳合作，支持港澳统筹推进常态化疫情防控与经济社会发展，支持构建"水上高速通道"，保障供港物流畅通、优化监管模式，实现口岸高效快速验放。

【建议提案办理】2022年，广州海关听取并答复各级人大代表、政协委员意见、建议，推动海关工作发展；支持海关人员进入地方人大、政协，发挥海关促进地方经济发展作用。协办全国人大建议及政协提案各1件，广东省人大建议1件、政协提案3件，广州市人大建议8件、政协提案4件，隶属海关协办各级人大代表建议8件、政协提案14件，按时办结率、代表委员满意率均为100%。广州海关人大代表、政协委员在"两会"期间向各级人大、政协提交建议提案15份，被列为省人大常委会重点督办建议1件。

财务管理

【概况】2022年,广州海关围绕"增收节支"工作总要求,以及健全过"紧日子"长效机制,将过"紧日子"作为关区财务工作的基本方针,加强源头管控,从严从紧编制预算,削减低效无效支出,深入挖掘节支潜力,集中财力优先保民生、重点保运转、精准保发展,推动关区财务工作提质增效,在事业单位及涉案财物管理、疫情防控资金和物资保障、基建项目建设和财务监督等多项工作中取得新成绩。

是年,广州海关在财务管理工作中加强执行管控,坚持定期评估,全年一般性支出同比下降6.5%。建设绿色机关,全年用水、用电同比分别下降12.2%、11.2%,关区28个处级及以上行政单位通过国家机关事务管理局等4部门验收,被授予"节约型机关"称号。

【事业单位管理】2022年,广州海关开展国企改革三年行动,健全下属企业法人治理结构,2家企业按时完成改制,推进中国检验认证集团广东有限公司股权转让。建立经营服务性收费项目审核备案工作机制,开展收费专项检查2次,严格涉企收费管理。指导事业单位所属企业将党建工作要求纳入公司章程,确定党委会在企业决策中"把方向"地位,规范党委会、股东会、董事会等职责范围和工作机制,围绕能上能下要求,实施公开招聘、竞争上岗和不胜任退出等市场化用工制度。

【涉案财物管理】2022年,广州海关构建涉案财物"1+N+1"制度体系,制定《广州海关涉案财物管理实施细则》及涉案财物调用、销毁、委托拍卖等系列操作规程,实现全链条操作规范,全流程有效监督,关键环节可追溯。启动新一轮专项清理处置,超额完成海关总署涉案财物考核任务,涉案财物平均在库时间比2021年减少62天。推进固体废物处置,配合广东分署促成广东省政府正式印发文件,实现"双无"(无法确定责任人或者无法退运)固体废物移交地方机制在关区全覆盖。派员前往上海完成涉案化妆品、保健品货物销毁,异地查扣货物全部清零。启用大良仓库、海查基地等海关自有仓库,推进社会仓库货物移仓,巡查仓库常态化,确保涉案财物保管安全。

【疫情防控资金和物资保障】2022年,广州海关多渠道争取疫情防控经费,紧盯本地疫情发展以及海关总署防疫新要求,积极向财政部申请专项经费。协调广东省、广州市政府结算联防联控疫情经费。通过地方政府保障、总署调拨、自行采购等多种方式,各类储备物资可保障广州海关1个月以上的物资需求,筹集各类防疫物资321.7万件，向口岸一线调配物资298.7万件。启用机场库、南海库、南沙库3个关级应急物资储备分库，调配各类应急物资13.7万件，有效应对广州等地疫情防控突发状况。及时配发新型防护服、速干衣、刷手服、降温背心等夏季防护装备，组织封闭管理人员定期体检。

【基建项目建设】2022年，广州海关对接广东分署，配合深圳海关促成深圳市南山区政府协调提供专用陆域通勤码头1个和配套场地1000平方米给大铲海关使用，解决大铲海关长期以来的难题。应对广华南项目诉讼二审，维护海关合法权益，取得预期结果。10个隶属单位口岸应对重大疫情，项目顺利完成竣工财务决算并投入使用。大良涉案财物业务用房项目获评佛山市建设工程优质奖，取得海关总署批复竣工财务决算并交付使用。中国检疫犬基地（南方）项目、佛山片区缉私业务用房项目完成地方联合验收和结算工作。机关大楼北区防水改造项目开工，机关大楼南区维修改造项目获批立项。

【财务监督】2022年，广州海关建立财务稽核机制，自查自纠财务领域风险隐患，发布风险提示5期。开展新一轮财务管理制度"废、改、立"，废止5份、修订4份、新订13份。配合国家审计，完成"海关重点项目和财物管理以权谋私"专项整治工作，排查财物领域风险，排查项目3961个，核查企业228家。

督察内审

【概况】2022年，广州海关以强化政治建设引领督审监督职能作实作优作强，围绕推动中央重大决策部署落实主线，重要领域"精准审"，重点事项"持续跟"，发挥督察审计政治监督作用，推动构建大监督体系。年内，配合国家审计，围绕重大政策措施落实情况跟踪督察重点项目，落实审计监督与整改效能，完善内控管理机制，推进内控体系化建设和执法评估体系建设，在督察内审工作中获得显著成效。

【配合国家审计】2022年，广州海关开展关区督察审计自查等5轮自查，发现执法和管理中突出问题和风险隐患140个，研究整改措施，审计组进驻前基本完成整改。建立归口运转、考核研判、按周对账3项机制，配合审计各项工作。国家审计现场审计期间，关注审计进度，解决办公困难；审计取证和征求意见阶段，与审计组就具体事项进行协商。开展2022年国家审计查出问题先行整改、2021年国家审计查出问题整改情况"回头看"等工作，对"审计报告"指出问题，"审计报告"（征求意见稿）、"审计取证单"反馈为"情况属实""部分情况属实"的问题，责任落实到位，督促真改实改、应改尽改。剖析国家审计发现的典型性、普遍性问题，不断完善制度规定，规范执法操作。

【督察监督】2022年，广州海关围绕重大政策措施落实情况跟踪督察重点项目10个，发现问题及风险隐患27个，提出督察意见建议12条。开展口岸检查作业规范情况关区自查、支持外贸保稳提质措施落实情况关区自查和企业问卷调查等工作，发现问题13个。以督察内容清单、问题清单、整改落实清单为核心，管理督察全过程，开展业务异常数据、案件移交情况、实验室样品管理等专项督察15项，发现各类问题66个，提出督察意见建议37条。

【审计监督】2022年，广州海关排查分析大金额差错报关单，发现关区大金额差错报关单3份，制定整改措施3项，提出建议1条。梳理、排查贸易管制措施落实情况，提出涉及制度机制类业务风险点12个，完善工作机制意见建议22条。对11个单位主要负责人开展经济责任审计，对关区事业单位所属企业脱钩和转让产权工作开展专项跟踪审计，发现问题4个；开展违规收费专项检查、关区交通物流领域涉企违规收费专项整治；开展落实中央八项规定精神、切实纠正"四风"专项检查。制定内部审计查出问题整改工作实施细则，落实审计整改责任，将审计整改成果转化为海关治理效能；制定兼职督审人员库管理办法,加强关区督审工作必要人才储备和人力保障;实施科室管理审计实施办法,健全对执法一线科室 5 年轮审机制。

【内控体系】2022 年,广州海关聚焦贯彻落实党中央重大决策部署,梳理更新内控节点岗位清单;制定进一步完善内控管理机制强化内控风险日常提升工作措施,推进内控体系化建设,开展内控前置审核 62 项,提出意见建议 95 条,健全制度规范 28 项,运用内控平台制发处置联系单 2577 份。推广"内控节点岗位清单基层单位示范点"经验,优化创设标准 18 项,激发基层海关内控工作主观能动性;结合问卷调查、在线分析等,"点对点"指导基层科室对照创设目标要求开展内控;组织参加海关总署"内控示范科室"创设工作,广州海关后勤管理中心采购部获评署级"内控示范科室";开展广州海关"内控示范科室"评选,培树评选关级"内控示范科室"6 个、"内控优秀科室"20 个;针对性开展内控培训 16 次,提升基层海关科室管理水平。闭合"问题查发—整改落实—优化改进"管理链条,落实内控要求,提升规范化管理水平。重点评价内控节点岗位清单中岗位与节点的匹配性、内控制度依据的有效性健全性、各项内控要求和措施的落实情况,填补直属事业单位内控评价工作空白。对 10 个单位开展内控评价,发现问题 27 个。

【执法评估】2022 年,广州海关承办海关总署"海关跨境电商监管措施专题评估"评估项目,通过"数据+指标+分析+调研"工作模式,分析评估全国海关近年来跨境电商业务运行情况、发展趋势,为落实促进外贸新业态支持措施建言献策;协助开展"海关跨境贸易便利化工作成效"评估调研等 6 个执法评估专项工作。聚焦重要业务领域和执法流程重点环节,自选专题开展评估。加强对禁限类商品监管情况监督力度,指出机构改革以来海关监管证件业务存在的职能定位不清晰等问题;对"邮快跨"业务落实监管规定情况开展数据分析,指出邮包超值执行不规范等问题;加强关区货物通关时效情况专项监督,指出货物取样送检环节耗时异常等问题。协助建设海关总署执法评估指标体系,助力评估指标定量化常态化工作,建立查验能力及保税业务模块数据指标 100 余个。建立关区专题评估数据指标模型 30 余个,并运用于督察、审计、内控等各项工作共享结果,转化执法评估成果。结合执法评估职能定位,加强问题分析,形成"数据分析、指标验证、发现问题、整改落实、评估成效"的监督闭环。

离退休干部工作

【概况】2022年，广州海关结合离退休人员工作实际，着力抓好离退休党员的思想政治工作和组织建设，组织离退休人员开展相关业务培训和捐资助学活动，抓好老年大学的教育培训，丰富文化生活，为离退休人员提供精准服务。

是年，广州海关共有离退休人员2756人。其中，离休干部12人，退休人员2744人；署管干部115人。开展2021—2022年度"两优一先"表彰，4个离退休人员党支部被评为"先进基层党支部"，50名退休党员被评为"优秀共产党员"，8名退休党支部书记、委员被评为"优秀党务工作者"。

【思想政治工作】2022年，广州海关召开关党委会议2次，召开离退休干部工作会议2次，谋划推动离退休干部工作。组织离退休干部党员深入学习宣传贯彻党的二十大精神，收看网上专题报告会5场和"红枫讲坛"主题讲座1场，通过"钉钉"平台线上直播党课3次、参与1088人次，组织书记委员、党员代表网上视频座谈会2场次，编发广州海关离退休干部学习专刊15期，发放学习书籍500余册，为离退休人员订阅报刊2227份，制作老干部活动室宣传栏53版。开展"喜迎二十大 奋进新征程"主题党日活动，为老党员颁发"光荣在党50年"纪念章。相关部门党组织通过"现场颁发+上门颁发+小型座谈会"等形式为28名老党员颁发"光荣在党50年"纪念章。

【组织建设】2022年，广州海关作为海关总署离退休干部局（简称"总署离退局"）确定的4个重点调研单位之一，开展"加强新时代海关离退休干部党的建设工作"课题调研，全面梳理广州海关离退休干部党建工作现状、好的经验做法和存在的难点问题，提出意见建议，形成调研报告报送总署离退局。根据退休党员实际情况，协调30名异地居住退休党员以党小组等形式就近就便参加组织生活。因地制宜、灵活配置，完成广州市区10个老干部活动室"初心堂"微改造。制定离退休人员党委学习活动用餐操作指引和离退休干部服务用车申请及使用注意事项，方便其学习活动用餐、用车，制定离退休人员网络工作群管理办法，清朗网络环境。深入各个老干部活动室开展警示教育活动5场，在学习专刊设置警示教育专栏专题学习10次。开展离退休人员违规投资企业及在企业兼（任）职自查整改工作。征集廉洁文化作品，组织离退休人员创作诗歌、摄影、书画、剪纸、刺绣等作品60件，推出老同志作品合集《清风国门》1期。开展"建言二十大"和"我看中国特色社会主义新时代"调研活动。采取"广泛发动与重点关注相结合、线上座谈与线下访谈相结合、建言献策与口述历史相结合、征集意见与重点工作相结合",发动离退休人员谈体会、谈感想、提建议,汇总30余条建言上报总署离退局,并分期在"穗关金晖"微信公众号上推送。建设"银发人才库",全关摸底统计离退休干部专家型人才情况,收集整理146名老专家信息,形成专题报告报送总署离退局。

【捐资助学】2022年,广州海关组织离退休人员持续开展多项捐资助学活动。"六一"儿童节,广州海关关心下一代工作委员会前往对口帮扶小学了解12名帮扶学生情况并颁发助学金,向学校捐赠青少年读物200本、绘画笔及文体类用品一批;连续19年前往从化区温泉镇第一中心小学开展扶困助学活动。是年,"全国离退休干部先进个人"邱良炳持续捐资助学,邱良炳教育基金会连续26年给予相关学校和贫困学生资助,总金额162.2万元,受益师生4622人次。

【精准服务】2022年,广州海关引导离退休人员严格执行属地疫情防控措施。摸清关区离退休干部职工新冠疫苗接种底数,实施动态台账管理,重点关注300名80岁以上高龄离退休人员疫苗接种情况,压实各部门单位管理责任,逐一跟进落实。通过党支部微信群、"智慧银海"平台、"穗关金晖"微信公众号,推送疫情防控温馨提示20次,编发防疫科普图文1期。及时向离退休人员发放新冠抗原试剂盒。关领导带头上门看望离退休人员40余人次。重点关注离休干部,每月集中或电话慰问,"一人一策"精细化服务。春节及重阳节等节日期间,慰问离退休人员2533人次。成立医疗保障工作小分队,保障好离退休人员年度体检。作好重大疾病救助,是年救助19人次,为患有重大疾病的离退休人员报销医疗费用31.7万元。落实异地就医新政,协助有需要的20余名离退休人员办理备案手续。做实服务离退休人员"五件暖心事",助力11名老领导用好医疗保健卡,享受省直医保就医优惠政策;120名离退休人员成功享受或正在申办"平安通"居家养老服务;电话家访提醒573名符合条件离退休人员申办长寿保健金;协助2名离退休人员办理申领长期护理保险;推介4家康养机构,让离退休人员有更多"老有所养"方式选择。编印离退休人员服务手册,为离退休人员提供服务指引。

【业务培训】2022年,广州海关举办离退休干部工作人员业务培训班。离退休干部办公室业务骨干从信息化建设、组织工作、宣传工作、服务制度和老年教育等方面,与关区离退休干部工作者交流学习。首次通过电视电话会议平台直播授课,全关29个隶属海关86名工作者参训。

【老年大学】2022年,广州海关老年大学坚持政治建校、质量立校、特色兴校。春季、秋季学期开设书法、舞蹈、声乐、素描、经络保健等课程7门、教学班20个,授课360个课时,招收学员1985人次。编制《腾讯课堂软件的安装与使用》《智能手机基本设置及基础应用》等视频课程,帮助离退休人员跨越"数字鸿沟"。17名离退休人员加入广东省老干部书画诗词摄影协会,24名老同志加入广州海关文学协会。选送的舞蹈节目《颂歌》获评"舞动精彩旋律,共享幸福生活"中央和国家机关离退休干部艺术舞蹈云展演二等奖。情景诗剧《光芒》参加总署离退局线上文艺汇演。舞蹈节目《我的祖国》获邀参加省委老干部局文艺演出。

【文化宣传】2022年,广州海关借助"穗关金晖"微信公众号,推出关区作品展和个人作品集34期。全年发布推文137篇,其中原创推文75篇,公众号关注人数1265个,总阅读量58220人次。策划"喜迎二十大 奋进新征程"主题宣传,组织离退休人员创作主题文化作品280余件,其中9幅作品入选《海关离退休园地》,3幅作品入选省委老干部局举办的"喜迎二十大·奋进新时代"广东省老干部书画诗词摄影作品展,8幅作品入选广州海关工会举办的主题作品展。广州海关作为优秀组织单位受邀参加广东省老干部书画诗词摄影作品展开幕式。诗词作品《咏红棉》获评"喜迎党的二十大 银映红棉出新彩"中共广州市委老干部局、广州市文学艺术联合会诗词征集活动三等奖。编印作品集《让晚霞更灿烂》,引导老同志以文抒怀、以笔传情,全面展现关区离退休人员健康向上的良好风貌。

第七篇

各隶属海关及办事处

佛山海关

【概况】佛山海关是受广州海关直接领导的副厅级隶属海关，2004年在原佛山、顺德、南海、三水和高明5个正处级隶属海关的基础上整合成立。2018年原佛山市4个检验检疫局机构和人员划入佛山海关。佛山海关现内设处室5个，包括办公室（党委办公室）、人事政工处（党委组织宣传部）、业务一处、业务二处、企业管理和稽查处；派驻办事处5个，包括佛山海关驻禅城、顺德、南海、三水、高明办事处；所属事业单位2个，包括佛山海关后勤管理中心、佛山海关综合技术中心（佛山国际旅行卫生保健中心、佛山海关口岸门诊部）。

【党建工作】2022年，佛山海关党委3次召开党委会集体学习党的二十大精神，制订专项工作方案，明确6个方面16项具体措施，开展中心组学习11次，切实发挥中心组领学促学作用。严格落实"第一议题"制度，全年开展"第一议题"学习58次，开展"党的二十大精神学习研讨季"活动，党委带头领学、支部书记积极促学、党员干部轮流领讲、支部集体研讨、线上平台学习。制定全面从严治党工作重点任务分工，细化全面从严治党年度重点任务具体措施68项，专题听取推动落实全面从严治党、党风廉政建设责任汇报2次。制定落实加强两级党委班子自身建设意见的措施清单，明确党委委员联系派驻机构机制，不断完善集体领导和个人分工负责制度，开展落实主体责任情况自查，通过"书面+现场"方式述责述廉述党建。坚决落实意识形态工作责任制，召开专题研究意识形态工作党委会2次，健全意识形态工作研判机制，及时发现处置敏感舆情和苗头性问题。建立关区配合国家审计联络沟通机制，作好配合审计工作。开展"强化政治机关意识"大讨论，编制岗位清单和"两级一岗"工作手册。1个党支部通过全国海关基层党建示范品牌复评，8个党支部获评广州海关"四强"党支部。

【队伍管理】2022年，佛山海关推进干部选拔任用机制建设，明确职级晋升、干部交流、集中工作、职级公务员管理、领导干部选拔调配等相关工作要求，为工作规范运行提供制度保障。完成关区科级领导干部试用期满考核，开展一级主办以下职级晋升；完成事业单位科级领导干部试用期满考核；统筹组织作好机关和各办事处2021年度"一报告两评议"工作。

制发科级领导干部选拔、调配工作指引（试行），选派优秀年轻干部跟班学习工作办法（试行）等6份制度文件，为工作规范运行提供制度保障。开展高职级公务员作用发挥状况调研、关区执法一线科长情况调研等8项调研工作,摸清关区干部队伍底数。

编制全年二级培训及联学联训计划,实行结对档案、过程监督、专项跟进,借助"海关e课堂"、"学习强国"、"钉钉"、微信每日伴学推送等多种途径,搭建学习平台,完成"深入学习贯彻党的十九届六中全会精神暨党史学习教育"专题培训班、"《习近平谈治国理政》(第四卷)专题学习"执法一线科长(基层党支部书记)网上专题班等培训任务,统筹口岸疫情防控教育培训工作,强化海关实验室能力建设、口岸反恐应急演练。

落实改革要求,完成机关和事业单位养老保险清算工作;作好机关交流人员和缉私局全体人员的医保社保转移、公务员医疗补助等保障工作;切实落实关心关爱干部职工要求,协助工会落实元旦、春节职工慰问,启动九楼关员之家,开展茶艺、棋牌、书法等活动。组织干部职工参加2022年度体检;严格落实疫情防控措施,落实一线关员关心关爱工作。

【纪检监察】2022年,佛山海关全面落实党风廉政建设责任制,组织开展领导班子及其家庭成员落实党风廉政建设责任制情况自查,开展纪律作风建设专题研究2次,召开廉政形势分析会2次。梳理加强纪律作风建设工作措施清单,细化具体措施,明确职责分工,统筹抓好贯彻落实。制订"海关重点项目和财物管理以权谋私"专项整治工作方案,细化各项要求和措施,明确4个阶段37项具体要求和措施。排查专项整治高风险项目清单11项、重点关注人员12名。制定风险排查和举一反三整改措施14项,制定规章制度4项,完善工作制度3项。紧抓春节、中秋等关键时间节点,组织节前廉政学习教育,全年制发节日廉政通知13次,组织节前廉政教育监督检查8次。制发周末廉政提醒、加强日常抽查,制发倡议书加强与家属协作监督,抓好日常提醒教育,加强"八小时"外监督。组织汇编深入治理违反中央八项规定精神突出问题及治理酒驾醉驾相关文件,引导干部职工熟知相关政策和纪律要求。

【口岸监管】2022年,佛山海关加大"两步申报""提前申报""汇总征税"的推广力度,推广"船边直提""抵港直装"作业试点,提供更多通关模式。实施"组合港""一港通"物流模式,扩大"智能审图""远程检验"商品范围,提升货物查验效率,梳理通关环节堵点、痛点,持续巩固压缩通关时间,全年20.4万个自然柜货物快速通关。12月,关区进口整体通关时间16.9小时,较2017年压缩81.3%;出口整体通关时间0.7小时,较2017年压缩93.4%。是年,受理进出口报关单80.5万份,同比下降19.6%;口岸进出口商品总值3949.6亿元,同比下降5.9%;申报进出口货运量1885万吨,同比下降18.1%;监管集装箱183.9万箱次,同比减少16.5%;监管进出境船舶2万艘次,同比减少14.4%;监管快件396万件,同比增长47.5%。

【税收征管】2022年,佛山海关税收入库141.1亿元,同比增长1.5%,完成全年税收140亿元预算目标,占广州海关税收21.1%。落实原产地优惠政策,释放RCEP红利。全年签发原产地证书154994份,签证金额78.6亿美元,其中,出口RCEP原产地证书7185份,签证金额3.6亿美元。强化减免税政策支撑，出具《征免税确认通知书》303份，涉及货值1.5亿美元，实际减免税额1.1亿元，减免税额同比增长77%。

【查缉走私】2022年，佛山海关开展"国门利剑2022"等打私专项行动，围绕5个重点领域实施精准打击。全年立刑事案件101起，案值10.4亿元。其中，海关现场查发61起，占刑事立案的六成。刑事结案107起，案值30.9亿元。行政立案3392宗，案值17亿元，其中一般案件1718宗，案值16.6亿元；简快案件1674宗，案值3745.7万元。行政结案3823宗，案值19.5亿元。

【统计分析及政策研究】2022年，佛山海关围绕外贸进出口热点开展"数据+研究"工作，向地方党政部门报送专报18篇，2篇分析报告获《佛山研究》杂志采编；制定支持佛山市外贸高质量发展若干措施，其中"加强技术性贸易措施企业咨询服务""加强公共技术服务平台建设"等措施被佛山市相关政策采纳；深化与研究机构及地方党政部门常态化协作，与佛山市税务局开展RCEP调研并形成《RCEP实施对佛山纺织服装产业的影响》调研报告；跟踪外经贸热点问题撰写统计要情，25篇要情获广州海关采用，4篇获海关总署采用。围绕佛山市外贸进出口目标，完善"周、旬、半月、月底"外贸监测预警机制，运用"云擎"进行预警分析，开展外贸监测预警64次；与佛山市商务局建立稳外贸工作联席会议机制，召开联席会议3次，为佛山市外贸高质量发展提供机制支撑。加强对外提供统计数据的审查把关，强化统计服务，为地方党政部门提供统计数据33次，外贸相关新闻稿获地方新闻媒体及"学习强国"等平台采用50余次。

【企业管理】2022年，佛山海关动态更新重点企业培育库，建立"一企一档"专属台账，"一对一"专人跟进，持续开展企业信用培育和AEO认证工作，助力企业提升管理水平；推广应用"中国海关信用管理"微信平台，举办线上线下企业培训会8场，海关业务专家对865家企业进行集中培训、答疑。年内，开展海关认证作业22家，成功培育高级认证企业18家。坚持落实"有求必应、一跟到底"服务企业长效机制，实行"关领导带队+协调员落实"模式，建立企业问题台账，全力以赴为企业纾困解难；年内完成关区238家生产型AEO企业、10家大型骨干外贸企业等专项调研；通过建账销号、督察督办等措施，化解企业诉求144个。完善与地方市场监管部门数据共享协作机制，定期收集佛山市已注（吊）销企业数据，及时组织各办事处开展数据对碰，涉及海关企业349家，后续处置注（吊）销企业326家。

【保税监管】2022年，佛山海关推进区外加工贸易集中审核工作，完成区外加工贸易人工审核作业4380票，集中审核156次，及时报核率和及时结案率均100%。调研区外加工贸易业务集中审核试点工作情况，重点分析存在问题和不足，及时反馈上级职能部门。

【卫生检疫】2022年，佛山海关主动强化属地疫情防控联防联控机制建设，向佛山市疫情防控指挥部及下属工作组、专班反馈征求意见稿和工作进展材料84份，参加属地联防联控会议150余次，推送疫情防控政务信息600余条，参加广东省及佛山市组织的疫情防控专项检查9人次，抽调3人分别参加广州海关防控境外疫情输入专班、属地指挥部和集中隔离医学观察场所安全监督工作。全年,关区入境港澳小型船舶5601航次,入境船员36709人次,离开口岸船员69人,其中指定酒店集中隔离60人、送医院排查9人。按要求对船员进行新冠病毒核酸检测2986人次。对外贸转内贸船舶均落实全员核酸检测和信息通报措施,向属地通报信息150余份。加强"人、物"同防工作,加大对关区进口冷链、船舶登临等重点环节监督指导力度,牵头对佛山关区口岸疫情防控情况进行调研,对防控工作落实情况、安全防护、消毒监督、医疗废物处置、船员监管等环节进行调查分析,提出工作建议。对一线口岸进行视频检查督导48次,发现并通报问题51条,整理"一关一台账",督促落实整改。对进口商品实施新冠病毒核酸抽样检测318批次,总抽样数6775个;对进口冷链货物开展预防性消毒125批次,标箱250个,产品外包装24.5万件。作好出入境人员传染病监测,在出入境人员体检和健康监测中发现监测传染病39例。

【动植物检疫】2022年,佛山海关加强国门生物安全宣传,积极参与全国第七个"4·15"全民国家安全教育日活动,在广佛"国安号"地铁专项宣传、佛山市委国家安全知识汇展等活动中开展国门生物安全宣传。统筹所属5个办事处开展外来入侵物种普查,与佛山市农业农村局等7部门联合发文,组织开展主要入境口岸外来入侵物种普查,掌握口岸外来入侵物种的种类数量、分布范围、发生面积等基本信息;协调5个办事处专家力量,支援技术力量相对薄弱的办事处开展普查工作。

【进出口食品安全监管】2022年,佛山海关加强与地方政府部门联系沟通,合力保障进出口食品安全。研究支持地方特色食品、农产品等产业的海关政策,与佛山市农业农村局、佛山市商务局等部门联合举办多场政策宣讲会,对关区出口预制菜、中药材、农产品等开展专题研究,对碰地方政府政策需求,进一步促进地方特色产业发展。

开展"食品安全宣传周活动",通过制作展板、滚动播放视频的方式,宣传进出口食品安全法律法规,介绍口岸食品安全监管制度,解读进口食品"漂洋过海"流程,重点展示海关维护进出口食品安全工作成效。同时,组织观看《食品四季 海关守护》《广州海关移动远程监管篇》等微视频,强化关员责任感、使命感,提升关员监管能力。配合"佛山市食品安全宣传周""佛山市创建国家食品安全示范城市"等活动安排,积极宣传海关履行职能,保障人民群众"舌尖上的安全"。加强与传统媒体联系,宣传佛山海关保障进出口食品安全各项举措,《佛山海关助力广式月饼安全出口》《佛山海关"管家式"服务助中药材出口稳增长》等新闻稿件在《南方日报》上刊登。

【商品检验】2022年,佛山海关梳理分析关区重点敏感业务,对进口再生资源、进口维修/再制造用途旧复印机等方面的情况进行调研,通过实地检查、询问、座谈等形式了解全链条监管第一手资料。

协调佛山海关综合技术中心开展技贸评议基地建设,充分发挥佛山海关综合技术中心专业技术优势,围绕涉及国家安全和重大利益的重点行业和关键领域,开展前瞻性主动应对研究。加强与地方政府沟通，积极寻求地方政府对技贸评议工作的支持，促成广州海关在佛山海关关区的3个技贸评议基地与各区地方政府续签共建协议。开展关区内技贸评议工作交流学习，不断提高关区技贸评议基地服务经济发展的整体水平。

【法治建设】 2022年，佛山海关强化片区普法工作，践行新时代"枫桥经验"，成立工作领导小组，在机关和各办事处设立6个"枫桥站"，确定行政争议调解员33名；在上级职能部门指导下，成功调解行政复议、行政诉讼案件6宗。制定2022年佛山普法协作片区重点宣传任务，发挥佛山地区检测资源特色优势，打造"法语传声——海关检测知多啲"普法项目，《神奇动物在哪里？打卡佛山最"IN"标本馆》《8·8第一站｜强化标准法规服务 助力陶企持续开拓海外市场》获"广州海关12360"微信公众号发布，累计阅读1200余次。

充分发挥复议应诉组织协调作用，针对诉讼案件成立应诉领导小组和应诉工作小组，压紧压实机关、缉私、监管现场应诉责任；发挥关区执法援助小组工作机制，组织公职律师和法律专业人才对涉诉案件全面复核，提前作好庭审准备，组织庭审模拟演练4次。年内，办理行政复议案件16宗、行政诉讼案件4宗，诉讼案件实现"零败诉"。

印发关于明确行政机关负责人落实行政处罚案件相关职责规定的通知，首次规范明确佛山关区缉私部门行政案件和海关查办知识产权侵权案件、涉检行政处罚等3类案件行政处罚审查程序，年内牵头召开关长办公会议集体讨论审议重大案件8次22宗，关领导审查行政案件116宗，切实强化法制审核把关职能，有效提升关区执法规范水平。

强化与地方市场监管、公安等部门合作，提升知识产权联合惩戒效果。选送关区查办的侵权耳机案、侵权香水案等入选"2021年广东省内海关保护知识产权十大案例""广州海关2021年知识产权保护典型案例"。

【风险管理】 2022年，佛山海关建立业务风险防控机制，制发业务风险防控例会制度（试行），成立业务风险委员会，细化机制实施细则；组织召开例会8期，围绕虚假贸易、口岸疫情防控、关区安全生产等重点领域风险开展研讨；强化"云擎"运用深调研，开展关区市场采购贸易业务风险、行政复议工作调研，深入跟进佛山海关驻高明办事处除味包出口风险等重大风险问题。

召开年度内控工作会议，开展新海廉系统实操培训，送教上门11次；编制"两级一岗"工作手册，完善更新科室内控节点岗位清单12份，建立内控复核台账77条；建立内控节点应用情况月通报机制，年内发布通报6期；推进"内控示范科室"创设培育工作，积极宣传内控成果，撰写的多向发力夯实内控基础提升整体风险防控水平文章被佛山海关相关载体采编。

【政务管理】 2022年，佛山海关围绕中心职能，推进督查督办工作。严格按照督查督办工作规程，执行督查督办工作，督办内容主要涵盖政治理论学习、纪律作风建设、疫情防控、安全生产、促进外贸保稳提质等重点工作。督办关领导批示、关领导直接交办事项、党委碰头会以及市委市政府有关办理事项188项，均在规定期限内办结。坚持每周对各部门落实关领导重要批示情况进行阶段性督办汇总。

作好信息新闻宣传工作，年内被《中国国门时报》《南方日报》《广州日报》《佛山日报》等媒体采编各类稿件124篇次，其中《佛山海关稳外贸11条措施初见成效 5月外贸进出口同比增长22.5%》《前10月佛山对欧盟取暖设备出口额翻番》等稿件被多家媒体多次采用，策划拍摄节目《念好花木"致富经"》被中央电视台《经济半小时》栏目采用。成立互联网信息工作小组，实现互联网信息工作从无到有"零的突破"。

结合关区实际，推进政府信息公开工作。2022年，受理政府信息公开申请8件，办理上年结转政府信息公开申请1件，均按期办结，涉及政府信息公开申请复议1份，已被纠正后答复。佛山市12345转办工单87单，100%答复。

加强公文办理水平，提高机关运行效能，全年部门发文290份。定期梳理各处室未办结文件列表并电话催办，对紧急、特急文件重点督办，及时提醒催办各处室办结临期文件。全年部门收文5820份，其中办件2912份，全部办结。接收地方政府文件1152份，办件381份，均按期办结。

组织开展海关工作人员自查和海关保密自查自评，开展专项培训，加强干部保密教育。加强档案管理，梳理档案资料，完善档案室硬件设施，按期完成机要保密室改建和验收。

【督察内审】2022年，佛山海关组织开展关区"排查整改危化品监管作业安全风险隐患"落实情况专项督察，对涉危监管场地、危化品监管措施落实情况等进行检查，撰写《专项督察报告》《督察问题清单》《督察意见建议书》；报送每季度重大政策措施落实情况跟踪督察、实验室样品管理等专项督察材料6份；主动跟进关区重点督察项目情况，撰写《关区"五办"业务异常数据专项督察有关情况的专报》。

建立关区配合国家审计联络沟通机制，制订工作方案，组织反馈审计需求单，跟进审计问题先期整改，编制审计工作动态11期；统筹机关各部门单位完成内部审计材料报送；开展年度科室管理审计工作，以业务一处口岸监管科为审计对象，审计发现问题12个，收集"五办"建议4项，提出完善科室工作及管理的意见建议5条。

【科技应用】2022年，佛山海关组织邀请广州海关科技处网络安全专家开展专题培训。配合公安部门实行网络安全攻防演练，对各核心业务系统、网络设备的安全防御策略进行监测反馈。

【财务管理】2022年，佛山海关按照厉行节约、过"紧日子"的要求，严格按年度预算有序安排各项开支，全年预算执行率达到100%；加强对"三公"经费、差旅费等重点支出项目管理，公车费用和差旅费开支同比分别下降43.6%、53.7%，公用经费总体开支同比下降51%。

开展资产清查盘点1次，清点资产1394件，完成资产分配至使用人、使用科室，对全部固定资产张贴二维码。加快资产报废，报废资产5批次76件，残值收入按要求上缴国库。

佛山海关驻禅城办事处

【概况】2022年，佛山海关驻禅城办事处（简称"禅城办"）设有9个科室，包括办公室、技术运维保障科、分析预警科、综合业务科、稽查科、政务服务科、查检科、跨境电商监管科、快件监管科。政务服务科作为行政审批点进驻禅城区智慧新城行政服务中心，负责关区保税、企管、行政审批类业务。

是年，禅城办监管进出口货物15.2万吨、货值8.9亿美元，同比分别下降76.1%和26%；进出口货物检验检疫2.3万批次、货值105.9亿元，同比分别增长18.2%和39.2%。税收入库2.5亿元。签发各类原产地证书3.8万份，签证金额16.2亿美元。新培育AEO高级认证企业3家，信用修复38家。查发涉检案件4宗、简快案件377宗。全年禅城区外贸进出口1328.7亿元，同比增长9.8%。

是年，禅城办争创各层级荣誉表彰41项，其中国家级单项荣誉1项、省部级单项荣誉6项、地市级单项以上荣誉表彰22项。驻地方行政服务中心窗口连续5年获评"禅城五星服务窗口"。

【党建工作】2022年，禅城办深化拓展"四级联动"学习机制，处班子坚持学先一步、学深一层，班子成员到所在支部和口岸一线宣讲报告精神4次；设立"每周一学"研学专题，全体党员分组研讨20余次，实现理论学习全员覆盖。设置机关大楼宣传栏、党建长廊等宣传"微阵地"14处，定期精选推送党的二十大报告重点内容，先后编发专刊37期，有关经验做法获各层级载体刊登40篇次。动员广大干部职工紧密结合海关总署署长提出的12个课题，深入思考研究、撰写理论文章，《新时代加强海关青年培育工作的实践与思考》获广州海关相关载体刊载。

年内，禅城办对各支部自查发现的21项问题及整改情况逐项核实、销账，推动党建规范化水平提升。坚持"抓两头带中间"党建工作思路，推动政务服务科党支部成功争创广州海关先进基层党组织和"四强"党支部，组织各支部开展"提升党支部'向心力、凝聚力、战斗力'"主题党日，凝聚力量、夯实2023年"四强"党支部创评基础。坚持党建带团建，邀请团市委、关团委等团组织主要负责人员交流座谈，巩固拓展海关、地方团线共建局面；多点多线开展日常志愿服务，"国门铁军"青年突击队被认定为禅城区青年突击队；创先争优多点开花，团组织成功争创"全国五四红旗团支部"荣誉称号，13名青年团员获评"广东省三八红旗手"、广东省优秀团员等各层级荣誉18项。

【专项教育活动】2022年，禅城办统筹专项教育活动和"学查改"专项工作，处班子开展专题研讨11场，中心组学习12次，青年研习社专题研讨4次，打造"政治机关每周一学，忠诚教育每人一讲"研学品牌。建立专项教育活动督导制度，委任6名高职级公务员担任专项教育活动"督导员"，针对个别科室学习教育氛围不够浓厚等问题，现场提醒5次，提出意见建议4条。坚持问题导向，班子及班子成员对照查找问题37个，制定整改措施95项；各科室自查梳理问题13个，制定完成整改措施44项。组织编写"两级一岗"工作手册，制定处科两级政治要求270条、岗位职责397条、主要风险367条、防控措施323条。

【纪律作风建设】2022年，禅城办通过班子会议、党风廉政建设工作例会和专项整治领导小组会议等形式，专题研究党风廉政建设和反腐败工作18次，落实全面从严治党17项工作任务、42项细化措施，结合月度形势分析例会对落实情况持续跟踪问效，按时间节点完成任务进度。建立视频检查工作机制，组织每月内务督察和安全生产大检查，制定办事处领导班子下沉业务一线工作安排，持续巩固纪检监察"六支力量"。领导班子成员与50名在职干部和2名退休干部开展谈心谈话，梳理高风险岗位10个、高风险人员42名。组织22名干部撰写个人剖析材料，细致梳理2012年以来重点项目33个。经梳理自查、逐一谈话、审阅个人剖析材料，正式研定高风险项目5个、问题及廉政风险5个、重点关注人员5名。相关问题风险全部整改完毕。组织开展警示教育月和酒驾醉驾专项警示教育活动，变廉政教育"周提醒"为"日提醒"。各科室召开廉政专题座谈45场次、观看警示教育片207人次、传达警示教育会议精神161人次，年轻干部谈廉洁6人次。配合广州海关党委第三巡察组开展单位巡察，先后反馈联系单40份，开展座谈10余次、个别谈话70余人次，协助发放调查问卷118份。对照巡察反馈意见指出的6方面21类48个问题，研究制定整改措施98项，建立整改台账，任务到人、责任到岗。

【队伍建设】2022年，禅城办打造荣誉体系建设"三年行动计划"，健全荣誉争创工作机制，建立"两清单一目录"考核评优体系，鼓励引导干部职工立足岗位建功立业。以卢少巧获评"广东省三八红旗手"为契机，打造"卢少巧工作室"。严把选人用人政治关，收集干部政治表现，建立干部政治表现纪实档案135份。组织参加关区"十佳业务能手"、岗位练兵等活动，打造"原产地签证业务教学实训基地"，提升一线关员岗位实际业务能力和执法能力。强化准军建设，每月定期开展内务规范、安全生产、疫情防控专项检查，开展全员队列错峰训、分批训20余次。常态化组织生日慰问、节日慰问和困难帮扶，先后开展"瑞虎迎春"线上游园会、挥春送祝福、健康月等特色主题活动，常态化组织各运动兴趣小组开展活动。落实"四个一"荣誉退休机制，为2名退休干部上门颁发"光荣在党50年"纪念章，为老同志、老党员订阅《秋光》《老人报》等报刊177人份，满足退休干部精神需求。运行"智慧食堂"系统，坚持每周审核菜谱，广泛征求意见建议，改进饭堂伙食水平。

【行政管理】2022年,禅城办持续整治形式主义官僚主义,落实办文办会、重点工作督办制度,定期通报处科级领导办文时效,督办工作46项,办结43项,常态化跟进2项。夯实"节约型机关"建设,从增强行动自觉、硬化预算管理、严控"三公"经费等方面细化6条措施,被授予"节约型机关"称号。组织各业务条线全面迎审自查,纠正7方面12个问题,提交上级研究解决问题隐患6个,进一步规范管理、防控风险。创建"内控示范科室",提升科室内控驱动力,应用内控节点指标体系开展检查323次。建立"专人监控+交叉复核+处领导轮值督导"三级监控指挥中心运行机制,加强实时视频监控和后续回放,发现问题立即核查处置、跟踪督办。全年开展视频监控检查640次,检查发现并整改问题116个。量化设定科室信息新闻宣传考核指标,政务信息获各载体采用情况稳步增长,在各类媒体刊发稿件164篇次,其中中央电视台报道2条。清理业务规范性文件,废止文件3份、修订7份,"法治国门'Young'样行"普法项目获评2021—2022年广东省国家机关"谁执法谁普法"创新创先优秀普法项目。深入推进政务服务改革,探索形成"12360工作法",主动公开政府信息21条,围绕热点问题分类开展政策宣传,线上线下开展"三进"品牌活动24次,受众500余人。

【疫情防控】2022年,禅城办建立常态化口岸疫情防控检查督查机制,严格作好常态化内部疫情防控,及时激活应急指挥体系应对本土疫情,配发"家庭防疫健康包",印发《致全体干部职工家属的一封信》,监督落实居家办公纪律要求。安排身体素质好、工作能力强的干部到广州海关、佛山海关防控境外疫情输入专班和地方相关工作专班以及佛山海关驻顺德办事处参加疫情防控专项集中工作,为常态化疫情防控工作提供人力资源保障。

【打击走私】2022年,禅城办强化走私风险研判和现场监管,查扣含濒危动植物成分、易制毒成分等涉国门安全准入风险870票、侵犯知识产权货物4批次49件,检出不合格进口商品27批次。办结简快案件数量同比增长18.8倍。加强跨境电商寄递"异宠"综合治理,培训提高一线干部执法查稽能力。完善涉案财物"快查、快办、快移、快处"工作机制,成功拍卖涉案财物3批,销毁涉案财物4批。

【安全生产】2022年,禅城办为口岸现场增配防爆桶、化学因子检测试剂等反恐装备,组织应急处置演练3次。加强危化品等重点敏感商品检验监管,制定出口危险货物包装使用鉴定检验清单和作业流程图,积极与职能处室、技术中心及地方应急管理部门等沟通,妥善解决存在的风险隐患。开展鼠及其体表寄生虫等监测22次、口岸卫生监督6次、外来有害生物安全监测23次,在2批进口生榨椰肉汁中检出大肠菌群,实施退运处理。

【税收征管】2022年,禅城办推进关区属地纳税人管理改革,对7家企业落实属地纳税人管理措施,对11家涉及"双特"(特许权使用费和特殊关系影响成交价格)情形企业制定"双特管理台账"。推动"十四五"减免税政策落地,开设减免税审核绿色通道,为3家科研单位减免税款182.2万元。充分落实RCEP

等自贸协定税收优惠政策，全年进口享惠货值 14.8 亿元，税款减让 3.1 亿元。

【促进外贸保稳提质】2022 年，禅城办加强通关运行监控和协调，持续压缩货物通关时间。进、出口整体通关时间分别为 4.7 小时和 0.1 小时。推进报关单位备案"多证合一"改革，多渠道向企业宣传答疑，提升企业体验感。加大 RCEP 原产地规则宣传力度，主动跟进了解企业在国外通关减税情况。全年签发 RCEP 原产地证书 3474 份，享惠货值 9027 万美元。落实主任联系企业工作办法，深入属地企业调研，协调解决企业痛点、堵点、难点问题。针对关区特色产品出口企业，量身制定"一对一"政策答疑、8 小时外预约通关等优质服务管理措施。提前调研通关高峰业务情况，组织"铁军"党员突击队驰援监管现场，"双 11"期间快件现场单日最高验放量达 1.9 万件。全年监管 B 类快件 337.3 万票，价值 78112.3 万元，同比分别增长 74.1% 和 52.4%。发挥佛山跨境电商综试区政策优势，引导跨境电商企业规范、健康发展，顺利验放广州海关首票"集货+拼柜"物流模式出口跨境电商货物，增开跨境电商出口东南亚国家新渠道，相关事迹被中央电视台报道，全年监管跨境电商出口货值 43.9 亿元。积极配合推进禅城区外贸码头建设，加强与禅城区政府及相关单位沟通，多次参加南庄码头项目评估、协调会议以及联检大楼的考察选址等，并对监管场所建设、通关物流等给予政策指导。

佛山海关驻顺德办事处

【概况】2022年，佛山海关驻顺德办事处（简称"顺德办"）内设科室16个，关区内有一类口岸1个、二类口岸4个、监管点6个，保税物流中心（B型）1个，涵盖货运监管、跨境电商和快件监管、旅客行李物品监管、卫生检疫、商品检验、动植物检疫、加工贸易和保税监管、关税征管、稽查、海关统计等业务。设有顺德新港、容桂、勒流、北滘、国通、顺德客运港6个监管现场以及派驻顺德区行政服务中心办公点。

是年，顺德办监管申报进出口货运量678万吨，同比减少30.8%，货值2256.3亿元，同比下降16%；顺德口岸进出口岸货运量359万吨，同比减少25.5%，货值721亿元，同比增长11.2%。税收入库35.9亿元，同比增长10.2%。

地区外贸进出口总值2689.5亿元，同比增长8.4%，其中，出口2269.9亿元，同比增长10.4%；进口419.6亿元，同比下降1.5%。12月，顺德办进口整体通关时间为17小时，出口整体通关时间为1.2小时。

【党建工作】2022年，顺德办深化拓展"五学联动"学习机制，举办领导班子理论学习中心组（扩大）学习暨党的二十大精神专题学习班2期，开展专题学习32次420余人次，组织撰写心得体会和理论文章170余篇。办事处主要负责人带头宣讲4次，班子成员到分管科室、所在党支部开展宣讲10余次，组织各党支部、群团组织开展"我与盛况时刻"照片分享等特色活动，增设办事处网页学习专栏、板报横幅，利用微信公众号、学习群、政治工作简报、信息新闻等各类宣传阵地提高宣传覆盖面。领导班子成员带队、主动联系地方经促、镇街等部门开展调研30余次，解决企业通关需求、疑难20余个，推动将党的二十大精神落到实处。

年内，顺德办深化拓展"强基提质工程"，发挥好4个"四强"党支部的示范带动作用，创新打造"1+N"党建结对品牌，构建支部结对共建常态化长效化机制。组织各党支部总结提炼工作法17个，利用好"2+7"矩阵式"初心堂"党建阵地，推动党建、业务双提升，不断增强基层党支部的凝聚力、战斗力。是年，顺德办13人获评广州海关优秀共产党员、3人获评广州海关优秀党务工作者、2个党支部获评广州海关先进基层党组织。巩固基层党组织规范化建设成效，抓实基层党建工作述职评议考核，清查整治突出问题，通过微信群、"学习强国"等平台，采取线上线下学习、谈心互动等方式，提升党员学习实效，持续作好发展党员工作，年内接收预备党员4名、1名预备党员转正。

【队伍管理】2022年，顺德办打造高质量、高素质干部队伍，完善干部成长档案跟踪培养制度，建立干部政治表现纪实档案250册，为170余人次申报各级奖励，协助开展提任、关衔晋升等52人次；深化巩固联学联训成果，高标准推进关级"国门生物安全（进境种苗、木材）业务实训"教学点建设，20余人次入围广州海关"十佳业务能手"评选复赛。严格干部队伍管理，加强加班补休、考勤及内务规范管理，年内开展准军内务督导13次，发现并督促整改问题风险点66个，强化准军事化纪律部队建设。真情关爱干部职工，积极稳妥处置袁浩因公牺牲后续工作，持续号召向袁浩学习，大力弘扬正能量。发挥好群团组织作用，处工会、处妇委会全年开展各类活动100余场次，慰问干部职工83人；依托团支部打造"菁英成长计划"，优化理论学习、跟班实践、实地调研等方式，提高青年干部综合能力；建立干部"光荣退休"制度，常态化开展慰问、健康服务，建好退休人员"初心、同心、暖心"家园。是年，顺德办18个集体和个人获评"广东好人"等各级荣誉20次。

【疫情防控】2022年，顺德办坚持"人、物、环境"同防、"多病同防"。严格作好进口非冷链物品口岸环节新冠病毒检测监测，加强进口冷链货物疫情防控，全年对进口冷链货物新冠病毒核酸检测采样59票，采集样本1242个。持续强化水运口岸卫生检疫，严格按指令作好出入境船舶登临检疫工作，开展登临检查309艘次，船员新冠病毒核酸检测449人次。进一步抓好内部疫情防控，根据疫情形势变化及时更新调整防控措施，提级开展应急响应，组织党员干部成立疫情应急小组"24小时"备勤，强化一线工作人员个人防护和封闭管理，开展封闭管理工作146人次。加强安全防护培训及督查工作力度，组织疫情防控专项督查3次，发现问题29个，均落实整改到位。组织开展职业暴露、疫情防控人员高温中暑等应急处置演练，完善应急处置预案，提升疫情防控应急处置水平。组织落实口岸卫生监督和病媒生物监测工作，制订细化工作方案，对4家口岸餐饮单位开展卫生监督24次，开展鼠类、蜚蠊及蚊类监测，送检样品9批次。

【口岸监管】2022年，顺德办建立风险联防联控机制，加强对重点商品、重点业务领域监管指标数据分析和监控。落实监管场所巡查"双随机一公开"要求，强化口岸现场船边、场所、卡口、散货等监管，完善全链条监管体系。拓宽机动查验、复查复验范围，发挥三级监控指挥中心视频监督管理效能。开展加强再生原料监管专项行动，规范取样送检及样品管理，查获不合格再生金属、再生塑料等再生原料43批次，其中固体废物17批次，按规定全部退运出境。抓好安全生产工作，持续开展"口岸危险品综合治理"百日专项行动，年内开展各类安全生产检查11次，排查发现、督促整改风险隐患问题21个。推动监管作业场所完善升级，年内顺利完成顺德新港、勒流港木材查验区及原木指定监管场地整改工作。严防有害生物传入，检出植物疫情79种、380种次，其中检疫性有害生物9种、38次，截获非贸渠道外来物种3批次。严防不合格食品入境，拒绝28批次进口食品进境。推进2022年法定检验商品以外进出口商品抽查检验工作，完成13批目录外商品抽查，检出不合格8批。

【查缉走私】2022年，顺德办进一步压紧压实全员打私责任，建立监管、风险、稽查、关税、缉私部门的联系配合机制，发挥好一线风险防控协同作用，认真开展"国门利剑2022"联合专项行动，加强对关区再生金属、再生塑料等商品的监管，严厉打击"洋垃圾"走私。深化反走私综合治理，加强与地方公安执法合作，建立健全联合办案机制，增强监管打私整体效能。

【税收征管】2022年，顺德办作好税收形势分析研判，开展对税收入库、开单数、应税货值等重点指标的监测预警，加强对重点税源商品、税收大户的监控分析，严密征管过程的指导协调，加大价格、归类、原产地审核管理力度，提高税收征管质量，确保税款应收尽收。严格按照要求实施验估作业并及时处置反馈，提升验估作业水平，加强重点商品价格管理工作，持续推进关区属地纳税人管理，提升企业合规申报质量。全年税收入库35.9亿元，同比增长10.2%。

【业务改革】2022年，顺德办深化"两步申报""两段准入"改革，在各口岸全面实现海关查验信息推送，推动"船边直提""运抵直装"全面落地，通过岸边分流模式调柜8720个进口集装箱。规模化运行"湾区一港通"和"组合港"模式，运用区域物流一体化进出口集装箱11.3万标箱，货运量48.9万吨，货值26.7亿美元。推进企业集团加工贸易改革，开展保税料件流转、保税货物自主存放、集中内销征税237票，涉及保税货物货值2.7亿元。推进"企业升级计划"，培育AEO企业，参与开展"中国—泰国"省内首次AEO互认线上观摩，成功培育AEO高级认证企业5家。深化"放管服"改革效益，建立联系配合机制，全年新增备案企业1227家，通过"多证合一"模式办理企业备案100家。推广"智能审核+自助打印"原产地证审签模式，多措并举推进RCEP实施，指导属地高级认证企业申请经核准出口商资格，签发RCEP原产地证书945份，金额6729.4万美元，20家高级认证企业获得广州海关认定RCEP经核准出口商资格，出具RCEP原产地声明153份，金额1029.8万美元。

【服务外贸发展】2022年，顺德办对接地方政府《关于支持佛山新时代加快高质量发展建设制造业创新高地的意见》，推动顺德打造"最友好的制造业强区"，加快构建现代产业体系。聚焦家电、家具、机器人等关区优势产业，以及生物医药与健康、新能源、半导体及集成电路等战略性新兴产业，提供针对性政策服务，积极推动地方打造服务、促进现代制造业发展的现代外贸综合服务业，全年审核确认减免税额189万元。主动对接《南沙方案》，结合地方粤港澳协同发展合作区、临港经济区建设，积极配合推进佛山市综合保税区申建，进一步复制推广自贸试验区创新制度，发挥好国通保税物流中心（B型）国内国际双循环"交汇枢纽"作用，进出口货值93.2亿元。支持促进农产品外贸高质量发展，强化与地方主管部门联动，对接生产型企业需求，促进市场采购、跨境电商等新型贸易业态发展。优化口岸作业流程，着力压缩口岸通关时间。12月，顺德办进口整体通关时间17小时，出口整体通关时间1.2小时。加强技术性贸易措施应对服务工作，提交特别贸易关注议题3项（次），成功促使印度空调强制性认证法规再次延期实施。

【政务管理】2022年，顺德办完善会议制度，提升办文办会质效，落实精简文件要求，全年累计发文同比减少3%；作好值班应急和应急演练工作，推进政务公开，加强保密管理和保密教育，强化督查督办，督办上级部门及本级各类批示、会议议定事项1405件，办结1374项，办结率97.8%。加强对内对外宣传，提升信息新闻工作质效，被署级以上载体采用信息18条次，被广州海关采用信息315条次；被《人民日报》、中央电视台、《南方日报》等中央级和省部级主流媒体采访报道50篇次，被地市级媒体采访报道45篇次，被总署网站、"海关发布"等媒体采用27篇次。加强对地区外贸发展形势、重点商品、行业外贸动态监控分析，向地方政府提供每月地区外贸快报12期及外贸形势分析专报7期，服务地方经济发展。推动政策研究工作，报送论文28篇，撰写年度调研报告2篇，被相关载体刊登2.5篇，顺德办学会被评为广州海关2017—2022年优秀基层学会。坚持和发展新时代"枫桥经验"，加强多渠道与人民群众沟通，及时化解矛盾纠纷。

佛山海关驻南海办事处

【概况】2022年，佛山海关驻南海办事处（简称"南海办"）内设15个科级机构，关区内有一类口岸1个、二类口岸2个，设有三山港、九江、北村、桂江、官窑5个监管点，以及1个综合业务办理大厅。

【党建工作】2022年，南海办深入学习宣传贯彻党的二十大精神，制定措施25项，组织宣讲会、分组研讨、支部共建等特色活动60余次。动态更新标语30余处，刊载内部动态16篇，相关经验获广州海关专题网页宣传20余篇，获《中国国门时报》、《金钥匙》杂志、"海关爱创作"等媒体刊发10余篇。累计报送政研论文、专报50篇，获政研信息载体刊用15次，跨境电商相关论文获评海关总署研究中心优秀论文。扎实开展政治机关建设专项教育活动，成立专项教育活动领导小组，制定通知20余份、研究工作37次、督导检查5次，全覆盖逐级谈心谈话；组织开展"国门生物安全"等大讨论、大排查94次，梳理重大风险隐患21个，查改三级风险防控清单40项。编制"两级一岗"工作手册，覆盖99个岗位599项政治要求，修订印发相关文件16份，推报刊登信息、新闻134篇次。年内，复评通过全国海关基层党建示范品牌1个，培育广州海关"四强"党支部4个，获评广东省优秀共青团干部、广州海关优秀共产党员31人次。

【队伍管理】2022年，南海办组织处班子会44次、中心组学习12次、"三会一课"187次，办结工作台账71项，抓落实闭环机制越发完善。完善议事机制，健全重点工作、外贸分析例会制度，通过56次下沉一线、37次视频督导，推动各项决策落地生效。巡察整改成效明显，聚焦42项问题制定114项整改措施，集中整改任务完成率100%，安全生产、现场监管及查检业务、资产管理等重点工作更加规范。每月实施内务交叉督察，查改问题15个，开展配偶、子女从业行为自查206人次，排查企业违规兼职6人次，"好差评"系统评价率达100%。落实新修订奖励办法，激励队伍干事创业，累计获集体奖励10个、个人奖励23人次。

【纪检监察】2022年，南海办制定全面从严治党年度重点任务74项，探索基层大监督模式，落实加强对"一把手"和领导班子监督、科室"一把手"监督、基层执法领域人员监督等一揽子管理措施，配合职能部门、派驻纪检组开展监督，深化与地方纪委监委联系配合。扎实推进"海关重点项目和财物管理以权谋私"专项整治，形成制度机制成果7

项，在一般采购中创新引入"双随机、一公开"制度，推动非执法领域工作规范化、透明化管理，相关经验做法被穗关信息增刊刊载。落实加强新时代海关廉洁文化建设措施，聚焦酒驾醉驾、执法规范等问题，开展警示教育活动2轮，观看警示教育片3部，印发家庭助廉书298人次。

【口岸监管】2022年，南海办监管进出口货运量529万吨，同比减少8.4%；监管进出口货值176亿美元，同比增长14.5%；进出口货物报关单接单数16万份，同比增长1.2%；监管进出口集装箱54万箱次，同比减少5.4%。抓实再生金属监管"一把手"工程，严格固体废物风险排查、优化取样送检、强化视频监控，整体提升进口再生金属监管质量。加强危险品综合治理，完善"现场日报、定期排查"机制，压减危险品通关时间70.5%，检出不合格4批。

新增"九江—南沙"组合港、"北村—蛇口"一港通业务，规模化运行"一港通""组合港"模式5.2万自然柜，以"船边直提""抵港直装"模式快速放行超5500批次。支持打造广东省首条供港物资"水上高速通道"，验放供港民生及抗疫物资166批次，供港专班物资4541.8吨、医疗防护用品58.4万件。协同地方政府搭建多元化外贸综合服务平台，支持佛山国际陆港加快建设，打造"海陆空铁"多式联运中心，助力南海区获评广东省进口贸易促进创新示范区。建立"摸底调研—政策宣讲—协助备案—打击侵权"服务模式，积极引导并协助自主知识产权企业尤其是"两高四新"产业关键技术和核心专利申请海关保护备案，年内开展企业调研及宣讲5次，提供备案服务咨询10余项，查扣侵权商品9批次3139件。

【税收征管】2022年，南海办推报2条税政建议纳入全国海关重点课题。优化减免税服务，为季华实验室、仙湖实验室等破解疑难问题，支持传统优势企业转型升级，全年审批减免税款1亿元，同比增长2.1倍。积极宣传RCEP优惠政策，为南海办关区500余家外贸企业提供咨询，指导9家重点企业成为中国海关经核准出口商，签发RCEP相关原产地证书2023份，助力关区企业通过RCEP享惠货值10.5亿元，减免税款1813.8万元。

【查缉走私】2022年，南海办围绕"国门利剑2022"联合专项行动重点领域，汇聚打私合力、强化专业打私，切实维护社会稳定，加大对入境"洋垃圾"打击力度。查获移交固体废物案件43宗，责令退运固体废物1385吨。立刑事、行政案件1417宗，罚没收入2345万元。

【统计分析及政策研究】2022年，南海办报送统计要情，被海关相关载体采用22篇次，被海关总署采用6篇次，被中央办公厅、国务院办公厅采用5篇次。全年报送各类论文25篇，被广州海关专题政研载体采用2.5篇，被常规政研载体采用3篇。定期开展外贸形势分析研判，深入分析研究南货外流、加贸萎缩等6类问题，全年报送各类专报26份。

【企业管理和稽查】2022年，南海办健全"关长联系企业""主任接待日"制度，调研解决94家企业53个问题，办结主动披露作业38宗，获评南海区最佳政务服务创新案例。以129家国家级小巨人和省、市级"专精特新"企业为重点推进信用培育，新培育高级认证企业6家。服务地方"万企万亿"计划，为拟上市、融资企业加急出具企业资信证明27份；主动对9家失信企业进行信用修复，指导1家失信企业申请信用修复并缩短办理时效。支持加工贸易企业运用企业集团加工贸易监管模式、暂免缓税利息等便利措施，便利企业出口转内销，畅通双循环渠道，办理内销征税1.1亿元，同比增长60%。

【检验检疫】2022年，南海办坚持"人、物、环境"同防，作好"多病共防"，转送地方隔离出入境船员22人次，监管进口冷链货物258票，处置猴痘可疑病例1例。

年内，南海办在出境水生动物养殖场中检出广州海关首例水生动物一类疫病鲤春病毒血症和二类疫病病毒性神经坏死病，在进境水生动物中检出真鲷虹彩病毒病1批次；检出进境植物有害生物716种次，其中检疫性有害生物26种次，同比分别增长287%、100%。实施病媒生物监测68次，检出美洲大蠊1例，捕获鼠类检出汉坦病毒Ⅱ型1例。

年内，南海办完成进出口食品化妆品国家安全监督抽样304批次，参与境外食品生产企业评估审查和回顾性检查7家，书面检查23家，检出不合格进出口食品化妆品24批次，均按要求作退运或不予出口处理。

年内，南海办检验进口旧机电产品132批次，检出不合格15批次；销毁未获证进口医疗器械1批。落实法检外目录外抽查工作，抽取进出口商品10批次，其中进口不合格1批次，不合格率为10%。

【风险管理】2022年，南海办构筑基层三级风险防控体系，自建"云擎"监测模型近60个，紧盯退运集装箱复进、拼柜大金额报关单等敏感异动情况开展数据监测，编发风险信息预警42期，1条风险预警建议被采纳为全国风险预警，3条被采纳为广州海关关区预警，2个风险议题被纳入广州海关业务风险分析例会研究。处领导每周对关区口岸疫情防控、内务规范、安全生产、查验作业规范性等重点工作进行视频督导检查，开展视频督导检查48次，查改问题57个，下发核查联系单26份。综合运用业务系统、音视频监控检查设备对再生金属、危化品等重点商品查验作业规范性进行检查，发现并督促现场整改问题506个。疫情防控视频监督检查小组每天对船员采样、冷链消杀等防疫作业情况进行专项监督检查，确保各项内部疫情防控措施严格落实到位，发现"人防""物防"问题271个，均立行立改。推进现场即决式布控改革试点，提升口岸查发效能，下达即决式布控查获12票。

【政务管理】2022年，南海办办理政府信息公开申请3票、信访协查28票；不断提升自身网站建设能力水平，政务运行平台建设3个季度获广州海关评级为A类（优秀）。提高办文办会质量，着力提高"三办三服务"水平，优化会议统筹管理，增设重点工作推进会、外贸形势分析会。

【督察内审】2022年，南海办从党建示范品牌、科室管理机制、内控建设能力、风险防控意识等多维度出发，围绕"内控示范科室"基础标准组织开展创建，"以点带面"提升内控管理工作成效。完成对3个执法一线科室管理审计，发现问题20个，提出建议10项，将审计查发问题转化为对应内控节点18个，堵塞潜在风险隐患。运用新海廉平台，精准识别重点业务风险，全年应用内控节点指标体系查发并整改问题668个，处置异常数据有效率95.4%。

【财务管理】2022年，南海办严格落实过"紧日子"要求，严把支出规范审核和绩效评估，预算支出同比减少9.4%。制修订"三重一大"事项决策、采购操作、节能管理3方面4项制度，规范大额资金使用审批和采购行为，提高资金使用效能，细化废旧商品回收办法，创新打造雨水回收、自动喷淋系统，节约用水300余吨，成功获评"节约型机关"。通过"案货双移"模式加大涉案财物"去库存"力度，节约仓储费30万元。

佛山海关驻三水办事处

【概况】佛山海关驻三水办事处（简称"三水办"）是佛山海关派驻佛山市三水区的处级办事处，内设科室8个，分别是：办公室、综合业务科、分析预警科、政务服务科、三水港监管科、跨境电商监管科、稽查科、查检科。同时佛山海关综合技术中心在三水办设立三水综合技术服务部，承担三水办内务和后勤保障等工作。

【党建工作】2022年，三水办严格落实"第一议题"制度，以班子会、主任办公会、月度重点工作推进会等形式开展"第一议题"学习49次。坚决贯彻落实"三重一大"决策制度，强化领导班子全面从严治党主体责任，促进各项工作有效落实。以内控节点指标体系应用为抓手，对1个基层科室开展科室管理审计。深入排查风险点或问题，汇总形成问题清单，发现问题26个，制定整改措施46项，完成整改。推进"两级一岗"工作手册编制和执行，梳理优化具体岗位清单68个，针对职能交叉、依据不全、执行不力问题，完善岗位职责15条，增加风险防控措施12条。强化警示教育和纪法教育，加强风险分析和研判，摸排重点项目15个、调研企业22家，汇总形成重点项目清单、高风险项目清单。强化规章制度"立改废"，修订7份、废止3份内部管理文件，深化专项整治成效，推进关区全面从严治党向纵深发展。组织各党支部开展"强化政治机关意识"大讨论专题学习研讨40余次、书记讲党课9次，开展逐级谈心谈话60人次。建立干部表现纪实档案，梳理出正负面清单共140条。处领导下沉一线科室开展全覆盖实地检查及视频重点抽查32次。积极开展荣誉创建，发挥正面激励作用。年内，获广州海关或地方各类荣誉30人次，办公室、三水港监管科党支部被评为广州海关"四强"党支部。

【队伍建设】2022年，三水办扎实作好疫情防控工作，动态优化调整防控措施，制定特殊时期应急预案，成立"党员突击队"，确保三水港疫情防控运作畅通。排查口岸疫情风险隐患36次；监管进出口船舶1185航次、运输工具服务人员10049名。抓实内部疫情防控，开展每日健康监测，制定疫情期间工作预案，动态调整内部疫情防控措施，督促干部职工严格落实"两点一线"要求，严格人员外出管理，强化办公场所出入管理，提升个人防护意识。开展办公大楼、现场监管科室内部疫情防控处置演练3次。

发掘干部工作特长，人力资源向一线口岸倾斜，充实口岸卫生检疫专业力量。提高政治敏锐性，自觉查找业务能力短板，确保政治学习和业务学习同步开展，不断增强干部履职尽责的主动性和工作能力。加强职级晋升择优政策解读，组织干部参加危化品监管资质、动植物检疫岗位资质培养及认定工作，大力推进关区人才队伍建设。

【监管业务】2022年，三水办关区申报口岸货运量364.3万吨，同比增长7.9%。进出口岸货运量345.8万吨，同比增长55.7%。监管进口再生金属4.4万吨，取样送检鉴定不合格19票，其中鉴定为固体废物11票、品质不合格8票；经检验不合格退运49批次，重量1302.9吨。持续优化口岸通关环境，着力提升通关效率，压缩通关时间，降低通关成本。监管出口砂石278航次、123.2万吨，直供香港国际机场第三跑道建设，全力支持粤港澳大湾区的建设发展。助力新造集装箱出口，全年监管新造集装箱312批次、18756个，货值7413.3万美元。配合地方政府建立口岸收费监督管理协作机制，协调口岸部门进一步规范口岸收费目录清单，依法依规降低口岸收费，全年免除查验没问题吊装、搬移、仓储服务费120.5万元，惠及企业442家。持续推进"提前申报""两段准入"等措施，加快通关效率，办理"提前申报"报关单3.7万份，应用占比71.1%；"两步申报"报关单1031份，应用占比11.4%。深入排查危险品检验、口岸卫生检疫等重点领域13个，坚持以严守安全生产红线为底线，确保人民群众财产安全，发现问题27个，建立工作台账，完成问题整改。动态监测危险品伪瞒报行为，严格按照布控指令实施现场检查作业，全年检出出口危险货物及其包装检验监管不合格14批。

【税收征管】2022年，三水办税款入库15.9亿元。三水区外贸进出口累计373.9亿元，同比增长5.8%。签发各类原产地证书7618份，企业获得关税减免1900万美元，其中RCEP原产地证书249份、总金额897.6万美元。关区企业通过海关总署知识产权保护备案22批次，同比增长1倍。

【企业管理和稽查】2022年，三水办实施"企业升级计划"，协调解决企业"急难愁盼"问题26个；主动融入佛山市三水区政府"益晒你"企业服务，优化AEO企业服务，年内培育高级认证企业2家。助力保税仓储企业开展葡萄酒贴标加工业务。是年，三水办在关区内首次查发进境粮食违规调运情事3宗并作涉检行政案件处置，涉及违规调运进境粮食1.8万吨。实施稽查作业8家，新建核查作业75宗，完成率100%。办理主动披露作业25宗，同比增长2.6倍。

【检验检疫】2022年，三水办持续加强供港生乳质量监管，监管供港生乳135批、3547吨，占内地供港生乳总量的1/6，货值1969万元。检验进出口危险化学品175批，检出不合格14批。从加拿大进口蜂蜜中检出欧洲幼虫腐臭病，从进口观赏鱼中检出真鲷虹彩病毒病。

佛山海关驻高明办事处

【概况】佛山海关驻高明办事处（简称"高明办"）是佛山海关派驻佛山市高明区的正处级办事处，业务范围涵盖进出境监管、税收征管、查缉走私、编制海关统计、进出口卫生检疫、进出口商品检验等方面。高明办有正科级科室8个：办公室、分析预警科、综合业务科、稽查科、查检科、珠江码头监管科、食出码头监管科、卫生检疫科。

2022年，高明办查检科党支部获评广州海关"四强"党支部和先进基层党组织，获评广州海关优秀共产党员、优秀党务工作者6人次。4个集体和29人次获得"佛山市最美家庭"、高明区先进工作者、高明区优秀团干部等多项荣誉。

【党建工作】2022年，高明办严格落实"第一议题"制度，印发学习宣传贯彻党的二十大精神工作方案及工作任务分解表，将党建引领摆在首位，扎实开展捍卫"两个确立"、做到"两个维护"、强化政治机关建设专项教育活动。深化拓展"班子领学、机关党委督学、党支部研学、党员自学"的联动机制，完善党建学习长廊建设，用好"初心堂"，通过书记领读、集中研读、全员讲读、撰写心得等方式，将党的二十大精神传递给每一名党员干部，落实到关区工作全过程。推动联学共建，充分发挥办事处"四强"党支部辐射带动作用，从制度台账、组织生活、书记党课等方面先进带后进，深化"强基提质工程"。

【"海关重点项目和财物管理以权谋私"专项整治】2022年，高明办以"海关重点项目和财物管理以权谋私"专项整治为重点，召开专题工作会议7次，收集专项整治个人剖析材料32份，查询纸面和电子资料323份，查摆高风险项目清单4条。深入开展各业务领域重大风险隐患梳理评估，对照"没有离开政治的业务，也没有离开业务的政治"进行全面检查，排查打击"洋垃圾"进境、疫情防控、安全生产等9个领域内控节点风险隐患544条，列出问题清单共25条，成立督察工作组对风险苗头即时跟踪、异动通报。推动廉政建设由海关向家庭延伸，通过短信等方式向干部家属发送倡议书，打造"莲心向党"廉政长廊，组织参观纪法教育基地，深入挖掘"好家风"先进典型。1名干部家庭连续获评高明区和佛山市最美家庭。有全国五好家庭、广东省最美家庭、佛山市最美家庭和高明区最美家庭。

【队伍建设】2022年，高明办积极配合广州海关党委巡察工作，成立巡察整改工作领导小组，召开专题民主生活会，进行专题研究6次，对巡察反馈的4个方面16个主要问题3点意见逐一深入剖析，制订整改方案，细化整改措施73项，挂图作战、挂号销账，全部整改落实到位。加强考勤管理，开展队列训练，深化准军队伍建设，通过"四不两直"突击检查，严实有力改进工作作风。班子成员下沉一线靠前指挥，实现与基层一线谈心谈话100%覆盖，解决一线工作实际问题。处领导下沉一线倾听收集意见建议75次，通过跟班作业、谈心谈话、实地验证、交流探讨，深入了解防控规定落实、干部思想状况，协调解决实际问题。针对高温作业、疫情防控等情况，作好医疗、应急、防暑后勤支撑，配备健身器材、书籍、生活用品等，不断改善封闭管理人员居住环境，通过发挥党支部、工会力量，逐一跟进解决家庭困难；组织线上线下心理培训13次，借助穗关心理协会平台，指派有经验的心理联络员定期进行心理疏导，缓解一线关员心理压力。

【税收征管】2022年，高明办扎实推进提效降费，执行"免除查验没有问题外贸企业吊装移位仓储费用"政策，减免费用1334万元，惠及企业1071家次。审核确认符合减免税政策规定的进口设备17批次206台，货值221.2万美元，为企业减免税款178.6万元。推进关区属地纳税人管理，提升企业合规申报质量，夯实征管主体责任，属地纳税率提升至86%。年内派员参与广州海关规范申报线上审核4次，纠正企业不规范申报数据20条，报送税收风险参数和预警信息4条，处置各类验估指令780条。全年税收入库14.2亿元，同比增长14.3%。

【综合业务】2022年，高明办积极落实广州海关促进外贸保稳提质工作措施，主动融入佛山市高明区政府"益晒你"企业服务体系，建立"有求必应、一跟到底"企业诉求处置机制，处领导带头深入调研企业22家，落实"问题清零"要求，组织进口棉花、跨境电商等线上政策宣传贯彻6次，协调解决企业诉求8项。是年，关区外贸进出口总值229.5亿元，同比下降14.8%。签发各类出口原产地证书4871份，享惠货值2.6亿美元，同比增长19.6%。辅导关区纺织龙头企业通过经核准出口商认证，成功自主开具原产地声明3份，享惠货值5.5万美元。应用"互联网+海关"服务平台，推动业务"一窗通办"，落实口岸业务办理一次告知制度，引导企业免于提交已简化的随附单证。推进"多证合一"改革，实现海关业务"少跑动、网上办、零接触"，为企业办理海关业务"减负提速"，推动28家企业通过"多证合一"模式成功申办营业执照和海关备案。落实"提前申报""两步申报"等多元化通关模式，持续扩大粤港澳大湾区区域物流一体化改革覆盖面，落实远程监管制度，深化"高明—蛇口"组合港业务应用，提升区域通关便利化水平，是年出口标箱2.4万个。

【卫生检疫】2022年，高明办落实入境船员和入境分流旅客"三查三排一转运"，作好来往港澳船舶登临检疫、查验、流调采样、体温监测、移交转运工作；协助分流管理白云机场入境旅客7批次。落实卫生检疫岗位人员封闭管理，健全三级安全防护监督体系，完善联防联控体制机制，解决医疗垃圾清运、防疫物资保障、专用场所设置等问题。全年监管运输工具船舶2935艘次，完成船员核酸采样251人次，处置因突发疾病亟须诊治等情事5

起。开展职业暴露、发现染病船员、内部疫情突发事件应急演练4场,组织一线关员和口岸经营单位安全防护、垃圾处理、消杀消毒等相关培训37批119人次,开展卫生检疫作业和安全防护视频督导44次,查发整改问题18项。

【动植物检疫】2022年,高明办深入关区食品企业开展调研和业务指导近百次,培育关区水果、供港活猪等农产品出口优势,克服疫情影响,实现多种类水果突破发达国家技术保护壁垒,实现国内荔枝首次出口非洲、石榴首次出口加拿大,有关做法成效多次获《中国国门时报》、"海关发布"等海关总署载体报道。积极服务粤港澳大湾区"菜篮子"建设工程,落实动物疫病监测和安全风险监控工作,全年监管供港活猪1600头(5月底已结束供港业务),出口量同比增长超50%。健全优化"金牌联络员"制度,支持高明苗木出口,帮扶苗木顺利出口到卡塔尔,在世界杯现场展现中国"绿色形象"。聚焦"跨境电商寄递'异宠'综合治理",高效应对"6·18""双11"等跨境电商通关高峰,从加强政策引导、创新监管模式、畅通物流通道、完善监管配套等多方面综合施策,定期组织"线上+线下"政策专题宣讲会;严格落实双人作业和100%过机查验的监管作业要求,建立每周业务监控台账,对高风险商品、收件人实施分类监管和分级处置,采取提高审单、查验、身份验核比例等措施强化后续管理,促进跨境电商新业态健康规范发展。

【进出口食品安全监管】2022年,高明办定期对关区供港澳冰鲜禽肉备案养殖场、加工企业实行全覆盖核查监管,对企业质量管理体系运行、兽药合规使用、免疫程序、安全卫生等情况进行全面排查,严格落实供宰活禽出栏前抽样检测,从源头上把好质量关;开通农产品出口绿色通道,提前掌握企业出货计划,提供优先受理、优先检疫、快速出证服务,全力为港澳"菜篮子"保供应。全年供港澳鸡、鸭、鹅、鸽子等冰鲜禽肉4821.2吨,货值1.2亿元。

【口岸监管】2022年,高明办大力支持发展外贸新业态,释放跨境电商外贸潜力,帮扶高明本地注册企业在珠江码头跨境电商平台开展"9610"出口业务。以瓷砖、家具、塑料制品为主的B2B出口结构越发稳定,出口货值2.9亿元,同比增长3倍。跨境电商直购进口清单67.8万份,同比增长3.7倍;货值6.3亿元,同比增长5.3倍;税款6114.8万元,同比增长4倍。推进食出码头监管查验设备新增项目提前验收使用,进一步优化口岸营商环境、拓展区域物流。积极落实"口岸危险品综合治理"百日专项行动,梳理关区7家进出口危险化学品企业情况,督促企业健全规章制度和操作规程,与高明区应急管理部门签订安全生产监管备忘录,联合开展专项安全检查5次。强化海关监管现场作业安全管理,重点排查口岸卫生检疫、登临检查作业等8个重点领域安全隐患,动态更新突出问题和制度措施"两个清单",查发风险隐患6个并全部完成整改。全年监管危险货物出口129票,货值752.1万美元,同比分别增长55.4%、116.1%;检出进出口危险化学品及包装不合格9批次,其中7批次进行技术整改处理,2批次出具不合格通知书,不予出口。扎实开展"口岸检查作业规范情况"自查,对照现场查验等4方面13项自查重点,完善

"单证审核、指令执行、现场执法、人员管理"全链条一线执法规范化管理闭环。全年监管进口再生塑料、再生金属33万吨，货值8.1亿美元，其中再生金属占广州关区进口量20.3%；被鉴定为固体废物及不符合标准的再生原料148批次、6045.2吨，涉及货值1678.8万美元，其中，移交缉私部门立案处罚后责令退运禁止进口固体废物。

【查缉走私】2022年，高明办稳步推进重点领域打私，聚焦进口再生原料、进出口食品等商品，实施稽查作业8起、核查作业77起。办结简快案件112起，普通程序案件结案47起，重大案件移交立案3起。

【内部疫情防控】2022年，高明办实时关注疫情形势和上级防控要求，严格落实"两点一线""不聚集、不聚餐"等防疫措施，制定特殊时期机关运行应急预案编排在岗人员名单，提前采购储备应急粮食、饮用水、保暖物品等，作好应对极端状况准备。坚持"日报告、零报告"，严格落实外出、返岗审批要求，执行入门体温监测、定期消毒、分批就餐、定期核酸检测等措施，持续作好外出审批、健康监测等7份台账1张报表。

广州白云机场海关

【概况】广州白云机场海关（简称"机场海关"）是隶属于广州海关的副厅级海关，为客货并重的偏口岸综合型海关，主要负责白云机场口岸空运进出口普通货物、快件、跨境电商货物监管，进出境运输工具、旅客行李物品监管，保税监管，企管稽查，出入境卫生检疫查验和卫生监督，出入境动植物及其产品和其他检疫物的检验检疫和监督管理，进出口商品、食品化妆品的法定检验和监督管理，以及税收征管、缉私、统计等业务。

2022年，机场海关设正处级机构10个，包括办公室（党委办公室）、人事政工处（党委组织宣传部）、财务装备处、审核业务处、物流监控处、查验一处、查验二处、旅检一处、旅检二处、值机处；正处级派驻机构1个，为驻跨境电商监管中心办事处；正处级事业单位1个，为广州机场海关综合技术服务中心。设有13个主要工作场所（场地），包括1个行政办公场所南行政办公楼；2个旅检通关作业场地，包括广州白云机场T1航站楼、T2航站楼；10个监管作业场所（场地），包括白云机场国际1号货站、广州白云机场国际航空货运站、广州白云国际机场快件中心、南航白云物流跨境电商（出口）处理中心、白云机场国际1号货站跨境电商处理中心、广州白云国际机场联邦快递监管作业场所、广州白云机场综合保税区（南区）空港物流监管中心、联邦亚太转运中心、机场综合保税区（查验中心）、广州新运国际货运代理有限公司指定监管场地。

2022年，机场海关税收入库166.2亿元，同比增长14.9%；经机场口岸进出口总值4083.2亿元，同比增长6%；监管进出境航班42289架次。获得省级以上集体荣誉3项、个人荣誉6项；赵醴丽获评全国"人民满意的公务员"，机场海关封闭管理工作组（220人）获海关总署记集体一等功。

【党建工作】2022年，机场海关将贯彻落实党的二十大精神作为首要政治任务，制订学习贯彻方案，建立"党委领学、机关党委督学、党支部研学、党小组促学、党员自学"的"五学联动"机制。落实"第一议题"制度，开展"第一议题"学习100余次。党委班子带头开展政策研究，聚焦海关总署署长提出的12个方面38个深入思考要点，全年形成专题研究课题47个。规范"三重一大"议事决策机制，全年召开党委会34次，集体研究决策议题133项，加强议定事项部署落实、督办反馈并按期办结。完善党委班子下沉一线、靠前指挥工作机制，"走进口岸封管区"，摸清业务运行及人员管理情况，全年累计下沉一线255次、督导解决问题154个。

按程序完成7个党总支、32个党支部的换届选举和综合技术服务中心党委、纪委选举工作。规范党组织日常管理，建立党务工作常态化自查和全覆盖抽查机制，开展党务清查3次，严把党员"发展关"，完成20名党员发展及材料审查工作。全力推进"四强"党支部争创工作，新评定5个支部为广州海关"四强"党支部，1个支部顺利通过复评。

2022年，机场海关建立联动学习机制，开展立体化宣传教育，扎实推动专项教育活动。组织开展"每日一专题""二十大报告知识挑战答题"等活动；运用大屏幕、文化长廊、"初心堂"等阵地多维度宣传党的二十大精神；制发学习宣传贯彻党的二十大精神专刊23期，在微信公众号"金钥匙杂志""海关爱创作"上刊载新媒体作品9篇。组织开展"漂流云党课""大讨论 云讲坛"等关级专题教育活动64次，编制"两级一岗"职责工作手册，梳理工作职责1419项、提炼政治要求1019项，排查整改队伍风险隐患66项。开展全员思想动态调研活动，有针对性地对一线人员开展心理服务182人次。

【队伍建设】2022年，机场海关严格选人用人，推荐3名执法一线科长提任处级领导干部，1名科长获评"百名优秀执法一线科长"。加大干部交流频率，全年调整交流科级领导干部23名、职级公务员65名。推进人才梯队培养，增加危化品查验资质人员21名、推荐各类型专家40余人。夯实岗前业务培训，分级、分类组织新冠病毒采样及个人安全防护等技能培训，"线上+线下"对35批次1061人次首次上岗一线人员开展培训考核。落实关心关爱，全年申报完成80批次7864人次疫情防控临时性补助，解决封闭管理人员困难149项次。

拧紧日常管理链条，从严请假外出审批，从细完善内部防控措施，细化涉疫异常情况报送指引，压实层级管理责任。常态化开展考勤、内务规范、政务公开、内部疫情防控等制度执行落实情况监督检查，明察暗访与通报提醒，督促干部职工工作风养成。以案促改，开展酒驾醉驾专项警示教育月活动，制定常态化预防管理措施5项，将预防和纠治做在日常。

【督察审计】2022年，机场海关全面排查重大风险隐患，依托"现场—综合—督审—风险—法制"多条线排查业务风险，对41条业务风险逐条制定措施、落实整改回头看。结合科室巡察及疫情防控暴露问题，制定措施148项并逐一整改落实。固化监督检查成果，编制新冠感染安全防护负面清单，充分发挥三级监控指挥中心、安全防护专班、现场专兼职安全防护监督员作用，开展随机抽查、飞行检查、回放倒查等762次，检查整改问题188个。常态化开展打击"以权谋私""权力寻租"等专项整治行动，作好监督检查"回头看"。

【疫情防控】2022年，机场海关针对疫情形势变化，构建"平疫结合"疫情防控指挥体系，完善视频督导、应急值守等制度，提升应急响应能力，确保工作顺畅有序。成立机场海关疫情防控工作专班，承接广州海关统筹口岸疫情防控和促进外贸稳增长工作前线指挥部办公室职能，强化工作统筹，突出针对性培训与应急演练，开展口岸疫情防控突发事件应急处置演练15次，组织地方医护、首次上岗一线人员开展实操培训，提高业务能力和应急水平。针对地方政府航班保障"三分开"要求（国际、国内保障分开，T1、T2航站楼分开，客运、货运分开），完善业务操作规范、应急处置方案，科学规划功能分区、通关流程，确保切换转段工作有序。开展复航研究和压力测试，统筹调配人力资源，优化通关流程，减少旅客口岸滞留时间。推进重大传染病预警工作，压缩检疫时长，全年检出登革热、疟疾等其他传染病19例。优化布控指令2次，借助"特货系统"加强冷链食品采样"日清"管理，优化送检流程，减少进境冰鲜水产品滞留时间4小时，全年完成冷链采样3959批，监消1997票。规范进境航空器消毒监督、空载集装器采样和消毒监督流程，全年开展入境航班空载集装器样本采集713架次。组织开展监管作业现场及人员封闭管理场所环境监测工作，开展环境监测142次，采集样本1819份，检测结果均为阴性。

【监管打私】2022年，机场海关严把国门生物安全关，开展"国门绿盾2022"和"跨境电商寄递'异宠'综合治理"，全年检出检疫性有害生物55次、查发"异宠"2次。开展分类"网格式"货物通关监控，建立新冠疫苗、药品、航材通关保障机制，实现即报即审、即到即查。提供非侵入式查验便利，为华为、小米等龙头企业的高新技术产品提供查验便利。支持出口电商监管作业场所与货站合为一体，实现上线分拣与安检"二合一"。持续提升税收征管质效，加强税收进度监控，强化事中、事后验估管理，严密涉税风险防控。

大力推进全员打私工作，细化打私量化考核指标，强化关警联动、开展执法合作，加大风险研判和口岸查缉，海关行政处罚普通程序案件结案1150宗，简快案件2305宗。

【安全生产】2022年，机场海关严密危化品监管，开展"口岸危险品综合治理"百日专项行动，扎实开展危险品日常巡查和库存监测，加密取样送检频次，及时清理超期存储危险品，危险品监管时长压缩60%以上。提升固体废物查处效能，梳理口岸固体废物底账，规范固体废物取样送检、退运等环节作业，建立退运台账及4项工作机制，全年查获并依法处置各渠道非法进境固体废物46批。加强监督管理，与地方管理部门、货站建立联系配合机制，针对关键节点开展专项安全检查11次。

【促进贸易】2022年，机场海关促外贸发展，制定促进贸易便利化、促进外贸保稳提质"24+20"项措施。释放改革红利，协助企业解决保税药品退运出境电子底账问题及光刻胶进口瓶颈问题，落实进境种子种苗附条件提离改革，实现快件查验无纸化全覆盖，助力广东省中科进出口有限公司等企业享受RCEP政策，减免税额超554万元。支持跨境电商发展，办理全国首票跨关区退货业务，开通经广西友谊关出口越南跨境电商陆运新模式，鼓励企业参加跨境电商零售进口商品条码申报试点，申报率达89.2%。

【科技应用】2022年，机场海关推进"智慧海关"建设，完善"车辆自助过出区""智慧物流仓储货位与车辆装卸信息化对接"等信息化系统，借助广州市"单一窗口"平台整合口岸物流全链条信息，新增"电子仓库"和"查验流程可视化"功能上线测试。推进卫生检疫全流程智能化改革，完成40台智能化设备、8条智能测温通道的部署应用，开发重大传染病预警等功能，压缩检疫时长，落实"多病共防"。

【重点项目】2022年，机场海关顺利完成机场综合保税区三期验收，依托口岸"港区一体"优势，支持飞机、保税航材、生物医药等重点产业发展，年内监管保税租赁进口飞机14架、货值82.6亿元，保税药品进口151.2亿元。优化场所功能布局，指导国际1号货站建成白云机场口岸首个具备存放进港冷藏危险品资质场地、2100平方米冷库取得CEIV药品认证资质，推动南航国际货站1100平方米冷库通过冰鲜指定监管场地验收。支持白云国际机场三期扩建项目建设，配合完成T3航站楼项目施工图纸设计，货运区项目处于施工图纸设计阶段。

【综合保障】2022年，机场海关政务运转高效顺畅，主动参与署级课题2项次，牵头开展关级课题研究3项次，聚焦上级重大决策部署深入开展政策研究，政研文章被海关总署相关载体采用1篇、广州海关相关载体采用2篇。建立信息新闻定期通报机制，加大调研实践和成果转化，聚焦重点产业、重点商品等情况加大宣传力度，信息新闻刊载量和报送量居广州海关各隶属海关前列。统筹推进值班应急工作，着力深化制度体系建设、强化培训管理，平稳推动值班室的搬迁调整，作好24小时疫情防控专项值班应急工作，保障各类突发事件及时有序处置。完善"关长联系企业""关长接待日"机制，建立"问题清零"台账，开展"企业面对面"活动约140次，及时解决企业合理诉求61项。建立"枫桥站"工作室、信访接待室，完成107份关级业务文件清理，制发查验规范等指引13份，为解决行政争议提供保障。

广州邮局海关

【概况】广州邮局海关（简称"邮局海关"）是广州海关辖下的正处级隶属海关，前身为广州海关驻邮局办事处，于2019年1月挂牌成立，是广州海关唯一一家承担邮递物品监管的办事机构。下设9个科级机构，分别为办公室（党委办公室）、人事政工科（党委组织宣传部）、财务装备科、分析预警科、综合业务科、邮递物品审核业务科、邮递物品监管科、印刷品和音像制品监管科、快件监管科。现有办公、监管场所三处，分别为海关本部办公大楼、快件监管现场和设在白云国际机场的广东省航空邮件处理中心邮递物品监管现场。

【党建工作】2022年，邮局海关党委发挥"头雁效应"，通过党委会、理论学习中心组、专题党课等形式学习党的创新理论71次，各科室通过科务会、主题党日等形式积极跟学，以"关键少数"带动全员全面学习。制定宣传贯彻任务清单29项，组建"思政小分队"，开展"我学我讲二十大"活动，深入推进"星火"青年理论学习提升工程，撰写学习体会百余篇，深刻把握中国式现代化、"三个务必"、"六个坚持"等重要论述精髓。严格落实"第一议题"制度，召开党委会、党委碰头会、重点工作推进会等会议60余次，研究部署工作，制定"第一议题"贯彻措施及其他重要工作事项300余件，着重把党的二十大精神与习近平总书记重要讲话重要指示批示精神学习成果转化为事业发展的实际成效，增强政治担当。

2022年，邮局海关坚持政治引领，出台加强政治机关建设7个方面24条贯彻落实措施，"一把手"带头讲授专题党课，带动全员持续强化政治意识。每月开展"强化政治机关意识"大讨论，树牢"没有脱离政治的业务，也没有脱离业务的政治"理念。编制"3+N"体系"两级一岗"工作手册，涵盖全关74个工作岗位、456条工作职责和538条要求，用好干部政治标准清单，考察干部政治素质，提升从政治层面强化业务工作能力。统筹推进专项教育活动和"学查改"专项工作，研究细化具体实施方案35项，深入查摆问题和风险隐患，制定20项问题清单及对应整改方案，把学习、查摆、整改、巩固工作要求贯穿全程，全方位提升政治机关建设水平。

【队伍建设】2022年，邮局海关强化处科两级班子自身建设，弘扬求实、扎实、朴实的海关文化，"一把手"及班子成员带头检查自身存在不足，制定进一步加强自身建设贯彻落实措施28条。建立"科长研习"制度，创新职能科室和业务科室共研共学、共融共通机制，共同提升带队伍、抓管理能力。充分发挥党建引领作用，扎实推进基层党建"双提升"行动，发挥"四强"党支部辐射带动作用，按程序完成8个党支部换届选举，发展党员2名，制定党支部工作规定动作一览表，举办党支部书记研讨班4期。创新"半月谈"制度，每两周指定1名关领导，与全体干部职工开展谈心谈话，作实作细队伍思想管理。组织开展联学联训，加大岗位技能和实操培训，作好新录用公务员培养，制订"五个一"培训计划（组织一次"见面会"，抓好"入关第一课"，开展一次现场实操培训，成立"业务一对一""思政一对一"等结对小组），全面提升干部队伍综合履职能力。用心用情关心关爱干部，坚持表彰奖励向一线科室倾斜，有序作好职级晋升工作，按规定晋升一级主办3人、三级主办1人。年内获评全国"扫黄打非"先进集体等集体荣誉8项、个人荣誉32人次，相关工作成效被中央电视台、广东电视台等电视媒体报道8次，被"海关发布""学习强国"等媒体报道166篇次。

2022年，邮局海关制定关科两级整改方案措施，健全"动态台账、及时督办、对账销号、适时回看"整改督导机制，关领导现场办公百余次督导落实，职能科室"驻点共建"，构建以邮递物品监管科为主、全关联动参与的全方位巡察整改体系，在全关建立用制度管权、管事、管人的长效机制。坚持用身边事教育身边人，开展专题警示教育3次，特邀监察室专家开展"以案说法"授课，组织"把关人的廉洁五问"警示教育大讨论带动全关上下同题共答，汇总书面检查6份、剖析材料22份、心得体会44篇，推动警示教育入脑入心。制定加强队伍日常监督管理措施13项，狠抓纪律作风，严格内务规范，强化8小时内外监督，严防酒驾醉驾，推动失责必问、问责必严形成常态。

【内部机制建设】2022年，邮局海关建立健全会议决策制度，构建由重点工作推进会、政治工作及队伍思想动态分析例会、外贸形势暨业务风险分析例会组成的"1+2"会议制度，每月全面分析、研判、化解业务风险，作好干部监督管理，提升决策水平。建立完善运行监控机制，制定邮局海关业务运行监控及考核机制，通过大数据分析手段强化业务运行监控，制发预警提示、核查联系单、整改通知单，及时发现并督促188个问题立行立改。倡导"文不过夜""事不过天"工作作风，建立办文、督办通报机制，提升政务运行效能。完善信访应急处置、档案管理等工作制度，践行新时代"枫桥经验"，设立"关长接待日"，妥善处置信访诉求和工单53份，推进政务公开标准化规范化建设。

【疫情防控】2022年，邮局海关牢牢守住"外防输入"关口，将"四严"（工作要严格、流程要严密、作风要严谨、关员要严管）、"四零"（疫情零输入、关员零感染、操作零失误、通关零延误）要求贯穿邮快件监管各方面全过程，制定个人防护手册，严格关员安全防护，规范开展邮件采样和环境监测，关领导、"挑毛病"专家组、三级监控指挥中心和安全防护监督员"四级防控"监督检查力量督促规范作业。高效统筹作好内部防控，根据形势变化及时调整具体防疫措施，快速开展涉疫风险排查，抓实非工作渠道监督,从严干部健康管理,制订应急工作方案,组建应急梯队,妥善应对广州多轮本土疫情,保障邮快件通关顺畅。

【安全生产】2022年,邮局海关优化安全工作领导小组工作机制,由"一把手"任组长,组织全覆盖式安全教育,依托网格化机制常态化作好安全生产隐患排查,发现33个问题全部立行立改。健全完善应急管理体系,成立应急督导处置工作小组,应急指挥体系24小时保持激活,组织开展疫情防控、消防、反恐等安全防范应急演练6次,增强应急指挥和快速反应能力。

【监管打私】2022年,邮局海关以科室巡察整改工作为契机,聚焦风险隐患和薄弱环节,结合海关总署、广州海关关于加强进出境邮件物流监管、防范各环节风险点、统一执法规范操作等有关要求,以"三强三立三防"(强分析、立机制,防"走私失控",确保查缉到位;强管理、立规矩,防"场地失序",确保管控到位;强链条、立规范,防"实物失管",确保监管到位)为抓手强化监管,全面推进"以严格管理取代信任管理、以严密监管堵塞风险漏洞、以技术手段驱动监管效能提升"的全链条监管模式建设。紧抓"点线面网"高标准推进全员打私。坚持总体国家安全观,聚焦寄递渠道走私风险,紧盯打私绩效考核指标,围绕"紧抓风险研判重点、筑牢现场监管防线、拓展信息经营面、织密立体宣传网"制定提升打私效能措施以及专项行动方案2个。办理简快案件627宗,同比增长65%;刑事案件35宗,同比增长6%。查获涉电信诈骗、跨境赌博电话卡及密码器等383批次,查获侵权邮件4783批次,着重强化雪茄等重点商品监管,雪茄征税率提升至100%;查获毒品案件20宗,同比增长25%,有力守护社会安全;查获濒危物种及其制品33起,同比增长17.9%,截获外来物种375批次,同比增长1倍,截获"异宠"18批次128只,有力守护生态安全。

【促进外贸保稳提质】2022年,邮局海关统筹口岸疫情防控和促进外贸稳增长,努力克服本土疫情影响,坚持全关"一盘棋"统筹调配人力资源,通过组建应急突击队进驻现场等方式全力保障疫情下通关顺畅,监管邮件2899.7万件、快件13.3万件。关领导深入企业切实问需解困,带队走访调研服务企业11次,开展海关政策宣讲28场次,实施"一企一策",协调解决企业困难诉求21项,严格落实报关单"日清"制度,助力企业降低成本、提升通关时效,持续作好荟俪捷、省中科等重点企业监管服务,支持邮政企业利用粤港澳大湾区物流优势拓宽邮路运输渠道,通过广州南沙、深圳、大连等临时邮路疏运邮袋30万袋、重量2000余吨。以"零舆情"为目标提升咨询服务水平,加强与海关12360热线协同联动,理顺"关邮e通"业务办理流程,强化前后台协调联动,优化分运行李"线上办"流程,打造群众满意窗口,接待来电来访8400余人次。

海珠海关

【概况】2022年，海珠海关在广州海关党委的领导下，坚持以习近平新时代中国特色社会主义思想为指导，深入学习宣传贯彻党的二十大精神，落实"疫情要防住、经济要稳住、发展要安全"的重要指示要求，紧紧围绕重点工作部署，扎实推进各项工作。

2022年，海珠海关内设正科级科室10个，包括办公室、人事政工科、技术运维保障科、分析预警科、综合业务科、属地外勤科、政务服务科、生物岛监管科、滘心监管科、医药产业监管科；设党支部12个（含派驻纪检组党支部及离退休党支部），干部职工编制95人。广州海关党委第八派驻纪检组派驻海珠海关监督，另有广州海关缉私局查私处查私五科驻点。

【党建工作】2022年，海珠海关深入学习宣传贯彻党的二十大精神，推动关区党的建设向高质量发展迈进。各党委委员下沉基层一线组织学习，深化中心组扩大会议集中学、4个片区联合学、各支部深入学、"1+4+11"线下学及党务微信群推送党的二十大课堂学等模式开展学习研讨，党委委员100%报送学习心得，带动各支部书记、青年团员及居家办公人员撰写心得体会40余篇。各级党组织开展活动50余次，上稿总数80余篇。全年组织党委理论中心组学习12次，以集中学习为主，将个人学习和集中学习相结合，党委书记带头上党课2次，党委委员上党课10余次，党委委员坚持以普通党员身份参加组织生活。党委主要负责人员切实履行抓党建"第一责任人"职责，领导班子下沉一线分片区统筹4个办公点工作，快速协调解决现场问题。年内召开党委会24次研究决策议题72个，民主科学议大事，召开重点工作推进会12次，召开从严治党工作会议1次、廉政工作会议6次，群策群力抓大事。

完成8个党支部换届选举工作，保质保量开好每月"三会一课"，组织"强化政治机关意识"大讨论260余次。年内2个支部获评"四强"党支部，获广州海关表彰2021—2022年先进基层党组织3个、优秀共产党员6人、优秀党务工作者2人。1名预备党员转正，发展入党积极分子1名。坚持党建带群建，提高队伍凝聚力。完成团支部书记改选工作，组织青年干部开展集中学习研讨3次，每周"青年大学习"线上参学率保持100%，3次参与海珠区抗疫工作，获评2021年度省直机关"广东省两红两优"创建集体。作好探访慰问及干部遗属帮扶工作，落实关工会关于定点扶贫相关安排。

【队伍建设】2022年，海珠海关动态掌握全体人员情况，及时了解干部职工思想动态，通过多种渠道强化教育，树立政治意识，切实落实对干部职工的关心关爱。扎实开展专项教育活动，严格规范落实"第一议题"制度，采取"关领导领学+科室谈体会"方式，督促落实重点事项。每月定期开展"强化政治机关意识"大讨论，针对性制定谈话提纲，开展谈话3轮。梳理22个整改内容、35项整改措施，全部整改完成。编写"两级一岗"工作手册，整理岗位内容54个、岗位职责369条、岗位政治要求249条、风险防控措施386条，规范各岗位操作。

注重能力培养，年内11人进行岗位调整，人力资源向现场科室倾斜，调任有科室管理经验的科领导到一线现场，新调入年轻干部安排在一线现场工作。指导全关干部运用"钉钉"等平台开展自学，促全关人员培训学时、学分达标率均达100%。

纵深推进专项整治工作，筛选出5个重点项目，建立重点项目清单，筛选2016—2022年资金项目261个。深入调研以权谋私风险隐患3次，排查问题风险3个。组织31人进行违规事项申报排查，对30名同志进行谈话并整理形成分析报告。认真排查业务线条的风险隐患和潜在问题，报送问题及廉政风险7个。每季度召开廉政形势分析会通报党风廉政形势，分析研判风险情况，每半年召开党风廉政工作例会，筑牢廉政堤坝。开展新时代共产党人的良好家风主题党日活动，11个支部书记讲党课，每周发送廉洁提醒短信和微信，让干事氛围"廉动"起来。组建联合督导组对关区4个办公点开展全覆盖督导检查。抓早抓小，年内开展提醒谈话8人次。完成处、科级领导干部配偶、子女及其配偶从业情况自查工作，对全关科级领导干部26人开展抽查，未发现违规从业相关情事。

【法治建设】2022年，海珠海关深化法治海关建设，对外开展政策宣讲解读20余次，全年进行网站公示74项，办理政务信息公开申请7项，外单位协查事项80余件，分级分类处理信访诉求8项，夯实执法用权基础。加强知识产权海关保护，全年查处侵犯知识产权案件3宗，查获涉嫌侵权汽车发动机零件21800余件，同比增长50%。

【风险管理】2022年，海珠海关完善内控机制，强化权力运行监督。发挥新海廉平台效能，警示风险数据移出率、处置率均达100%。应用新海廉平台开展执法领域高风险内控节点指标自查自纠，发出监控核查联系单112份，补税105次。加强加工贸易、保税物流及企管后续的风险监控管理水平，强化以企业为单元的风险防控，制发加工贸易、企业信息核对、保税仓核查等指令27项次，切实作好加工贸易与保税物流实地监管，并定期要求加工企业及保税仓库对生产安全及存储进行自查和抽查，引导企业守法经营。

【税收征管】2022年，海珠海关税收入库23.1亿元，同比增长4.3%，位列全关第6位。税源商品排前列的分别是烤烟、机电产品汽配件、葡萄酒、仪器设备、石化产品。实地走访与电话调研了解关区120余家企业进出口经营运作情况，促进医疗仪器、机电产品等税源商品聚集。

【卫生检疫】2022年，海珠海关筑牢口岸疫情防线，支持因疫情影响港车业务受限的企业通过水运进口，迅速验放援港抗疫物资，参与白云疫情防控水路专班疫情防控协调会议8次，督促码头经营单位作好口岸环境消杀、医疗垃圾处理等工作。自实施口岸封闭管理以来，实行32轮64人次。以"海关出入境特殊物品卫生检疫审批与分析系统"上线为契机，促进特殊物品审批再提效，将关区内特殊物品检疫审批时间压缩至3个工作日内，用时比规定的20个工作日压缩了85%。全年接收特殊物品审批申请314票（包含A、B、C、D级），其中D级特殊物品13票；后续监管A、B级特殊物品30批次；开展4家企业特殊物品备案的信息审核工作。

【属地查检】2022年，海珠海关完成关区属地进口货物目的地查验554批次，涵盖进口医疗设备、食品、化妆品等，出具《入境货物检验检疫证明》507份，检出不合格进口货物23批次；对8批次、763.4吨、货值104.1万美元出口烟叶实施出口检验检疫，出具植物检疫证书8份、熏蒸消毒证书8份；对192批、逾4万吨、货值超2000万美元出口葡萄糖浆实施出口检验检疫合格评定，出具健康证书31份、卫生证书140份。对123批出境包装实施性能检验并出具《出入境货物包装性能检验结果单》。

【监管业务】2022年，海珠海关监管进出口货运量33.4万吨，同比下降9.7%，其中，进口27.5万吨，同比下降14%，出口5.9万吨，同比增长17.5%。年内，启动"深圳蛇口—广州沥心"组合港，在分运行李中首次查发濒危物品，在进境货运渠道查获濒危木制钢琴、涉嫌侵权汽车零件，监管"猎鹰号"硬气膜实验室等抗疫医疗物资输港，保障香港疫情防控工作。积极开展B2B跨境电商出口政策宣传，及时向相关部门反映和解决企业在报关、通关、单证等方面遇到的问题，共享改革红利，年内新增B2B跨境电商海外仓备案企业1家。年内，海珠海关跨境电商B2B海外仓（"9810"）出口商品总值6570.5万元，同比增长22.7%。2022年12月，海珠海关报关单整体通关时间为19.4小时，相比2017年压缩80.6%。

【企业管理】2022年，海珠海关关区有海关注册企业3378家，同比增长6.9%，其中高级认证企业31家、登记注册和备案企业3346家，失信企业1家，新增进口食品进出口商备案18家。办理关区企业备案登记、信息变更、注销及"多证合一"改革业务等679项次，办理保税仓变更及出境植物产品生产存储加工企业延期行政许可业务2宗。办理加工贸易手册备案变更、核销结案及保税仓账册业务117项次，加工贸易手册及时核销报核率和及时结案率均为100%。对3家出口甲油胶企业逃避商检开展专项稽查行动。积极推动主动披露新政策实施，受理企业主动披露8宗，引导企业开展自查自纠披露自身违反规定情况，释放政策优惠红利。

【查缉走私】2022年，海珠海关积极推进反走私综合治理，办结简快案件（不含涉检）172宗、普通程序案件44宗、重大案件5宗，积极参与"邮包会战"。2022年查获濒危物种及其制品走私4宗。

【政务管理】2022年，海珠海关提升办文办会质效，年内发文数同比压缩3%，召开关级会议数量同比减少5%。提升宣传工作质效，要情类信息报送5条，其中获海关总署采用2篇；穗关信息增刊刊登5篇，其中获海关总署采用1篇；互联网信息在关区内排名第二;在中央级媒体上实现新突破,在各级媒体上宣传报道120篇次。

【财务后勤保障】2022年,海珠海关顺利完成办公场所移交工作。年内召开安全生产领导小组成员会议4次,开展"安全生产大检查"2次,发现问题6项,均完成整改工作。开展应急演练6次,提高队伍化解安全生产风险能力水平。

【服务粤港澳大湾区】2022年,海珠海关依托华南生物材料出入境公共服务平台,建立与生物医药企业需求相匹配的"白云机场舱单分拨—冷链物流全流程监控—生物岛平台报关"通关模式,延伸机场口岸功能到生物岛,大幅压缩企业等待查验时间,叠加"提前申报""两步申报"等改革措施落地,积极开展关区联动,优化审批流程,实施生物医药产品一站式查验,提高通关效率,全程冷链运输、存储确保货物安全,平均降低企业仓储、物流成本20%。积极推动广州开发区开展生物医药研发(测试)用物品进口"白名单"制度试点工作,全年华南生物材料出入境公共服务平台监管进出口报关单货值23.7亿元。进出口商品超54章,种类更趋多元;申报企业达200余家,企业集聚效应进一步凸显。

广州会展中心海关

【概况】广州会展中心海关（以下简称"会展海关"）是受广州海关直接领导，按授权负责广州会展中心口岸范围内海关各类管理工作的正处级隶属海关。会展海关内设正科级机构6个，分别为办公室（党委组织宣传部）、技术运维保障科、综合业务科、监管一科、监管二科、监管三科。

2022年，会展海关深入学习习近平新时代中国特色社会主义思想和党的二十大精神，落实两级海关工作会议、全面从严治党工作会议要求，贯彻落实"疫情要防住、经济要稳住、发展要安全"的重要指示，统筹推进政治机关建设、口岸疫情防控和创新展会监管服务、新业态发展等各项工作，积极助推把广交会打造为中国全方位对外开放、联通国内国际双循环的重要平台，服务会展经济做大做强，促进国际贸易高质量发展。2022年，会展海关监管三科党支部获评广州海关"四强"党支部，3人次获广州海关优秀党员、优秀党务工作者表彰。

【党建工作】2022年，会展海关开展捍卫"两个确立"、做到"两个维护"、强化政治机关建设专项教育活动。突出党委主体责任，细化"理论学习—查摆问题—整改落实"4类28项具体措施，建立每周现场督导检查机制靠前指挥，第一时间落实关领导下基层业务一线工作安排，将检查指导基层科室专项教育活动推进作为重要内容，压紧压实各层级责任；突出全员参与，党委带头领学促学，围绕习近平经济思想、"走好第一方阵 我为二十大做贡献"等主题讲党课，各支部主题学习研讨56次317人次、召开专题党课24次135人次；突出一体整改，建立"三台账一清单"（学习台账、党课台账、谈话台账和问题整改清单）和每月报告、提醒机制，编发会展海关专项教育活动动态43期，编制"两级一岗"职责工作手册，系统梳理6科室30个岗位工作依据、主要风险和防控措施；认真对照总署署长讲话中指出的3个方面9个具体问题，查摆12个问题，明确26项整改措施，定时督办反馈、逐项销账，均已完成整改，并常态化跟进。党委深入学习贯彻党的二十大精神，第一时间学习研讨，带头宣讲；各支部以"线上+线下""集中+分散"等贴合实际结合实际灵活多样学，支部书记宣讲6次；各支部组织学习20次，85人次参加学习。制作海报宣传栏向"海关发布""海关爱创作"等载体报送学习党的二十大新闻、信息等5篇，推动形成浓厚学习氛围。制订会展海关学习宣传贯彻党的二十大精神工作方案，细化6类20项具体工作，将责任明确到科，确保学习切实取得实效。

【政研宣传】2022年，会展海关结合服务保障广交会、促进中外文化交流等业务特色，撰写深度分析信息及新闻报道，发挥政策分析优势，联合统计处开展会展业专题调研。信息稿件多次被海关总署、广州海关等各级载体采用，广交会新闻宣传稿件被《经济参考报》、《人民日报（海外版）》、《南方日报》、广东卫视《广东新闻联播》等各级载体采用近30篇次，获评广州海关月度十佳新闻、信息，《广交会出口贸易指数编制工作的探索与思考》被广州海关政法研究载体采用；会展海关微视频作品《宠物狗狗出境记》作为广州海关入选的3个作品之一，由海关总署政策法规司推选至司法部参与最终评选。

【"海关重点项目和财物管理以权谋私"专项整治】2022年，会展海关开展"海关重点项目和财物管理以权谋私"专项整治工作，梳理重点项目清单3项，建立廉政风险清单2项，排查13条风险隐患，提出相关意见建议6条，梳理相关预算内控节点13个，所有问题均整改完毕。认真分析会展海关非执法领域管理情况，高效转化个人剖析材料、谈心谈话等成果，进一步强化问题及廉政风险排查力度。针对关内自查精准锁定财务管理能力方面相对欠缺的问题，开展"财物管理小讲堂"每周一讲活动3期，结合会展海关2023年将成为独立预算单位的实际，深入查找问题原因、研究制定解决问题措施，通过跟班学习、线上培训、廉政警示教育案例剖析等方式，从源头上补齐短板弱项，提升财物管理水平，深化专项整治工作成效。

【疫情防控】2022年，会展海关制定完善突发情况下保证单位正常运转应急实施方案等各类制度，规范更新6类台账，指定专人定期维护疫情防控综合应用系统，完善人员底账。应对海珠区本土疫情，迅速启动一级应急预案，妥善处置多起突发情事。加强与职能部门及市内海关沟通，作好特殊时期ATA单证册、宠物出境监管等业务协调对接工作，各项工作平稳有序开展。选派干部2批13人次支援白云机场海关、南沙海关等口岸一线，4名干部参加"邮包会战"专项行动，1人获海关总署集体一等功表彰。

【业务建设】2022年，会展海关监管国际展会7个，进口整体通关时间7.6小时，低于同期广州海关进口整体水平，出口整体通关时间小于0.5小时。为第59届中国（广州）国际美博会（简称"美博会"）、2022年中国国际标签印刷技术展览会等多个展会提供驻会监管免担保服务，并为境内外参展留购展品办理进出口手续，助力大型企业参加阿联酋Gitex2021科技周大会、法国巴黎化妆品及香水包装展览会，为企业新产品、新技术在国际贸易舞台上亮相创造了良好条件。为广东省博物馆、广东美术馆举办的"焦点：18—19世纪中西方视觉艺术的调适""欧洲当代雕塑艺术展"等3个涉外文化展提供驻会监管，展品价值326万美元，免除保证金近300万元。

【服务广交会】2022年，会展海关聚焦广交会最新变化，制定"4+4"创新措施，保障第131—132届广交会顺利举办。持续优化线上咨询服务，擦亮"广交会海关直播间"等拳头品牌，围绕RCEP、税则与商品归类等企业关注热点推出政策宣讲5场，作为受邀单位首次参与会议论坛，广受参展企业好评。优化升级"广交会海关之窗"网页，更新6类12项服务内容，全方位提升企业咨询体验。结合广交会对参展企业资质审核的需求，向广交会承办方提供近5000家AEO企业名单，联合开展AEO企业线上推介，助力国内优质企业争取海外订单。初步搭建广交会出口贸易指数体系，使用第126—132届广交会数据验证计算，推进该总署科研立项项目进入结题审核阶段，以广交会参展企业为样本，深入分析广交会参展企业出口外贸态势，与统计处联合开展"助力国际会展业扩容提质 推动会展经济高质量发展"专题调研，积极推动指数应用和研究成果的深入转换。聚焦展会线上服务延长至5个月等特点，对展期内参展商和采购商样品继续实施进出境免税免证、驻会监管免税款担保金等优惠政策。年内，会展海关服务超6万家境内外企业参展，第132届广交会期间含"广交会海关直播间""广交会海关之窗"等特色品牌服务在内的官网累计访客数1042万人、访问量3856万次，分别比上届增长3.3%、13.8%。

【"新业态+会展"模式】2022年，会展海关积极推动"保税+车展"业务重启，调研广东省汽车智能网联发展促进会、中菲亚（广州）国际贸易有限公司等企业，收集了解企业资金周转压力大等困难及办展需求迫切、希望海关提供驻会服务等诉求，积极联系职能部门提供政策指导，全力推动平行车在疫情稳定后恢复市区内保税展示交易业务。支持出口企业借力保税展示、跨境电商等新业态实现内外贸一体化发展，推荐京东等跨境电商平台企业将综合保税区内的保税仓储货物以保税展示方式出区参展，搭建更加完善的贸易服务链；主动参与粤港澳"两地一展"的调研和推动工作，围绕展贸联动，推动地方政府探索成立集保税展示、商品交易、物流仓储及通关服务于一体的进口商品展示交易中心，打造国际消费中心新载体。

【服务企业】2022年，会展海关打造"送政策进展会"品牌，在美博会、广州博览会等展会现场开展最新进出口监管政策、知识产权海关保护等相关政策宣讲，开展2022年"全国食品安全宣传周"系列活动，年内服务近3万家参展企业，获得广交会、广州博览会等感谢信5封。聚焦助企纾困，成立会展海关服务企业工作专班，制定调研收集和解决问题台账，逐一跟进销账。全年关领导班子成员深入11家企业单位开展一线调研25次，协助中国对外贸易中心通过广东省财政厅向财政部争取对广交会进口展品适用关税优惠政策，协调解决中小微企业出境参展展品复进滞报金减免等具体问题7项。积极助力中小企业出境参展，联合海珠海关面向50余家属地企业宣讲海关ATA单证册通关及AEO相关政策，支持中小企业持续开展产品海外营销推广，助力华为技术有限公司等高科技企业以出境参展等方式抢占国际市场，"一企一策"制定非核心单证"先办后补"等便企措施，开辟ATA单证册业务绿色通道，将办理时间压缩至0.5小时内。全年办理ATA单证册225份，涉及货值1.6亿元，业务量同比增长2.1倍。

【海关监管仓项目建设】2022年，会展海关成立琶洲物流轮候区海关监管仓项目工作专班，通过专题汇报、视频督导等多种途径向上级反映监管场所缺失情况，加强与广州海关职能部门、广州市发展和改革委员会、广州市商务局等地方政府部门及项目承建方联系沟通，先后向广州市商务局去函3次，召开专题研究、政策解读及技术碰头会10余次，赴白云机场综合保税区、轮候区项目现场实地调研5次，实时跟进项目建设进度，解读海关监管仓库的设立、验收及行政许可事宜等有关政策，指导企业作好行政许可申请事项有关资料的前期准备，及时就建设方案提出整改建议并反复协调沟通，进一步推动海关监管场所标准化、规范化建设，推进平行进口车保税展示交易尽快恢复，补齐广交会周边海关监管仓短板，提高广交会办展承接水平。

天河海关

【概况】天河海关成立于2018年12月，2019年3月27日正式对外挂牌，是广州海关下辖的正处级属地型海关，主要承担海关进驻广州市政务服务中心业务和广州市天河区、白云区的海关属地管理工作。天河海关内设正科级机构12个，分别是：办公室（党委办公室）、人事政工科（党委组织宣传部）、财务装备科、分析预警科、综合业务科、稽查科、查检一科、查检二科、政务服务一科、政务服务二科、政务服务三科、政务服务四科。

天河海关作为广州海关行政审批"一个窗口"，是广州海关进驻地方政务服务中心最大的窗口单位，是"智慧海关样板间"之一的政务服务样板间。2022年，天河海关坚持以习近平新时代中国特色社会主义思想为指导，深入学习贯彻党的二十大精神，统筹作好疫情防控和稳外贸促增长工作，履行政务服务与属地管理职责，狠抓各项工作落实。各项工作取得显著成效，4个集体、57人次获得各类奖励，1名科长获评全国海关"百名优秀执法一线科长"，3个党支部通过"四强"党支部新评及复评。

【党建工作】2022年，天河海关深入学习贯彻党的二十大精神，制订下发6方面15项任务方案，关党委组织专题学习6次，党委书记结合自身作为党的十八大代表经历带头宣讲。用好"五学联动"机制，开展支部联学共建19场次，开展"二十大学习心得人人谈"活动，推出"每日一学一测"，全员撰写心得体会。改造办公区域党建活动阵地，改版升级政务网站并开辟学习专栏，举办"奋进新时代 永远跟党走"主题系列文艺作品创作征集活动，组织拍摄《我们一起远航》等主题微视频2个，相关工作简报、动态被各级载体采用97篇次。围绕海关总署署长提出的12个课题，制订调研计划，提出"八个坚定不移"具体对策。坚持落实"第一议题"制度，关党委集中学习"第一议题"52次，扎实开展专项教育活动，党委书记坚决履行"第一责任人"职责，各党委委员坚持"一岗双责"。建立关、科两级问题清单47项，针对查找出的问题制定措施32项并全部完成整改。编写"两级一岗"工作手册、建立干部政治表现纪实档案，突出"学讲谈研"，确保每名干部始终将政治要求落实到岗位职责中。坚持发挥"关键少数"作用，落实班子下沉一线、每周督导检查、每周党委碰头会3个机制，关班子下沉一线300次，开展督导检查39次，发现问题全部整改到位。强化党建引领，举办党务工作者培训2期，开展党务工作检查6次。由"四强"党支部牵头开展联学共建，通过联合主题党日、经验分享、党建辅导等方式，带动全关"四强"党支部比例上升至三分之一，政务服务三科党支部党建案例成为广州海关唯一一个入选海关总署首批"四强"党支部和党建品牌优秀创建案例。

【廉政建设】2022年，天河海关持续深化"三不腐"。关党委专题研究党风廉政工作7次，召开党风廉政例会2次，严格执行领导干部个人有关事项报告制度，开展全员企业兼职情况摸排2轮，对31名科级领导干部配偶、子女及其配偶从业行为开展检查。深入推进新时代廉政文化建设，开展讲廉洁党课、学习研讨等活动50余次。开展外勤执法廉政回访40余家次，收集特约监督员意见，形成关企廉洁合力。持续整肃关容风纪，对内务规范、关员仪表仪容、考勤纪律等开展"四不两直"检查16次，严格"见人见事见责任"问题通报制度，每月组织内务管理流动红旗评比。结合国务院第九次大督查工作，开展窗口纪律作风专项检查4次。统筹推进专项教育、专项整治和"学查改"重点工作任务，全面自查发现问题及廉政风险清单6项，"对症下药"提出防控措施9条，对标海关总署检查组发现问题制定具体整改措施14项，全部整改完毕并抓好长效落实。持续推进非执法领域风险隐患动态分析排查，形成专项排查要点25项。

【队伍建设】2022年，天河海关着力打造高素质干部队伍，落实加强对执法一线科室"一把手"监督若干措施。推行"导师传帮带+基层实践学"双向培育模式，选派年轻干部参加海关总署、广州海关集中工作19人次。搭建政研人才库，是年优秀论文评审获一等奖1篇、二等奖1篇、三等奖2篇。大力推动联学联训，创新"沉浸式"学习课堂，实行"跟班学+实践学"80余人次，科室间开展先进做法、创新经验共享交流会20余次；组建"两队一库"（稽查+查检联队、核查+查检联队和专业岗位资质人才库），采取"联合执法、混合编队、专项攻坚小组"缓解专业资质人员短缺问题，鼓励干部积极参加"十佳业务能手"、稽查岗位练兵、岗位资质考试80余人次，2名干部考取动植物检疫高级签证官资质。开展队伍思想动态问卷调查4次，每半年分析研究意识形态及队伍思想动态工作并进行通报。擦亮全国文明单位品牌，因地制宜举办心理沙龙、插花比赛、趣味运动会等工会活动16场，进行党内帮扶和工会慰问19人次，代表广州海关参加广东省妇联"寻找最美巾帼文明岗"视频展示及接受广东电视台采访，展现队伍风采。强化内部运行管理，常态化开展制度文件"立改废"工作，全面评估清理管理文件77份并形成动态管理台账。进一步规范完善请示报告、督查督办、信访等内部管理制度，全面加强值班应急、信访维稳等工作，严格公务用车和办公用房管理，做好2023年财务独立核算准备工作。

【风险管理】2022年，天河海关抓好内部疫情防控，完善各类应急处置制度规范，分类明确8种不同情形的应急处置要求，更新办公场所应急预案4版，开展应急演练4次。坚持"零报告、日报告"制度，严格做好"属地外勤""政务服务窗口"两个重点岗位人员疫情风险防控，加大应用远程监管和线上服务手段。妥善应对本土疫情，迅速启动疫情防控应急响应机制，人员快速集结到位，确保正常办公秩序和业务运行顺畅。疫情期间协助会展海关办理出境宠物监管业务，协助花都海关办理原产地签证业务。成立由"一把手"担任组长的安全生产工作领导小组，聚焦"危险品检验""动植物检疫""执法作业安全"等重点领域关键环节，常态化检查及专项检查相结合，保证重大节点安全生产不出问题。成立内控工作领导小组，完善内控复核台账和内控节点体系，完善内控节点岗位清单制建设，聚焦工作实际和改革形势开展专项督察12次。以"内控示范科室"创建工作为契机，立足执法领域梳理建立岗位内控节点15个。细化后续管理，以点带面开展科室内控经验交流，打造内控复核"样板间"。

【外贸保稳提质】2022年，天河海关坚持把稳外贸作为全年工作重中之重，为进出口企业纾困解难。全年白云区外贸进出口总值530.1亿元，同比增长22.8%，增幅居广州市各区首位。天河区外贸进出口总值628.4亿元，增幅列广州市各区第8位。成立促进外贸保稳提质领导小组，由"一把手"担任组长，每月分析关区外贸结构特点及变化趋势，先后三轮"把脉式"细化制定促进外贸保稳提质任务措施19项。强化统计分析，建立外贸形势分析会制度，密切关注数据异动情况，开展出口先导指数、贸易景气指数、跨境电商、技术性贸易影响等专项统计调查17次。引导关区电视机加贸企业开拓海外市场，助力加工贸易逆势增长，加工贸易进出口总额同比增加1.3%。建立重点企业调研机制，由关领导带队逐一走访重点企业，落实问题清零机制，调研企业1122家次，收集解决企业问题61个。落实高级认证企业便利措施，设立AEO企业专窗，为企业优先办理业务108宗，运用协调员机制为AEO企业协调解决问题5个。创新分级分类政策宣讲长效机制，实现靶向精准服务。针对天河区大型企业、企业总部集中的特点，开展大型外贸企业政策宣讲专场，助力企业开展对外贸易；针对白云区食品化妆品生产企业集聚、小微企业数量多的特点，举办进出口食品企业座谈会、化妆品企业专场宣讲会。牵头联合机场海关、车站海关在广州民营科技园召开海关专场政策宣讲，为企业提供"一站式"政策解读，参与企业近百家。举办政策宣讲251场次，惠及企业5187家次。主动融入地方发展大局，深入分析天河、白云两区外贸形势并报送专报14期，推动地方政府重点了解企业总部在属地但外贸值落在外地的情况，引导属地企业贸易值回流。年内，白云区化妆品出口金额15.7亿元，同比增长51.8%。推动属地传统优势行业外贸发展，促进传统行业转型升级，白云区出口服装27.5亿元、同比增长30.5%，出口鞋靴36.3亿元、同比增长26.1%。作好粮食等重点商品进口通关保障，提升通关效率，天河区进口粮食46.3亿元，同比增长69.6%。

【稽查核查】2022年，天河海关深化"以查发为导向"的稽查业务改革，推进涉检行政案件及自办简快案件取得成效。强化稽查与核查、查检、减免税等关联业务同频共振，建立"共享信息、共同研判、联学联训、联合行动"的"两共两联"协同配合工作模式，组建联合编队，增加正面监管和后续打击合力。开展出口甲油胶、危化品、化肥等专项稽查，全年办结稽查作业44宗，有效规范行业性进出口经营，净化进出口营商环境。通过稽查查获出口化肥逃避法检情事、在原产地领域发现企业提供虚假资料骗取海关签发原产地证书，连续3年立案查处行政大案。

【国门安全】2022年，天河海关盯紧重点领域，以"危化品伪瞒报专项整治""食品安全宣传周"等为契机，严格落实出口危化品、进出口食品化妆品检验监管要求，依法严厉打击逃漏检行为，检出不合格货物59批并依法进行处理。持续作好非洲猪瘟等疫情疫病监测和农兽药残留检测等工作，首次在进境观赏鱼中检出真鲷虹彩病毒病。

【属地查检】2022年，天河海关持续优化抽采样、送检和出证放行等属地查检工作流程。为鲜活易腐农食产品提供"5+2"服务，为供港澳食品提供"绿色通道"，优先保障冰鲜食品和低温乳制品的查检，确保供港食品农产品"零等待""零滞留"。深入推进核查业务改革，对符合条件企业采用第三方报告采信、跨部门联合抽查、线上核查等改革模式，最大限度降低对企业生产经营的干扰，提升执法作业效能。推动远程监管在进口机电产品查检、出口竹木草制品查检方面应用，全年远程监管作业208批次，平均每批次为企业节约等待时间2~3个工作日。深入推进进境种苗"附条件提离"便利措施，全流程指导企业提离专用存放场所申请备案4个，打造存放场所"样板间"，为企业减负增效，同时实现全链条监管，全年为关区企业节约仓储租赁、种苗损耗费用150万元。

【政务管理】2022年，天河海关作为广州海关进驻地方政务服务中心最大窗口单位，充分发挥"政务服务样板间"作用，持续深化"放管服"改革，优化政务服务。在广州市政务服务中心2022年度考核中，连续第十二年被评为"政务服务标兵单位"。年内，驻广州市政务服务中心窗口受理政务服务事项20余万宗，服务办事群众21010人次，网办率95%，窗口评价满意率100%。

【企业管理及AEO培育】2022年，天河海关作为广州海关最大的企业管理业务现场，进一步加大培育力度，新增AEO企业6家，已培育AEO企业57家。根据新版《海关高级认证企业标准》，在全关首创"AEO实地认证工具包"，协助职能部门规范统一认证操作标准，作好新修订的《海关高级认证企业标准》过渡衔接工作。派员参加中秦AEO互认合作制度比对专项工作。深化"多证合一"改革，接受"多证合一"申请2103条，其中审核通过355条，位居关区第一。创新实施"通用+特定"资质一次备案及"资质互认"，加快出口食品生产企业备案，最快实现当天申请、当天办结。利用5G+VR等技术实现远程"面对面""云申办"，高频热门海关政务服务事项入驻地方"政务晓屋"平台，远程办理企业备案等业务20余宗。

【原产地签证】2022年，天河海关签发广州关区首份RCEP原产地证书、首份输韩国RCEP原产地证书。持续推广实施原产地签证无纸化申报、对外经营者备案+原产地企业备案"两证合一"、原产地证书自助打印、智能审核等便企措施。辅导助力广州康宏科技股份有限公司、南亚塑胶工业（广州）有限公司成为全国首批RCEP经核准出口商，有10家经核准出口商企业实现自主开具RCEP原产地声明。加强对RCEP实施后行业政策影响研究，制定4大类21个问题开展专题调研，形成政研成果5篇次。年内，签发RCEP原产地证书1765份，货值7472.6万美元；签发各类原产地证书12.3万份，享惠货值46.7亿美元，签证量及享惠货值分别占关区34.4%和28.7%。

【减免税管理】2022年，天河海关聚焦"十四五"税收优惠政策，梳理形成关区内享惠高校和科研机构底账。助力减免税新政策实施、新系统上线，及时响应企业退保退税需求，高效完成"十四五"减免税新政出台后的集中审核工作。指导广州国家实验室500多台、货值超6000万元的实验室设备办理减免税申请，为广州海洋地质调查局、广东省科学院新材料研究所提供政策指导，服务粤港澳大湾区科创事业发展。协助职能部门创新制定科研设备便利化开放共享及临时移出政策措施，先行先试为中山大学、暨南大学等3家单位办理设备共享登记，有力支持粤港澳大湾区科研合作。是年，出具《征免税确认通知书》3210份，货值26.5亿元，分别占关区27%和43.2%，同比分别增长3.6倍和2.5倍。

【驻穗领馆业务】2022年，天河海关进一步践行"三智"理念，高效服务驻穗领馆通关业务。加大"互联网+电子关封"应用，设立"进出境公自用物品申报专窗""专线咨询电话""业务骨干专岗"，快速办理领馆通关业务。全年办理进出境公自用物品核准8530票，同比增长64.9%。

广州车站海关

【概况】广州车站海关（简称"车站海关"）是隶属于广州海关的正处级机构。负责粤港直通车、进出境人员及其行李物品的监管检疫工作，并承担京九、沪九直通列车的中途监管工作；监管口岸进出口货物、快件监管、金伯利进程钻石加工进出口检验以及中欧班列货物的监管和检验检疫工作；监管口岸免税店及免税品业务；征收口岸进出口货物、物品的关税，代征进口环节增值税和消费税；查缉走私违法活动和其他违反海关监管规定行为；对列车和口岸内餐饮、免税店、公共场所实施卫生监督，对口岸从业人员进行健康检查等。车站海关下设10个正科级机构，分别为：办公室（党委办公室）、人事政工科（党委组织宣传部）、财务装备科、综合业务科、分析预警科、卫生检疫科、旅检一科、旅检二科、旅检三科、监管科。所属事业单位1个：天河海关综合技术服务中心。

2022年，车站海关监管进出口班列327列，发运标箱28876个，货重17.4万吨，货值75.7亿元，同比分别增长155.5%、126.2%、157.6%、99.3%，重箱率100%。其中，出口班列317列，标箱27884个，货重16.1万吨，货值75.2亿元；进口班列10列，标箱992个，货重1.2万吨，货值5348万元。进出口班列均创历史新高。常规固定线路13条"9出4进"，通达西欧、东欧、西亚、中亚、东南亚等20多个国家（地区）的30余个城市。

【党建工作】2022年，车站海关全面深入学习宣传贯彻党的二十大精神，党委书记领学，党委委员深入学习讨论交流，打好"组合拳"线上线下延伸学习。开展"进行一次专题辅导、撰写一篇心得体会、参加一次讨论交流、组织一次主题宣讲"的"四个一"学习活动，编发党的二十大专刊12期，营造浓厚的学习氛围。以"推动共建'一带一路'高质量发展"为指导，年内形成中欧班列相关政研文章3篇。年内，加强对党员干部的日常教育管理，通过党委班子成员常态化到联系支部调研、深度发挥"四强"党支部的热源效应、健全关区日常检查制度等方式，巩固深化"强基提质"工程。

【队伍建设】2022年，车站海关作好人员借调、支援轮训工作，其中借调总署、专班等职能处室17人；支援机场疫情防控封闭管理119人次，非闭环管理13人次；支援南沙海关8人，其中6人参加疫情防控封闭管理15轮次。落实创建全国文明单位3年工作方案，推进荣誉体系建设。聚焦一线岗位，加大宣传推广力度，制作的《月上中秋》《他们》《光的方向》等视频作品先后在"金钥匙杂志""海关爱创作"等新媒体平台刊登。关注重点人群突出关心关爱，"一人一事一账"落实疫情防控一线人员关心爱护措施。加强轮训人员及疫情防控第二梯队人员心理健康服务保障，党委委员亲自连线充分了解切实解决干部生活工作难题10余人次，慰问节假日闭环人员13人次。作好退休干部服务保障工作，精准作好组织生活、文化活动、走访慰问等工作，全年组织慰问退休干部30余人次。年内1个科室获评2021年度广东省"巾帼文明岗"，1名科长获评广州海关"三八红旗手"，1个支部获评广州海关"四强"党支部，现有"四强"党支部2个；6名党员获评广州海关优秀共产党员，2名党员获评广州海关优秀党务工作者。针对关区较大比例人员前往机场口岸参与疫情防控及多名干部借调专班、职能部门集中工作所带来的人员情况难掌握、组织生活难保障等实际困难，建立由党委委员电话调研、职能科室专门跟进、相关科室定期汇报等系列配套措施，线上线下强化对人员的管理。加强长效开展廉政教育，强化警示教育，开展好纪律教育学习月等警示教育活动，通报典型案例，深入推进廉政教育，倡导清正廉洁的工作和生活氛围。

【专项教育】2022年，车站海关深入开展专项教育活动，严格落实"第一议题"制度，党委通过党委会、理论学习中心组学习等进行"第一议题"学习60余次。全面加强党的领导，严格执行"三重一大"事项集体决策制度，充分发挥基层党委把方向、管大局、保落实的作用，切实把思想和行动统一到党的二十大精神上来。用好"两级一岗"工作手册，梳理政治要求270项，动态维护政治要求清单，着力提高党员干部政治本领，促进全关上下对"国之大者"的认识不断深化。党委书记带头讲授党课，各级党组织书记累计讲党课11次，编发专项教育活动专刊21期、动态7期。党委委员挂牌督办，发挥"专责机构、纪检委员、派驻纪检组"三支监督力量，建立监督检查、台账管理、汇报交流3项机制，开展专项监督检查12次，对问题进行实名通报，立行立改。

【巡察工作】2022年，车站海关切实作好巡察整改工作。明确整改任务，严格落实整改措施。根据巡察组反馈的整改意见制订整改方案深入剖析整改。对照巡察反馈意见指出的3个方面30个问题，党委认真研究制定具体整改措施80条，形成"挂图作战、挂账销号"统计表逐一落实，对账销号。把巡察整改与学习宣传贯彻党的二十大精神结合起来，与专项教育活动和"学查改"专项工作等重点任务结合起来，抓好巡察后续工作，将巡察发现的问题转化为队伍管理、警示教育的实效。

【"海关重点项目和财物管理以权谋私"专项整治】2022年，车站海关从严作好"海关重点项目和财物管理以权谋私"专项整治整改工作。对照海关总署检查组反馈意见指出涉及全关的2个方面2个问题，制定具体整改措施6项；对其他部门发现的问题及廉政风险清单反映的共性问题对照自查，形成全面自查阶段的共性问题和廉政风险11个，制定具体整改措施18项；对广州海关自查发现的8个共性问题和廉政风险，制定具体整改措施18项，形成车站海关专项整治视频督导检查反馈问题整改清单。21个问题均完成整改，制定、完善制度3项。

【疫情防控】2022年，车站海关抓好内部管理，提升应急处置能力。根据广州海关疫情防控工作文件精神，结合所在地疫情风险较高的具体实际开展防控工作，与广州东站、东站地区管委会、班列监管场所运营企业等相关单位建立疫情防控沟通协调机制，争取地方相关部门支持，年初将全关工作人员纳入东站常规核酸检测范畴。持续开展健康"日报告、零报告"，每月重点工作推进会均对疫情防控工作进行布置。强化疫情防控一线人员业务能力培训，有针对性地安排封闭管理干部参加学习，加强"第二梯队"人员培训，进一步提升传染病排查处置技能和突发公共卫生事件应急处置能力，年内开展"第二梯队"人员培训考核6次。

【应急处置】2022年，车站海关作好重要时间节点应急处置工作，从9月下旬广州海关应急体系激活开始，全体班子成员在岗带班，靠前指挥。强化值班员管理，召开专题教育会议，开展专题培训，进行操作考核，确保人人过关。截至10月底，全关克服人员因轮训、借调、调出等导致偏少的困难，顺利完成应急任务。11月初，结合广州市本地疫情，9日至月底启动应急值守，一把手24小时在岗；抽调青年男干部组成驻场突击队，11月11日至12月4日，15人次在广州国际港"7×24小时"驻场保障通关业务，其间完成26列广州中欧班列通关任务。年内，加强应急处置工作，开展主题演练5次，涉及内部疫情防控（内部工作人员感染新冠应急处置）、核辐射涉恐应急演练、值班应急演练、消防处置应急演练2次，其中实战演练4次、桌面推演1次，与广州国际港场所经营单位共同开展消防处置应急演练1次。

【促外贸稳增长】2022年，车站海关认真落实海关支持中欧班列发展工作措施，研究进一步细化落实广州海关促进外贸保稳提质和助企纾困降成本的"28+25+12"条措施，聚焦企业需求，作好政策指导和市场调研，提供"量体裁衣"式班列服务，便利企业申报，助力降低物流成本；遵循铁路行业物流特点，优化物流链条通关环节，积极沟通铁路部门和出境口岸海关，协同提升整体通关效率；积极支持地方RCEP行动方案，探索优化中老铁路运输流程，确保安全高效完成期间货运班列出境监管和服务；对企业开展政策宣讲10余次，指导企业规范申报，通过"舱单归并""铁路快速通关""担保放行"等措施，压缩通关时长，提升效率。年中实现关区首票"铁路快速通关"货物在广州大朗站顺利发运。结合市场需求，支持企业推出精品班列，开行华为专列、长虹"液晶电视专列"、美的"微波炉专列"、大运"摩托车专列"、长城"汽车专列"等，开辟粤港澳大湾区家电生产企业全新的出口陆路物流通道。积极推动广州铁路集装箱中心站建设，建立专岗队伍在投产前每周至少一次深入国际港现场，研究场地设置、线路布设、流程设计以及班列发运计划，上半年与相关部门开展座谈、政策宣讲5次。中心站的海关监管作业场所于7月25日通过行政许可，8月4日正式启用，相关消息在中央电视台《新闻联播》栏目报道。国际港投产后依托其良好硬件基础，改变了此前广东省内中欧班列点多面广、总量控制、体量偏小的局面。投产后每月发运数与增城西站互有领先且保持在省内前两位,发挥集聚效应,在第四季度国际港陆续开行江门、湛江等内贸转外贸班列。经车站海关指导推动,12月27日,海关监管作业场所"广东中欧班列(广物)跨境电商监管中心"注册成立,进一步丰富中欧班列业务类型,拓宽货物通过中欧班列出境的渠道。

【打击走私】2022年,车站海关加大对中欧班列的查缉力度,全力以赴开展各类打击走私工作。主动申请加入"邮包会战"工作,查验拆包253个,继续加强与缉私部门的联合研判与协作配合。加强对中欧班列的查缉力度,跨科室开展综合研判,关注高风险商品、企业,专岗紧盯统计数据检控,注重对出口货物知识产权保护,年内查获中欧班列侵犯知识产权类案件2宗,涉及侵权货物4377件,查获申报不实简快案件2宗。

番禺海关

【概况】番禺海关是受广州海关直接领导，按授权负责广州市番禺区范围内海关各类管理工作的正处级隶属海关。2022年，番禺海关内设正科级机构15个，包括办公室（党委办公室）、人事政工科（党委组织宣传部）、财务装备科、技术运维保障科、分析预警科、综合业务科、稽查科、政务服务科、查检科、卫生检疫科、沙湾监管科、珠宝园监管科、莲花港监管科、莲花港跨境电商监管科、莲花港旅检科；事业单位1个，为番禺海关综合技术服务中心。

2022年，番禺海关坚持以习近平新时代中国特色社会主义思想为指导，深入学习贯彻党的二十大精神，持续作好疫情防控工作，促进外贸保稳提质，强监管优服务，各项工作取得积极成效。是年，番禺区外贸进出口总值1242.3亿元，同比下降0.5%，占同期广州市外贸进出口总值的11.3%。其中，出口771.6亿元，同比下降2.3%，占广州市出口总值的12.5%；进口470.7亿元，同比增长2.7%，占广州市进口总值的9.9%；莲花港口岸进出口货运量228.3万吨，货值301.9亿元。

【党建工作】2022年，番禺海关坚持学习贯彻党的二十大精神，"第一责任人"示范带头，党委班子领学促学，组织党委理论中心组专题学习9次；举办执法一线科长、基层党支部书记、科级领导干部能力提升培训等重点班次，巩固政治机关专项教育活动和"学查改"专项工作成果；组织开展"强化政治机关意识"大讨论及学习研讨成果交流会，汇总整理形成问题清单39项，制定整改措施80项并形成长效机制，问题整改率为100%。组织精读细读党的二十大报告，开展"时代向前 初心不改 喜迎党的二十大"新老党员对话、"喜迎二十大 奋进新征程"主题书画摄影展等系列活动。建立优秀年轻干部和执法一线人才储备机制，加强岗位资质管理和业务能力培训，获得岗位资质214人次，关区内具有6个以上资质人员3人。加强干部监督管理，排查"裸官"和干部违规在企业兼职问题。巩固文明单位创建，连续8年为番禺区培智学校组织爱心捐助活动，是年筹集1.3万余元用于购买爱心物资。

【党风廉政】2022年，番禺海关深入推进"海关重点项目和财物管理以权谋私"专项整治工作，依托反腐倡廉教育基地、"新时代廉洁文化建设"宣传专栏等资源进行宣传，通过观看警示教育片、支部交流共建、"年轻干部谈廉洁"等活动营造廉政氛围。运用日常提示、提醒谈话、批评教育、责令书面检查、诫勉谈话等多种形式加强廉政纪律教育。与派驻纪检组探索形成"联动监督"模式,加强与地方纪委监委沟通联动,聘请特约监督员15名,形成内外兼治态势。深化巡察整改成效,对照巡察反馈意见3方面16个问题,制订整改方案细化具体措施84条,完善口岸监管、企管稽查等领域规范性文件16份。聚焦重大政策措施落实情况开展专项督察自查13次,结合审计整改建立健全长效机制。筑牢"基层自控、职能监控、专门监督"三道防线,打造内控科室"样板间",关注内控节点445个,检查应用节点600次,查发整改问题286个。

【口岸监管】2022年,番禺海关持续加大对涉毒涉爆、濒危制品、跨境赌博等查缉力度,在快件渠道查获含四氢大麻酚成分的大麻籽3632克。推进安全生产专项整治三年行动,加强内部场所、海关监管区、实验室等安全检查,建立动态台账立行立改,结合港口安全生产联防联控工作机制,加大安全监管合力。推进"口岸危险品综合治理"百日专项行动,开展进出口危险品货物口岸滞留情况大排查,完善危化品"严防、严打、严查、严管"全链条监管模式,监管进出口危化品及其包装1033批次,签发进出口危险货物及其包装证书1079份,检出不合格9批次。成立供港物资通关协调保障工作专班,对接码头及发货企业摸清通关计划,有效实施"提前申报、预约查验、运抵直装"监管模式,提供"7×24小时"通关服务,畅通莲花山港"水上应急通道",做到"中央专班协调物资第一时间快放、其他供港物资加班加点验放",验放供港报关单528批次(涉及专班协调物资197批次),货值5.1亿元。

【税收征管】2022年,番禺海关推进关区促进跨境贸易便利化专项行动,细化制定措施13项,推动各项减税降费措施和税收政策落地见效,助力企业"通关提速、成本减负、享惠增效",惠及企业4962家次。加强综合治税,发挥关税技术专家团队"智库"力量,对关区汽配维修件、变速箱、集成电路等高风险商品开展价格风险调研,动态监控税收征管质量评估指标,研究报送税收风险参数建议12条,税款入库25.7亿元,同比增长3%。

【查缉走私】2022年,番禺海关巩固"断链刨根"专项整治成果,深入推进"邮包会战",办理简快案件1156宗。围绕"国门利剑2022"联合专项行动等重点打私领域,查发可可粉、精油等商品低报价格案,涉及案值9962万元;查发出口甲油胶涉嫌逃避商检罪情事,涉案货值2414万元;查发企业进口含濒危植物成分化妆品逃避《物种证明》违规案2宗,涉案货值3835万元;查发企业擅自外发加工保税物料情事,涉及保税物料货值618.4万元。

【企管稽查】2022年,番禺海关发挥"关长联系企业""关长接待日"优势,联系关区企业68家,综合运用"一企一策""问题清零"等帮扶机制,协调解决企业加贸、国际船舶供油等难点堵点问题78个。建立服务企业长效机制,大力推进"多证合一"改革、"开办进出口贸易企业一件事"联办,落实原产地签证备案"两证合一"、自助打印、智能审核等便利措施。深化"智慧海关"建设,推广"提前申报""两步申报"通关模式,应用移动远程监管。梳理关区单项冠军、独角兽等企业名单,建立"重点企业培育库",

为中小微企业纾困解难，培育高级认证企业5家。加强进境粮食后续监管，运用跨部门联动执法、稽核查作业等方式深度挖掘账货不符、账面矛盾等线索，守好粮食安全底线，办理粮食初审26批、4.8万吨，粮食调运31批、6万吨。推进稽查业务改革，加强数据分析和贸易调查，深入挖掘商品、企业、行业进出口贸易风险，提升稽查查发精准度，办结稽核查作业222宗。

【卫生检疫】2022年，番禺海关打好口岸疫情防控阻击战，全面落实"人、物、环境"同防，坚持"多病共防"，检疫出入境船舶3435艘次，船员2.2万人次，实施入境船员核酸检测3556人次，协助地方联防联控部门作好应急处置工作。修订入境人员卫生检疫岗位工作人员封闭管理工作方案（2022年第六版）和内部工作人员感染新冠感染应急处置预案（2022版），推进新冠疫苗接种"应接尽接"。优化调整一线高风险岗位工作人员封闭管理，落实关心关爱措施，实施心理援助128人次，组织党委委员参加封闭管理工作4轮次。立足属地疫情形势，修订办公区疫情防控特殊时期办公运行应急预案（第三版），加强人力调配，响应莲花港码头、珠宝产业园等业务需求。加强常态化自查督查，关领导班子成员视频督导检查47次，推动整改问题173个。

【动植物检疫】2022年，番禺海关严防境外动植物疫情疫病传入及外来物种入侵，深入开展"国门绿盾2022"专项行动，货运渠道截获检疫性有害生物9种13种次、一般有害生物81种154批次，非贸渠道截获外来物种26种62批次，其中在进境种苗中检出山茶根结线虫，属广州关区首次检出。严格落实海关总署"跨境电商寄递'异宠'综合治理"专项行动部署，连续查获邮寄方式走私甲虫进境案2宗，其中，1宗查获长戟大兜虫6只，玛格丽塔角雏兜虫1只，以涉嫌妨害动植物检疫罪立案侦办；1宗查获长戟大兜虫、战神大兜虫等甲虫16只，抓获犯罪嫌疑人1名，并循线追查至专门饲养繁殖场所，查扣成虫、幼虫、标本虫近600只和养殖工具一批，以全国海关首起"非法引进、释放、丢弃外来入侵物种罪"立案侦办。

【进出口食品安全监管及商品检验】2022年，番禺海关开展进口食品"国门守护"行动，检出不合格食品化妆品558批，其中未获准入境需退运销毁食品32批。梳理餐厨用具、日化产品、儿童玩具等热门进口消费品清单，制定专项通关预案，落实预约查验、优先安排、当天办结等措施，提升属地查验效率。加强重点敏感商品质量安全检验监管，密切跟踪国家技术规范的强制性要求变化情况，监管入境机电产品及医疗器械产品228批次，检出不合格31批次。

【促进外贸保稳提质】2022年，番禺海关注重支持重点项目建设及培育地方特色产业。组织调研受香港新冠疫情影响珠宝企业通关的难点堵点，制订"陆转空"方案，组织推进"保税加工＋新零售"模式，保障珠宝物流供应链稳定畅通。推动粤港澳大湾区首个钻石公用型保税仓投入使用，实现报关、检验、核销、保税仓储等全要素手续"最多跑一次"即可完成，促进钻石贸易便利化。针对关区灯光音响产值占全国过半、产业集群规模超百亿的特点，重点培塑锐丰音响、珠江灯光、浩洋电子等"专精特新"企业，打造"高精尖"科技创新窗口。服务广汽埃安新能源发展战略，对接广汽研究院汽车整车风洞项目设备采购需求，支持广汽集团进口变速箱等汽车零部件约11.4亿元。搭建"查检绿色通道"，保障民生物资供应，帮扶广州酒家、陶陶居、莲香楼等老字号企业出口增长约10%。以RCEP生效实施为契机，助企享惠促外贸发展，年内签发RCEP项下优惠原产地证书1230份，涉及货值2.5亿元。

推动海运渠道跨境电商业务发展，协调引进广州中远海运电商供应链管理有限公司等优质企业入驻，助力保障天猫国际、京东等大型电商平台业务需求。支持全国最大快时尚跨境电商企业注册外综服企业，组织推进"外综服+跨境电商"新业务模式。监管进境B类快件清单101.1万票，货值3亿元；监管跨境电子商务进境电子清单34.1万票，货值3.2亿元；监管跨境电子商务出口电子清单324万票，货值1.9亿元。

【法治建设】2022年，番禺海关推进基层法治建设，制定年度普法责任清单，细化任务目标10项和具体措施24项。针对制修订的海关规章和企业反映较为集中的法治热点问题，建立"说理式"执法和"嵌入式"普法机制，面向企业群众开展政策宣传、互动交流104次。建立"执法巡查"机制，每季度对现场简快案件办理情况开展执法检查，通过"法治讲坛""送法下基层"等形式促进关员学法用法，提升行政执法规范化水平。

【风险管理】2022年，番禺海关建立业务风险分析例会制度，加强对关区进出口异动情况和风险线索分析研判，动态梳理"两高一低"商品清单，提升风险防控精准度。制发防范化解重大、系统性风险工作方案，结合"两级一岗"工作手册编制，全面梳理岗位风险点522条，针对性制定风险防控措施446条。加强再生金属、危险品等重点监管环节业务管理，通过现场自查、科长巡查、机动查验、复查复验等方式，加强常态化督导检查。发挥三级监控指挥中心作用，加强关区口岸监管业务运行监控，开展视频监控检查2630次，查发整改监管作业、安全防护等问题173个。

【综合保障】2022年，番禺海关修订关区应急处置预案和工作机制，加强值班应急管理，通过开展"全覆盖"式值班培训、常态化实战演练等，提升关区快速反应能力。发挥辅助决策作用，政务、统计、专题信息获上级宣传载体采用299篇次。提升海关正面宣传效应，全力保障供港物资、查获甲虫走私案等工作成效被主流媒体广泛报道，年内刊登新闻稿件124篇次。舆情处置、政务公开、督查督办、机要档案等工作进一步加强。深化IP-SG网络准入控制项目试点工作，开展业务网终端国产操作系统替换，加强网络安全保障。加强实验室管理，保障实验室生物安全和生产安全，提高检测人员业务技能，顺利完成CMA（中国计量认证）和CNAS（中国合格评定国家认可委员会）文审换证工作，提升科技治理能力。

南沙海关

【概况】南沙海关成立于2009年3月25日,关区范围为广州市南沙区,面积803平方千米,辖内有广州港南沙港务码头、广州南沙海港集装箱码头、南沙港区三期码头、南沙粮食通用码头、南沙汽车码头、南沙货运码头、南伟码头等一类开放口岸码头14个,海关监管作业场所15个,集中作业场地5个,指定监管场地12个。主要负责南沙口岸和南沙综合保税区国际航行船舶(含邮轮)及来往港澳小型船舶监管、海运进出口货物监管、内河及陆路转关运输货物监管,进出境旅客监管及跨境电商、快件行邮物品监管,南沙区外贸进出口企业管理、稽核查、保税仓及保税货物监管,业务整体门类全、体量大、发展快、形态新,在广州关区占有重要地位。

该关内设34个科级机构,即办公室(党委办公室)、人事政工科(党委组织宣传部)、财务装备科、技术运维保障科、分析预警科、法制科、政研室、综合业务科、稽查科、政务服务科、查检科、自贸区和特殊区域发展科、大南沙审核业务科、小南沙审核业务科、快跨审核业务科、案件处置科、物流监控科、锚地监管科、跨境电商监管科、旅检科、邮轮监管科、货港监管科、天航快件监管科、小虎石化监管科、小虎汽车监管科、散货码头监管科、南沙港查验科、南沙港运输工具监管科、海新冷链查验科、南沙机检集中审像科、南沙港快件监管科、南沙港物流区监管科、南沙港加工区监管科、卫生检疫科。

年内,南沙海关监管进出口集装箱379.2万标箱、同比增长18.4%,进出口货值6357.9亿元、同比增长48.6%,均居广州海关第一;监管进出口货运量4383万吨,占广州海关总量的68.5%;税收累计入库245.3亿元,同比增长11.5%,占广州海关入库数的36.8%。南沙区外贸进出口2988.2亿元,同比增长15.1%,其中进口1365.2亿元、同比增长23.2%,出口1623亿元、同比增长9.1%。

是年,南沙海关获海关总署通报表扬,获评"南沙区制度创新先进单位"等集体荣誉18项次,获评全国"人民满意的公务员"等个人荣誉510人次。1个党支部通过全国海关基层党建示范品牌复核,3个党支部成功争创广州海关"四强"党支部。在"文明单位创建巩固提升三年行动计划"首轮考核中荻关区第一。

【学习贯彻党的二十大精神】2022年,南沙海关把全面学习落实党的二十大精神作为首要政治任务,坚持"第一议题"制度,着力强化"学习、落实、督办",把忠诚拥护"两个确立"、坚决做到"两个维护"作为关区政治建设的根本要求。结合开展学习宣传贯彻党的二十大精神,研究制定41条贯彻落实措施,开展集体学习交流10次,带动关区开展学习研讨156次,1021人次参加相关知识测试,学习情况获《中国国门时报》等媒体报道12篇次。制定贯彻落实措施36项,推进课题研究6项,将学习成果转为实际成效。

【疫情防控】2022年,南沙海关落实口岸卫生检疫"三查三排一转运"、开展"一船一议一方案"精准防控。通过预审证措施加强进口冷链货物来源地等信息验核,严格落实新冠病毒检测和监督预防性消毒,畅顺关地信息双向推送,完善联防联控工作闭环。严防严控猴痘、埃博拉病毒病、拉沙热、中东呼吸综合征、黄热病等传染病跨境传播,做到"多病共防"。严格落实安全防护和封闭管理,组织开展安全防护集中培训考核1474人次,加强监督检查发现问题356项并整改完毕,完善封闭管理制度和场地设施,闭环管理实施以来参加封闭管理工作820人次。细致作好内部疫情防控,严格落实健康状况监测管理制度,加快推进疫苗接种,研究制定各类应急预案并开展专项演练4次。高效应对本土疫情,及时检视海关检疫监管工作制度规范,作好应急通关安排,优化一线封闭管理和监管工作。

【国门安全】2022年,南沙海关持续打击"洋垃圾"进境,加强固体废物进口情况分析和滞港监控,查获固体废物16票471.8吨。开展进口食品"国门守护"专项行动,检出不合格进出口食品75批次,从美国进口牛肉中检出莱克多巴胺。筑牢国门生物安全防线,落实"国门绿盾2022"专项行动,加强进口农产品、木材等关键商品检疫,在广州关区首次从美国原木中检出检疫性喜马拉雅杉木蠹属。把好进出口商品检验关,查发不合格进口再生金属3批次。与南沙区相关单位建立知识产权保护框架协议,构建知识产权保护工作协同机制等5项机制,办理知识产权行政案件508起,同比增长3.6倍,查扣侵权货物物品502万件。

【打击走私】2022年,南沙海关构建"打、防、管、控"治理体系,加强与地方公安、海警、海事、环保等部门的协同配合,推动解决查扣冻品、"三无"船舶、固体废物统一处置机制等疑难问题。搭建办理涉检行政处罚案件"南沙样板",办案全流程"模块化作业",建设办案人才库,实行疑难案件、异常情况、特殊案件类型"一事一研判",办理涉检案件2304宗、简快案件2038宗。

【落实《南沙方案》】2022年,南沙海关对照海关总署支持《南沙方案》16项具体措施和广州海关48项细化措施,结合省市区重点任务清单,梳理形成25个重点项目支持政策包,以项目为引领推动《南沙方案》落实落地,叠加自贸试验区、进口贸易促进创新示范区等优势区位推动集成创新。抓抢战略窗口期,从优化制度创新机制、促进实体发展项目、推动平台区域建设等方面加强统筹,进一步发挥海关特殊监管区域政策优势和自贸区扩大开放"试验田"作用。年内,"AEO智联培育平台""进口预包装食品标签技术整改移动远程监管"2项措施获批备案;"创新跨境电商出口退货'一站式'海关监管服务模式"入选中国(广东)自由贸易试验区 2021 年 15 个最佳制度创新案例、中国（广东）自由贸易试验区广州南沙新区片区 2021—2022 年度十大创新成果；南沙海关获评"南沙区制度创新先进单位"，并在该评选中综合得分位列第一。

【优化口岸营商环境】2022 年，南沙海关制订跨境贸易便利化专项行动工作方案，明确 27 项细化措施，持续压缩进出口通关时间，12 月，南沙口岸进、出口整体通关时间分别为 24.4 小时、0.9 小时，较 2017 年分别压缩 70.7%、91.7%。坚持助企服务，征求地方政府、电子口岸、港口及 400 多家外贸企业等意见建议，形成问题清单逐项解决；建立通关疑难业务问题诉求解决专窗、政务服务热线、通关需求收集邮箱等问题收集解决渠道，形成 67 条优化建议和措施。推进 RCEP 全面落实，8 家企业通过经核准出口商认定，落实中转货物产地来源证管理制度，推动相关国家原产货物在南沙综合保税区集散分拨。推广"提前申报""两段准入""附条件提离"、智能审图等措施，确保 RCEP 生鲜易腐烂产品"6 小时放行"。编制南沙口岸全流程监控表，利用各类信息化系统加强全流程通关数据监控，为监管执法提供支撑。作好"预约通关"功能试点应用和复制推广，支持"单一窗口"建设，实现国际航行船舶联合登临检查指令自动发布，线上自助完成汽车 VIN 码校验等，推进集培育、认证和服务为一体的"AEO 智联培育平台"优化建设。根据中山大学自贸区综合研究院发布的"2020—2021、2021—2022 年度中国自由贸易试验区制度创新指数"，南沙"贸易便利化"得分连续两年排名全国自贸试验区第一。

【通关物流体系建设】2022 年，南沙海关推进以南沙为枢纽港的"湾区一港通"改革，推广至南海三山、黄埔新沙等 14 个码头，叠加"内外贸同船运输""启运港退税"等举措，监管出口货物 12.8 万标箱。联动南沙综合保税区与白云机场、深圳机场的粤港澳大湾区航空货站建设，监管进出境运输车辆 7200 车次、货值 3.9 亿美元。推动南沙港铁路场站建设，打通内陆铁路场站与港口连接，监管海铁联运货物 10.5 万标箱。优化汽车整车出口监管仓库管理，推动出口汽车从实际到港申报出口模式向保税入仓即可申报出口模式转变，推动南沙口岸实现整车进出口 15.5 万辆、同比增长 3.3 倍。支持打造南沙千亿元冷链能级，年内南沙国际物流中心冷链项目投产运营，南沙口岸冷链货物进口额 225.6 亿元、同比增长 79.7%，进口额上升至全国口岸第三位。顺畅粮食等重点商品进口通道，支持粮食通用码头二期建设，采取就近布局实验室、"5G+无人机+人工表层查验"、《入境货物检验检疫证明》无纸化申领等措施提升进口粮食检疫通关效率，全年南沙口岸进口粮食 201.6 亿元，同比增长 14%。助力优质种源进口，全年检疫监管进口种牛 7738 头，同比增长 97.1%。

【综合保税区及"两仓"监管】2022 年，南沙海关支持打造南沙综合保税区"保税+"产业集群，扶持国际分拨中心、跨境电商枢纽基地、华南航空租赁聚集中心、粤港澳大湾区文化保税创意中心等重点项目发展，年内经南沙口岸进出口跨境电商业务货值 1539.9 亿元、同比增长 3.3 倍，全球优品分拨中心进出口额 83.1 亿元、同比增长 11%，文化保税货物进出口77.3亿元、同比增长2.1倍。优化综合保税区建设联系配合机制，定期向地方相关部门通报南沙综合保税区外贸、区内企业违规、固体废物出区等情况，督促地方相关部门加快向自然资源部报送符合要求的土地利用情况，推进南沙综合保税区验收工作。是年，南沙综合保税区进出口1320.6亿元、同比增长61%，活跃企业数126家、同比增长16.7%。支持保税船供油业务和依托出口监管仓库船舶供油业务开展；在南沙汽车码头设立华南地区首个整车出口监管仓，支持南沙国际物流中心（北区）开展出口监管仓库出口集拼。加强南沙综合保税区和保税监管领域风险防控，年内开展危险货物排查3次，联合地方相关部门明确美妆类保税货物监管处置机制，加强入区项目和坚果类、配额商品等重点商品事前、事中、事后风险管理和数据监控，开展跨境电商直接出口爆发增长风险分析，加强全链条管控。

【支持全球人道主义应急仓库和枢纽建设】2022年，南沙海关支持全球人道主义应急仓库和枢纽建设，顺利完成过渡仓至长期仓建设及物资调拨，建立"7×24小时"快速通关机制，全年监管出境物资1.5亿件、货值2.6亿元，涉及50多个国家和地区。高效验放世卫组织捐赠防疫物资1批，用于支援广州市新型冠状病毒感染疫情防控。

越秀海关

【概况】越秀海关成立于2019年1月7日，是受广州海关直接领导的正处级隶属海关，关区内无通关口岸，职能为负责办理广州市越秀区范围内进出口企业海关业务各类管理工作，集约化负责广州关区稽查行动管理、指挥统筹参与重大稽查行动、协调跨关区稽查联动等业务。该关行政编制70名，内设科级机构9个，分别为办公室（党委办公室）、人事政工科（党委组织宣传部）、技术运维保障科、分析预警科、综合业务科、属地外勤科、政务服务科、机动稽查一科、机动稽查二科。

【党建工作】2022年，越秀海关深入推进学习宣传贯彻党的二十大精神，通过中心组学习、宣讲交流等方式开展全关党员研究交流；制定学习贯彻党的二十大精神任务分解表，涵盖3个方面37项内容，明确责任部门和完成时限；充分利用网页专栏、文化长廊、电子媒体等多种载体，全方位开展党的二十大精神宣传，通过网页专栏展示六大类74篇作品；灵活采用"集体研讨+个人自学""线上+线下"等方式，组织党员开展学原文、悟原理，全关干部撰写学习心得，9个支部结合党的二十大精神制订工作计划等活动，确保党的二十大精神落地生根，取得成效。年内，开展"强化政治机关意识"大讨论81次，对照具体问题，开展各领域、全流程重大风险隐患排查，梳理问题35个，制定整改措施35条，逐项整改逐项销账，确保风险不上升不演化；开辟"越秀稽查政治学堂"，推动党员干部"周周讲、轮流讲"，强化底线思维破解业务疑难问题。加强实践向理论转化，全关撰写加强政治机关建设理论文章9篇，获相关载体刊发1篇。

【"海关重点项目和财物管理以权谋私"专项整治】2022年，越秀海关开展"海关重点项目和财物管理以权谋私"专项整治活动，紧盯重点岗位和关键环节，组织相关人员认真查找问题、梳理风险、深刻剖析，通过撰写专项整治个人剖析材料，全面掌握理解专项整治的意义和要求，推动学习与思想同步提升。互动交流大讨论，围绕专项整治学习重点和典型案例，结合"强化政治机关意识"大讨论活动开展集中学习研讨21次，通过"头脑风暴"促进相关人员进一步强化思想认识，筑牢拒腐防变的思想防线，进一步提升纪法教育和警示教育效果。

【队伍建设】2022年，越秀海关持续拓展"强基提质工程"，促进基层组织力、凝聚力提升，搭建平台推动青年干部岗位成才，在实践锻炼中磨炼关员过硬业务本领。推进岗位资质人员培养工作,梳理岗位资质配置情况,鼓励全体干部积极参加在职学习和岗位资质考核,目前拥有各类岗位资质人员30人。以开展岗位练兵为平台着力提升队伍专业素质,2人入选稽查岗位练兵全国"百强"名单,3人入选海关稽查专家型人才库全国百人名单。

【促进外贸保稳提质】2022年,越秀海关制定落实18条促进外贸保稳提质工作措施,建立服务重点企业重点项目工作机制,完善关长联系企业机制,加强沟通协调,宣传推广集团财务公司担保、市场采购预包装食品等新举措。每月开展外贸形势分析研判,与越秀区政府建立落实联合外贸形势研判、联合政策宣讲、联合走访企业"三联"工作机制,精准施策助力外贸高质量发展。是年,越秀区外贸进出口总值577.4亿元,比上年同期增长2.5%。

【优化口岸营商环境】2022年,越秀海关进一步优化进出口货物通关效率,支持关区企业自主选择"提前申报""两步申报"等申报模式,采用汇总征税、关税保证保险等多种税收担保方式,全年整体进口通关时间优于广州关区平均水平。指导关区企业通关环节报关单规范填报,提升企业自主申报纳税的合规性与便利性,降低企业进出口成本,实施进出口通关便利化措施。锁定重点企业62家,加强与重点纳税企业沟通协调,落实汇总征税、自报自缴等便利措施。加强政策法规引导,推动首个直属海关审批通过企业集团财务担保资质,开展RCEP线上线下宣传贯彻会。是年,越秀区对RCEP成员进出口177.1亿元,增长8.4%。全年属地报关单数1363票,行政征收2037票,税收入库3.4亿元,比上年同期增长16%。

【属地查检】2022年,越秀海关推进稽查业务改革,探索属地查检与稽核查联动模式,提升精准查发打击能力。全年新开稽查作业19宗,办结稽查作业23宗,有效作业18宗;接收核查作业指令49条,完成48条,有效作业34宗。全力推进"国门利剑2022"联合专项行动,以打击跨境电商、快件进口违规违法行为等为主攻方向,查发伪瞒报成交价格、未如实申报等移交缉私案件14宗,其中行政大案5宗,预估涉及案值8.9亿元。及时跟进业务指标执行情况,迅速补齐指标短板,年内办理简快案件45宗。持续推进特殊物品"非接触式"后续监管试点和属地查检网上预约工作,全年完成特殊物品后续监管22票,完成进口货物目的地检查622票,货值5.7亿元,发现异常21票,办理涉检行政处罚案件7宗。

【企业管理】2022年,越秀海关精细化管理属地外贸市场主体。深化"放管服"改革,为539家企业办理通用资质备案,247家企业办理备案注销业务,年内在册企业5577家;梳理关区企业底数,建立人大、政协代表企业名单、RCEP往来贸易企业名单、重点产业链企业名单"三张清单";开展关区外贸市场主体调研,形成《越秀海关关于越秀区外贸市场主体发展情况的调研报告》。建立重点培育企业信息库,推行"线上+线下""实地+远程"认证方式,开展政策宣讲覆盖企业110家次;依托企业协调员制度为AEO解决疑难问题9项;联合地方政府制订"信用+海关服务"应用工作方案,搭建在线AEO模拟自评场景,获评2022年广州市"信用创新应用案例";参与海关总署平台经济等新业态信用管理模式研究工作，形成《广州海关跨境电商企业调研报告》。年内，成功培育AEO企业4家，关区AEO企业增至44家。

【风险管理】2022年，越秀海关开展政治、业务、管理领域风险隐患动态排查，建立越秀海关防范化解重大、系统性风险工作台账，制定防范化解风险对策措施90条。建立风险分析联合研判工作机制，定期召开风险分析联合研判会议，强化风险点收集分析、处置执行和绩效评估。加强常态化风险监测分析，构建关区日常监控模型，强化关区重点行业领域、新增企业商品、突增突减企业商品等异动数据定期监控排查。健全完善长效内控机制，进一步健全完善内控节点台账，持续推进新海廉系统应用，有效处置异常数据59条。以国家审计为契机开展各项监督检查16次，对照督察审计、巡察、执法检查发现的问题以及专项教育排查的风险隐患开展"三对照一回头"，从"落实—制度—认识"逐层剖析，落实问题整改，形成"监督—处置—整改"闭环，夯实业务基础。

【专项稽查】2022年，越秀海关实施跨隶属关区机动专项稽查。贯彻落实战略资源产品贸易管制措施，对C类快件出口稀土行业的5家重点企业开展专项行动，牵头查发存在问题的稀土及其制品38.8吨。打击伪报原产地偷逃对美加征关税行为，对12家进口再生塑料企业开展专项行动，涉及货值8.2亿元。打击濒危植物制品违规进口，查发6家企业涉嫌税号申报不实影响国家许可证件管理情事，涉及货值4.5亿元。开展重点渠道、重点商品专项行动，精准甄别出口旧衣物、市场采购和跨境电商直接出口存在的申报不实、逃漏检、虚假贸易等问题，开展4轮专项行动涉及19家企业，查发2个方面7个类别99项主要问题。聚焦民生小商品，攻坚涉检大案，对出口甲油胶行业25家高风险企业开展专项行动，查发涉嫌逃漏检、"灰色清关"逃避监管情事，涉案货值5.7亿元，对行业及相关企业形成明显震慑。其中，查发21家企业涉案货值超过300万元，涉嫌构成逃避商检罪，刑事案件成案率84%。落实保稳提质工作，深入分析非贸付汇数据开展特许权使用费专项，组织广州海关隶属海关单位对关区企业大额非贸付汇数据进行排查，涉及企业308家。

【政务运行】2022年，越秀海关制定"关长接待日"工作规范和信访应急预案，扎实推进基层政务公开标准化规范化建设，深化关地政务公开平台合作，开展"三进"品牌活动73次，其中"全面融入'古越今秀'推动'我为群众办实事'落地生根"事例入选广州海关第一批基层政务公开优秀案例，全年4个季度政务服务平台建设均获评为A类（优秀）。大力推进信息、新闻、政研"三位一体"模式，围绕知识产权保护、专业市场、外贸发展等主题与相关部门开展联合宣传，提升外宣效果；聚焦核心业务深入调查研究，4篇政研文章获海关相关载体采用。

【安全应急处置】2022年，越秀海关作好"百名科长百日督查"3个问题的整改，动态更新疫情防控相关台账，严格落实外出、健康及外来人员管理各项措施。开展防护技能培训3次、应急演练1次，平稳应对多轮本土疫情。

完善安全生产领导小组机制，制定落实"防风险、保稳定、迎二十大"9个方面22条措施，每旬开展"安全检查—通报—整改—问责"全链条管理，开展安全检查12次，整改问题11个，及时全面消除安全隐患。与关联单位合作开展联防联控，形成安全生产工作合力。强化值班应急管理，党的二十大前后激活关区应急指挥体系，提高指挥反应能力。成立网络安全保障工作小组，开展网络应急演练2次，及时有效处置1台终端疑似感染病毒事件。

荔湾海关

【概况】荔湾海关成立于2018年12月14日，是受广州海关直接领导的正处级隶属海关，按授权负责广州关区市场采购贸易集约化管理以及广州市荔湾区范围内海关各类管理工作。该关内设正科级机构9个，即办公室（党委办公室）、人事政工科（党委组织宣传部）、技术运维保障科、分析预警科、属地外勤科、政务服务科、综合业务科、市场采购监管一科、市场采购监管二科。

【党建工作】2022年，荔湾海关把学习贯彻落实党的二十大精神作为首要政治任务，统一思想凝聚力量，掀起学习宣传贯彻党的二十大精神热潮。党委书记领学，带头讲授党的二十大精神专题党课，集体学习党的二十大精神6次，党委理论学习中心组（扩大）专题学习研讨2次，处科两级领导干部100%交流学习体会。党委委员到所在支部、分管科室督学19次，组织撰写心得体会23篇。制发学习宣传贯彻工作方案，拓展深化"二十大微课堂""二十大宣传专栏"，党的二十大精神专题视频作品《一枚党徽的独白》被海关总署网站采用。

落实"第一议题"学习41次，制定任务措施96项，形成"学习、传达、督促、落实"闭环链条。固化党委班子定期学习业务制度，提升班子专业化能力建设，党委班子集中学习17期次。编制完善岗位清单和"两级一岗"职责工作手册，将讲政治要求落实到全关业务各领域全过程。全年党委班子成员与基层党支部书记座谈调研23次，两级党组织结合岗位职责开展风险梳理排查风险点36个、问题16项，提出针对性整改措施57条并100%完成整改。开设"荔关大讲堂"，邀请广州市中级人民法院法官开展案例教学，举办"强化政治机关意识"大讨论汇报交流会，确保专项教育学深悟透。

荔湾海关强化党风廉政建设，制定全面从严治党重点工作任务分解表，压实管党治党政治责任。组织参观廉洁家风展，常态化开展预防酒驾醉驾教育，创新开展"沉浸式"廉政教学活动6场次。召开专题会议，研究制订经济责任审计整改落实方案，开展科室管理审计，发现问题4个并落实整改。对照巡察反馈意见研究制定具体整改措施80项，推动整改到位。开展"海关重点项目和财物管理以权谋私"专项整治工作，确定高风险项目3个、专项整治问题4个及重点关注人员1人，研究制定防范化解廉政风险的措施并整改落实到位。加强队伍监督管理，通过督导检查、业务运行监控、业务风险监测排查、专项督察、跟班作业等一系列措施多层次建立全面从严管理体系。

【队伍建设】2022年，荔湾海关切实发挥党建引领作用，持续巩固提升"强基提质工程"。开展业务科室职责分工专项调研，明确划分主动披露、涉检企业管理等10项工作职责及任务事项，推进解决基层科室管理边界不清晰、业务结合部不衔接的短板问题。制发执法一线科长行为规范，通过下沉一线、督导检查、重点工作推进会、经常性谈心谈话等指导督促执法一线科长。深入开展调查研究，选优配强科级领导班子，全年交流干部24人次。完善全关干部政治档案，录入正面激励清单20人次。强化专业化人才培养，实现干部教育培训100%全覆盖，全年新增高级签证植物检疫官等专业资质4人次，各类资质人员累计30人次。

【疫情防控】2022年，荔湾海关优化完善内部疫情防控制度，建立关领导每周轮流督导检查工作机制，关领导下沉一线科室301人次，开展督导检查32次，直抵基层治理"最后一公里"。坚持科学精准防控，稳妥有序处理好4月、11月两次本土突发疫情，利用"远程办、智能办"等及时优化服务方式，全天候在岗坚守24天166人次。

【安全生产】2022年，荔湾海关建立健全网络安全管理等8项制度，完成海关总署"百名科长百日督查"迎检任务，动态排查风险隐患并整改隐患问题13项，全力守住安全生产基本盘。

【风险管理】2022年，荔湾海关牢固树立底线思维，防范化解各类风险。对照广州海关方案梳理防范化解重大、系统性风险对策措施82项，建立"数据分析—风险研判—审单查验反馈"工作机制，定期评估布控成效，优化布控指令，提升布控精准度。强化督察职能作用，对属地查检、促外贸稳增长业务开展专项督察，形成专项督察报告并督促整改落实。

【市场采购业务】2022年，荔湾海关积极落实关区市场采购业务集约化管理职责，市场采购出口货值1094.3亿元，出口货物103.4万吨。支持市场采购集聚区拓展，积极探索开展市场采购出口预包装食品试点，推动3家专业市场进入花都试点市场采购贸易集聚区，助推传统业务市场业态提升。加大人工审单和机动查验力度，完成市场采购出口报关单人工审结2020票，转口岸查验124票，开展机动查验40票。加强报关单监控核查处置，围绕不实贸易、异常数据以及重点敏感商品等关键点开展常态化监控核查，发现申报不实、防疫物资监管风险、部分市场采购人身份资料集中度高、涉检商品电子底账异常等多起情事，及时对2家市场采购经营企业进行稽核查。健全开展未放行未结关报关单、修撤情况核查处置机制，推动地方政府完善联网信息平台简化申报采购商金额预警、商品参数维护等功能应用，完善市场采购准入制度，协助推动市场采购贸易负面商品清单制度落地。与佛山海关驻顺德办事处、广州海关监管处快速联动查获以市场采购方式出口危险货物495件、7188千克。

【属地业务】2022年，荔湾海关优化监管和服务，稽核查任务同比增长80%。探索建立执法录证作业流程，确保属地查检作业全过程留痕迹、可追溯。全年外勤2156人次，增长83%，检出不合格食品1批次、不合格衣服4批次。强化外来生物监测，监测到杂草47种，捕获实蝇5147头、红火蚁32头、草地贪夜蛾成虫13只，检出香蕉穿孔线虫1次，并将相关情况通报地方农业部门。服务荔湾区优势产业发展，为生物医药产品、进出口花卉、水生动物等特色商品开通"绿色通道"，实现进出口"零延迟"。深化全员打私意识，查发某甲油胶产品出口企业伪报税号的刑事案件2宗，查发违反对美贸易管制情事1起，立案进境商品未经法检擅自销售情事4起。

【促外贸稳增长】2022年，荔湾海关紧贴荔湾区发展战略，建立健全"1（党委班子）+1（工作专班）+6（业务科室）"外贸分析机制，成立优化营商环境促进跨境贸易便利化领导小组，抽调业务骨干组成工作专班，有力保障稳经济稳外贸工作深入推进。落实"关长联系企业"制度，关领导带队到重点外贸企业调研，支持企业拓展保税物流业务，解决鸡蛋花进口检疫准入等企业"急难愁盼"问题53项。会同广州市荔湾区商务和投资促进局研究制订《推动荔湾区外贸高质量发展三年行动计划》，将稳外贸工作措施细分为8大类48项工作任务，定期开展专项评估和跟踪督办。全年，注册备案企业超过3000家，办理通用资质业务773家，办理特定资质备案49家，信用修复2家，信用培育2家，接待现场办理业务企业人员300多人次，受理各类业务咨询和热线800多个，做到零差评、零投诉。重点推行AEO企业享受优先办理、信用监管、专属服务等6大类25条便利措施，提升AEO差别化管理水平。积极推广"提前申报"和"两步申报"，指导企业用好用足RCEP等政策红利，压缩进出口通关时间。积极向地方建言献策，向荔湾区政府报送专报20期。是年，荔湾区外贸进出口总值212亿元，同比增长1.6%。税收入库1.2亿元。

肇庆海关

【概况】肇庆海关是受广州海关直接领导的正处级隶属海关，主要负责肇庆关区海关监管工作，进出口关税及其他税费征收，出入境卫生检疫、出入境动植物及其产品检验检疫，进出口商品法定检验，海关风险管理，国家进出口货物贸易等海关统计，实施上级海关科技发展规划、实验室建设和技术保障规划，以及完成上级交办的其他任务。肇庆海关设正科级机构14个：办公室（党委办公室）、人事政工科（党委组织宣传部）、财务装备科、分析预警科、综合业务科、政务服务科、稽查科、查检科、三榕港监管科、四会港监管科、高要港监管科、新港监管科、跨境电商监管科、技术运维保障科。所属事业单位2个：肇庆海关综合技术中心（肇庆国际旅行卫生保健中心、肇庆海关口岸门诊部）和肇庆海关后勤管理中心。

2022年，肇庆海关持续开展"RCEP惠肇企"行动，培育高级认证企业3家，签发各类原产地证书9411份，签证金额为5.2亿美元。稳步提升税收征管水平，累计税收入库6.5亿元。

【党建工作】2022年，肇庆海关始终将学习贯彻习近平总书记重要讲话重要指示批示精神作为首要政治任务，先后49次通过党委会、党委理论学习中心组学习会、重点工作推进会等形式开展"第一议题"学习。党的二十大召开后，4次组织班子成员、6次召集党员代表开展专题研讨，深入各支部宣讲领学，逐字逐句逐章学，做到人人谈体会、写心得。持续加强《习近平谈治国理政》（第四卷）学习，党委委员领学，做到原原本本学、全覆盖学。创新制定党委履职清单，动态更新梳理139项工作事项，"清单式"压紧压实主体责任。坚持靠前指挥，下沉跟班蹲点，深入一线调研500多人次。

年内，肇庆海关统筹推进强化政治机关建设专项教育活动和"学查改"专项工作，创新开展"五个人人"活动，不断强化关员政治机关意识。作为试点海关主动承担"两级一岗"职责工作手册编制任务，提炼政治要求289条，为关区岗位清单和"两级一岗"职责工作手册编制打造"样板间"，将手册作为关员学习、考试、培训的重要依据，结合下沉蹲点开展督导检查。打造"'肇'亮国门"为总品牌的系列党建品牌，组织各党支部总结提炼支部工作法，精心推出"党员攻坚组+江海畅联工程"等"党建+"四大工程，2个支部新获评广州海关"四强"党支部，1个支部入选总署首批"四强"党支部和党建品牌支部案例，"旗展西江·

"肇亮国门"党建提优项目获肇庆市三等奖,肇庆海关获肇庆市模范机关创建标兵单位。创新开展联学共建,16个支部"结对子",组织党务知识专题培训5次、督导检查6次。坚持开门搞党建,先后与5个其他单位党组织联合开展主题党日活动,有效促进基层党建工作水平提升。

【队伍建设】2022年,肇庆海关持续激发队伍内生动力。持续开展"肇关三问"并在全市推广开展。坚持人岗适配,岗位交流44人。优化执法一线科长队伍配置,常态化与执法一线科长开展谈心谈话,推动更多力量向执法一线倾斜,不断优化人力资源。作好离退休干部工作,注重工青妇团群团组织作用发挥,开展"最美答卷人"等表彰评比,成功争创"市三八红旗集体"等集体荣誉6项,"市三八红旗手"等个人荣誉160人次。

坚持每周一学、每月一考,大力推进专业资质人才队伍建设,落实资质考试"四个优先、两个不予"激励惩戒措施,超过63%的关员取得至少1个资质,超过55%的关员取得3个以上资质,"一专多能"梯队逐步形成。注重新老关员的"传帮带",打造凝聚青年新阵地,依托"统计分析小组""家健讲堂""微课堂"等平台开展理论学习、企业调研、课题研讨、成果展示等活动,1篇政研文章首次被相关载体采用,8篇政研文章被广州海关载体采用。加强新时代海关廉洁文化建设,落实党委和派驻纪检组定期会商、问题反馈机制,探索推动联合监督机制,常态化开展廉政教育"送教上门",实现"1+1>2"监督效应。深入开展"海关重点项目和财物管理以权谋私"专项整治,排查重点关注对象20人、重点项目清单44个,全部核实整改。对2个现场科室、2个事业单位开展管理审计,发现问题及风险点30个,全部立行立改,强化不能腐的约束。

【风险管理】2022年,肇庆海关立足关区实际,梳理各业务条线存在的4个方面17项风险隐患,提出14项防范措施。紧盯重点业务,梳理监管现场52项业务运行监控项目清单,针对性梳理完善37项作业指引。借助巡视巡察、督察审计、专项整治等发现的问题风险,梳理757项"两级一岗"风险点,明确506项防范措施。快速果断应对属地疫情变化,科学统筹全力保障业务不断。完善安全生产"吹哨人"预警机制,开展常态化安全生产监督大检查及"回头看"220余次。组织开展"执法规范性"大讨论,强化科室内控和风控的主责。针对西江水道小船夹藏走私风险,查找口岸监管短板漏洞并立行立改,与中途监管海关开展联学共建,与地方打私力量开展联合巡查,防范遏制内外贸码头走私风险。针对再生金属原产地伪报风险,强化源头单证审核,现场查发进口再生金属原产地申报不实情事3宗。

【税收征管】2022年,肇庆海关落实综合治税各项部署,累计税收入库6.5亿元。强化属地纳税人管理,对1家重大税源企业和1家报关公司建立企业底账和分类评级,属地企业规范申报率100%。将25家再生金属原料进口属地企业纳入属地纳税人管理,采取实地调研、面对面约谈等方式开展税收政策宣讲,引导企业合规管理。

【检验检疫】2022年,肇庆海关坚决筑牢口岸检疫防线。加强入出境船员、船舶卫生检疫,检疫查验进出境人员

10961人次，4位关领导带队，先后53人次"走进口岸封管区"，坚决筑牢"外防输入"第一道防线。健全国门生物安全监测、信息收集、预警处置机制，截获旱雀麦、弓背蚁属等有害生物65种182次。严格食品安全监管，优化进口涉疫米糠处置，查获不合格食品化妆品、生乳、活禽等10批次，移交案件2起，开出整改通知书18份。

【科技发展】2022年，肇庆海关以肇庆高要港为试点，打造内外贸同港作业智慧监管新模式，综合应用物联网、云计算等平台方法，集成"智能码头""智能分流""智能监管"三大功能，实现24小时不间断智能监管，大幅提升物流通关便利化水平和风险防范水平，项目运行以来，集装箱总量同比增加30.7%，物流运输设备周转率提升17.6%。该项目被广州海关列为"三智"先行先试项目向海关总署推荐。

【查缉打私】2022年，肇庆海关保持打私高压态势，严格重点敏感商品监管，监管进口再生金属16.6万吨，货值30.7亿元，同比分别增长67.7%、87.2%，退运不合格货物38票，查获固体废物5票，查获违规进出口危险品7起。强化后续稽核查效果，实施稽查作业33宗、核查作业231宗，促进企业守法自律。

【督察内审】2022年，肇庆海关依托三级监控指挥中心，探索"视频+数据+预警"的运行模式，重点对业务运行和异动以及现场执法规范性开展常态化监控检查。发挥职能科室数据分析优势，建立职能科室日常业务运行监控清单。

【服务农食产品】2022年，肇庆海关落实鲜活易腐农食产品属地查检"绿色通道"、"5+2"预约查验、节假日"随到随检"等措施，助力通关"零延时"。出台"肇庆海关预制菜13条"，助力预制菜产业发展，关区企业出口冻鱼片、免浆黑鱼片等多种预制菜4433.6吨、货值2.1亿元。推动粤港澳大湾区（怀集）绿色农副产品集散基地、广宁"菜篮子"产品配送分中心做优做强，全年无休检验监管供港澳活猪3.5万头、生乳1.5万吨、冰鲜禽肉467万只，完成属地查检业务9818批次、21.5亿元，同比分别增长1.2倍和4倍，保障粤港澳大湾区"菜篮子"安全稳定供应。

【优化口岸营商环境】2022年，肇庆海关落实关长联系企业制度，聚焦企业突出难题，制定19项促进外贸保稳提质工作措施，协调解决具体问题54项。积极建言献策，报送工作专报17篇，助力希音等龙头企业落地。成立"'肇'亮国门·'声'入民心"政策宣讲团，赴各县市区开展宣讲9场次，得到政府、企业广泛欢迎。推动"深圳蛇口—肇庆三榕"组合港项目落地，实现该项目在肇庆关区全覆盖。持续压缩通关时长，每月进出口整体通关时间均在合理区间，其中再生金属整体通关时间在12小时以内。

韶关海关

【概况】韶关海关是受广州海关直接领导的正处级隶属海关，主要负责韶关市范围内海关各类管理工作，包括办理通关监管、税收征管、进出口企业资质管理、信用管理、加工贸易保税监管、进口目的地检验、出口产地/组货地检验检疫和跨境电商直购进口商品、进出境快件的现场综合业务、查验、运行监控等业务，并向广州海关反馈执法作业结果，同时完成广州海关交办的其他工作。

韶关海关现有正科级科室9个，包括：办公室（党委办公室）、人事政工科（党委组织宣传部）、技术运维保障科、分析预警科、综合业务科、查检科、政务服务科、稽查科、监管科。韶关海关综合技术服务中心为广州海关隶属韶关海关所属事业单位，设2个内设机构：综合业务部和技术检测部。

【党建工作】2022年，韶关海关制订专项学习计划，明确5个方面16项任务，坚持"五学联动"持续掀起高潮。领导干部当好"头雁"带头讲党课，结合帮扶文明实践综合体建设深入村寨宣讲，积极参与"善美韶关巾帼大宣讲"活动，开展党的二十大知识"擂台赛"，邀请党的二十大代表授课辅导，不断掀起学习高潮。广泛开展调研，积极撰写政研文章和调研报告，集智研讨新思路、新举措，不断将党的二十大精神学习引向深入。

【专项教育】2022年，韶关海关开展捍卫"两个确立"、做到"两个维护"、强化政治机关建设专项教育活动。坚持政治统领，统筹推进专项教育与"学查改"活动，深入开展排查整治，开展"强化政治机关意识"大讨论90余次，全面查摆问题清单，研究制定整改措施44项，全部整改完毕。制定"两级一岗"工作手册，明确关、科、岗三级56个岗位、339项政治要求、400项风险清单、358项防控措施，全面扎牢政治防线。强化党建引领，及时稳妥处置"6·21"洪灾和3波本土疫情。发挥党建业务"双融双促"作用，建立党建工作常态化检视机制，着力纠治责任落实不力、制度执行不严、记录不规范等问题。大力培树党建品牌，建立"四强"党支部动态管理机制，加大党建品牌分类管理和创建指导，探索开展具有特色的党建工作方法。

【全面从严治党】2022年，韶关海关制定全面从严治党工作重点任务分解表，明确42项工作任务；助力派驻纪检组打造"粤北啄木鸟、南岭护林员"品牌，协同开展"下沉一线"督导10余次；积极配合国家审计迎审自查，发现问题33个；开展科室管理审计，抽查 20 余类档案资料 300 余份，发现问题 10 个，拉单列表持续整改；关注重大节日、工程建设、物资采购等风险焦点，紧盯违规接受宴请、违规收受礼品礼金等行为；开展谈心谈话 90 人次，从严纠治酒驾醉驾行为。

【专项整治】2022 年，韶关海关开展"海关重点项目和财物管理以权谋私"专项整治。到 67 家企业开展问题线索摸排，全面起底 2012 年以来问题线索，查阅历史档案 410 余份，梳理重点项目 21 个，确定 3 个高风险项目和 3 个高风险人员。制定 42 项具体整改措施，逐项明确整改任务，推动问题及时归零。

【队伍建设】2022 年，韶关海关定期开展干部队伍建设调研，准确掌握干部现实表现和思想动态；开展"一对一"结对帮学，以老带新提高年轻干部业务能力；注重执法一线科长培养，关党委下沉一线科室蹲点调研 75 次，近距离观察干部责任担当。常态开展队列训练，开展视频检查 50 余次，实地检查 10 次，查改准军建设方面问题 10 余项；采取"开小口挖深井"方式，从内务卫生、上下班秩序入手，建立考勤原始异常数据情况通报机制，树立良好纪律作风。

【疫情防控】2022 年，韶关海关与广州海关、韶关市保持全时响应，动态完善疫情防控特殊时期办公运行应急预案等 5 项预案，更新内部疫情防控指南 7 版，稳妥处置 3 波本土疫情，实现人员零感染、业务零延误。

【安全生产】2022 年，韶关海关坚持安全生产无小事，牢牢守住安全底线。畅通属地应急管理部门协同配合机制，高标准开展"安全生产月"活动，制定完善突发事件处置等 7 项应急预案，闭环执行安全生产制度机制。反复深入作好安全检查，先后开展安全生产大检查 3 次，组织疫情防控、消防应急、网络安全、机关大楼防冲撞等演练、推演 7 次，与危化品生产企业一同开展危险化学品泄漏事故应急处置演练，对发现和暴露出来的问题逐一登记备案和整改销账，及时更新问题隐患和制度措施"两个清单"，确保不发生安全生产事故。

【税收征管】2022 年，韶关海关建立属地纳税人管理台账，持续跟进大宗散货等重点商品进口情况和量价走势，开展差别化合规管理服务；聚焦风险防控，紧抓税收担保处置时效性等指标节点，实现保金保函"零超期"；强化税收数据全链条的监控分析，及时掌握税收目标完成进度和趋势；积极拓展税源，助力跨境电商综合试验区等新业态建设；深入调研企业 40 余家，制定出台促进外贸保稳提质十项措施，全力协调解决通关疑难问题；建立"专精特新"企业台账，加强 RCEP 关税减让等政策研究，助力企业享受降税红利；全年办理减免税业务 25 票，为企业减免税款 600 余万元；强化统计分析助推外贸提质，撰写统计要情 21 份、专报 4 份，与地方相关部门协同破解外贸提升难点。年内，韶关市外贸进出口总值 198 亿元，该关税收入库 12.5 亿元。

【优化口岸营商环境】2022 年，韶关海关大力推广便利化措施。年内使用"两步申报"报关单 307 份，"两步申报"率达 18.5%。持续压缩通关时间。通过设置专人专岗和定时核查放行、定期排查处置，关区整体通关时间保持在进口 5 小时、出口 1 小时以内。助力打破制约营商环境瓶颈，建立海关与地方相关部门联席会议机制，提前谋划海关监管区域设计及布局。大力推广"提前申报""两步申报"等通关便利化措施，有效压缩通关时间，通关时间稳居广州关区前列。参与省营商环境评价组现场评估，获得评价组好评与认可。

【优化产业布局新业态】2022年，韶关海关大力推动农食产品走出国门。助力建设农业产业平台，积极拓展农产品出口空间，成功推动韶关特色奈李首次出口迪拜、食用菌首次出口新加坡和印度尼西亚、烟叶首次出口越南、糕点饼干首次出口加拿大。针对性开展RCEP原产地政策服务，助力企业开拓RCEP市场，全年签发RCEP原产地证书214份，货值1757万美元。支持布局新业态，以韶关港码头、保税物流中心建设为契机，成立工作专班，积极参与项目建设，助力打开韶关外贸发展新局面。

【认证企业培育】2022年，韶关海关强化高级认证企业合规管理。建立高级认证企业台账，定期分析企业经营状况，引导企业将认证标准融入内部合规管理。多维度发力提升AEO认证工作质效，汇总建立"一带一路"、RCEP国家（地区）贸易企业、"专精特新"企业台账166项，建立认证专业团队，推进落实便利化管理措施。提升信用管理服务水平，全年培育高级认证企业4家（关区累计32家），AEO企业进出口总值占韶关市外贸进出口值超七成。

【风险管理】2022年，韶关海关健全风险管理机制，提升风险防控实效。建立健全风险研判工作机制，成立风险分析研判小组，制发"加强业务风险分析研判的通知"，规范完善风险研判机制。强化风险预警信息运用，加强风险特征的收集研判，及时提报风险信息；运用"云擎"搭建模型开展常态化监控分析，及时纠正业务偏差。盯紧重点开展专项风险监控，加强敏感商品、不实贸易等风险研判、处置，落实进境粮食定点加工核销，全年完成9.5万吨粮食调运，未发生任何粮食安全问题；完善加工贸易"监管发现—及时通报—整改反馈"闭合回路，制定评估标准11项。年内免除企业风险担保1.3亿元。

【国门安全】2022年，韶关海关制订"国门绿盾2022"专项行动方案，强化检疫监管，严格开展入境包装取样检测和出境陆生动物安全风险监控。深入排查外来物种入侵，作好国门生物安全监测，设定实蝇、外来杂草等监测点81个，开展口岸外来物种普查2次，捕获橘小实蝇1164头、瓜实蝇540头，监测到外来杂草15种以上。

【打击走私】2022年，韶关海关深入推进稽查改革，完善"注册备案+稽核查"配合机制，建立一体化监管链条；聚焦后续查发，从税收安全和准入安全双向发力，积极开拓案源。党的二十大召开期间，着力加强安保，办理走私AR15枪支配件案；办理邮递渠道走私普通货物案，查扣邮包590个。多方协同提升打私绩效，坚持和地方相关部门联动，全年立行政一般案件79起、同比增长16倍；立行政简快案件26起，取得近年来打私最好成绩。

清远海关

【概况】清远海关是受广州海关直接领导，按授权负责清远市范围内海关各类管理工作的正处级隶属海关。关区面积1.9万平方千米，为广州海关关区面积最大的隶属海关。关区内有清远港、清远车检场2个监管作业场所。

2022年，清远海关内设办公室（党委办公室）、人事政工科（党委组织宣传部）、财务装备科、分析预警科、综合业务科、稽查科、政务服务科、查检科、清远港监管科、跨境电商监管科10个科室和清远海关综合技术服务中心1个事业单位。

2022年，清远海关一批先进集体和个人获评"广东省依法治省工作先进个人""2022年广东百户最美家庭""2021年广东向上向善好青年""清远市最美家庭""2021年第四季度清远好人"等荣誉称号。

【党建工作】2022年，清远海关党委班子把学习宣传贯彻党的二十大精神作为重要政治任务，联系实际制订"七个一"学习方案（举办一场学习研讨、开展一次集中学习、作好一次理论薪火传递、讲好一次专题党课、写好一篇心得体会、组织一场理论学堂、开辟一片宣传阵地），结合"三会一课"、主题党日等，参与支部学习宣讲20次，督导全关撰写学习心得体会119篇。常态化开展"党建体检"，分层分类精准精细指导支部建设，培育新增"四强"党支部1个。通过"内共建"+"外互联"等方式，搭建"理论联学""党务互学""业务共建"支部联学结对机制，与地方优秀基层党组织开展交流互学，与广州海关乡村振兴定点帮扶镇英德市横石塘镇政府党建共建。以"北江党旗红、监管实训站"和"海关助农服务冲锋号"党建品牌为驱动，促进党建品牌同频共振。

年内，清远海关深入推进强化政治机关建设专项教育活动和"学习研讨、查摆问题、改进提高"专项工作，全领域编制"两级一岗"职责工作手册，全覆盖开展逐级谈心谈话130余人次，梳理形成问题清单19个，推动建章立制4项。建立健全党委班子下沉一线工作机制，落实"问题清零"工作制度，全年关党委委员累计下沉一线200多次，开展企业调研超100次，解决涉及企业通关、安全生产等问题近20个。

【队伍管理】2022年，清远海关创设"理论薪火传递月"活动，开设"清关学习大讲堂"，打造青年干部培养"领航"计划，用活"初心堂""星火"理论学堂。加强执法岗位资质管理，严格落实资质人员激励机制，年内新增资质人员10人次，2人获得资质专项嘉奖。干部管理监督从严从紧，统筹开展政治、纪法和警示教育。弘扬"求实、扎实、朴实"海关文化，开展清廉家风大家谈、廉洁文化亲子创作等活动，持续凝聚家庭助廉力量。开展行风政风提升工程，不断深化"清风码"执法服务监督平台使用，全年累计扫码1872次，良好及以上评价100%。连续10年开展"爱心一元捐"助学活动，全年捐资助学金额3.5万元。

【监管业务】2022年，清远海关推广应用进口货物"船边直提"、出口货物"抵港直装"等创新举措，开通"清远港—香港"抗疫物资水运专线，积极推进启动"深圳蛇口—清远港"大湾区组合港业务。优化清远港货运口岸检验监管流程，对进口铁矿石等低风险矿产品实施"先放后检"。严格落实报关单"日清"制度，及时关注解决口岸通关难题，持续巩固压缩通关时间成效。12月，清远海关进口整体通关时间17.2小时，较2017年（71.7小时）压缩76%；出口整体通关时间0.9小时，较2017年（6.3小时）压缩85.7%。将检验检疫作业纳入政府支付查验服务费改革范围，降低诚信企业通关成本，年内免除查验服务费用26.3万元，惠及企业120家次。设立进出口鲜活易腐农食产品属地查检绿色通道，对鲜活农产品企业实施优先单证审核、优先查验、优先检测、快速出证"三优一快"多项措施，节假日提供"一对一"预约通关服务。全方位支持助推跨境电子商务发展。2月，清远设立跨境电子商务综合试验区得到国务院批复同意。聚焦跨境电商业务发展、监管场所规划、海关政策支持等，对监管场所新经营企业予以指导，助力其顺利通过场地验收，9月底清远跨境电商监管业务恢复，主要以跨境电商一般出口方式出口，并于12月首次以跨境电商直接出口方式通过中欧班列出口。

【税收征管】2022年，清远海关制订"企业+协会+政府"多线并进税政调研方案，协调解决涉税通关疑难问题。动态更新属地纳税人管理台账，周期性开展报关单申报规范性检查，持续作好价格、归类、原产地等涉税要素监测，聚焦重点防范税收风险。落实各项税收优惠政策，多渠道开展关税减让、税收担保改革等政策宣讲，助推产业健康发展。指导企业掌握本行业市场开放的时间表，积极推动RCEP项下经核准出口商制度落地，成功培育清远首家经核准出口商。加强对企业特别是关区特色产品企业RCEP实施效果的跟踪，服务企业充分享受政策红利。全年签发RCEP项下优惠原产地证书715份，涉及货值4.1亿元。是年，税收入库14.9亿元，同比增长10.8%，创年度税收历史新高，属地纳税率91.3%，位居广州关区第二。

【打击走私】2022年，清远海关严厉打击"洋垃圾"走私，退运国家禁止进口固体废物200.9吨。对关区15家有进境粮食加工的企业开展全覆盖稽核查专项行动，查发违规情事涉及货值2.3亿元。参与"邮包会战"专项工作，全年开拆清点邮包655件，办结邮包类简快案件261起。强化联合打私保障，与清远市生态环境局签订《关于非法入境固体废物移交处理联系配合办法》，与清远市打私办签订《清远海关查获走私冻品由地方归口处置指导办法》，形成关地打私合力。全年办理刑事案件11起，行政普通程序案件15起，快速办理案件19起，简易程序案件5起。

【促外贸稳增长】2022年，清远海关建立外贸形势月度分析例会制度，持续开展跟踪分析研究。细化实施促进外贸保稳提质16项措施，扎实开展"百企调研"活动，举办线上宣讲会，开展"送政策上门"、面对面答疑等活动，提供"线上""线下"多元化办事服务渠道。为地方政府提供数据支持和政策建议，年内报送清远市外贸运行情况分析报告13篇，撰写《前2个月清远市外贸增长实现"开门红"》《2022年上半年清远市外贸运行优于预期 稳固优势仍需力促各项保稳提质措施落地见效》等多篇分析专报。积极对接清远"五大百亿"农业产业发展规划，与地方农业农村部门建立合作机制，加大政策宣讲、技术帮扶力度，助力麻竹笋、清远鸡等特色农产品扩大出口。推进粤港澳大湾区"菜篮子"工程建设，加强农食产品出口基地培育和规范管理，进一步扩充粤港澳大湾区"菜篮子"生产基地数量。清远现有粤港澳大湾区"菜篮子"生产基地52家、加工企业2家。年内，清远出口农产品3.8亿元，同比增长13%。全年外贸进出口总值552.6亿元，同比增长3%，实现自2015年以来"八连增"。

【企业管理】2022年，清远海关大力推进"多证合一"改革，优化企业注册登记和备案企业审批，推动广州关区首家享受"资质融合备案"便利化改革企业落地清远，是年清远实有海关备案企业1415家，同比增加12.2%。强化信用管理擦亮企业"金字招牌"，加大对"专精特新"、新兴业态企业信用培育力度，是年，清远现有AEO高级认证企业42家。加强对保税仓库功能政策的宣讲，推动建成广州关区首家有色金属行业公用型保税仓库。支持跨境电子商务发展积势蓄能，鼓励关区企业通过跨境电商平台开拓市场，指导新注册电商平台企业落户清远。加强主动披露宣讲和引用中介协助稽查，专项稽查有效率100%，核查查发率85%。

【加工贸易监管】2022年，清远海关深化以企业为单元加工贸易监管改革，推广企业集团加工贸易改革，指导企业集团优化企业间生产管理，降低经营成本。年内，10家企业实施"深化以企业为单元加工贸易监管"模式，完成关区2家加工贸易集团企业申请及试运行。助力关区钟表产品首次以加工贸易形式出口，大力推动加工贸易AEO高级认证企业在通关监管、内销便利化等方面的便利措施，鼓励优质加工贸易成品打开国内销路。全年内销申报总值21.5亿元，同比增长32.2%。全年加工贸易进出口176.8亿元。

【卫生检疫】2022年，清远海关持续作好疫情防控工作，强化落实"一船一方案"机制，针对船员健康申报、航行轨迹、船载货物染疫风险细致摸排，作好风险预警。落实"三个梯队"常态化培训机制，确保规定动作100%执行到位，全年新增封闭管理人员22名。是年，监管进出境来往港澳小型船舶540艘次，排查入境船员3000多人次。自2021年7月6日实施清远港口岸封闭管理工作以来，有31个编组64人次参与封闭，牢牢守住清远港"外防输入"第一道防线，圆满实现海关总署"四零"要求（疫情疫病零输入、关员零感染、操作零失误、通关零延误）。作好全球疫情风险监测，组建信息监控小组织牢疫情信息监控网络，密切关注国内外重大传染病流行情况，与地方卫健部门共同开展回顾性流行病学调查，及时为口岸提供风险预警信息。作好口岸病媒生物监测，病媒监测捕获蚊38只，幼卵数阳性15个，未捕获到游离蜱、鼠类，无病原体检出。

【动植物检疫】2022年，清远海关开展"国门绿盾2022"专项行动，全年口岸截获红火蚁等检疫性有害生物4批次。制订国门生物安全监测工作方案，在外来有害生物监测中检出检疫性杂草长芒苋，在国门生物安全风险监测中检出金鱼造血器官坏死病毒（二类疫病）。保障供港澳活猪安全稳定供应，全年监装供港澳活猪1086批次、42123头，均未发现非洲猪瘟等传染性疫情。严格关区19家进境粮食备案企业日常管理，防止外来有害生物传入定植，全年对进境粮食开展后续监管32.2万吨。

【进出口食品安全监管】2022年，清远海关加强进口食品监督抽检，根据查验指令及抽样表单落实目的地检验、抽样送检工作，严格抽样、送检、上报和处置程序。完善食品安全风险预警机制，加强食品安全信息收集、分析和应用，对存在风险的进口食品批次从严审核监管。建立关企联络员制度为企业提供全流程指导服务，督促企业加强供港澳冰鲜禽肉等重点敏感食品的检疫及安全卫生风险源头管控、自检自控和溯源管理。对关区备案养殖场及加工企业开展监督抽查检查，明确养殖基地投喂料、疾病用药、疫情预防等工作要求，确保质量安全。严格供港冰鲜禽类禽流感病毒检测，清远全年供港冰鲜鸡和冰鲜鸡块461批、1515.7吨。

【商品检验】2022年，清远海关加强旧机电相关产品到货检验，严把进口设备质量关。加强进口一般化工产品、进口金属材料检验监管，落实出口稀土产品、出口化肥取样送检工作，保障进出口商品质量安全。梳理关区进出口危险化学品归类和特性，全面排查企业经营资质，对关区危化品企业及危化品保税仓开展政策宣传贯彻，督促作好危险化学品登记，落实"一书一签"要求。强化关地联动，加强与地方应急管理、海事、港务等部门深化合作，建立信息互通机制。深入开展"口岸危险品综合治理"百日专项行动，严格落实危化品批批检验、双人持证上岗要求。年内，检验监管进出口危险化学品2321批、3.4万吨，货值2.3亿美元；完成出口危险货物包装使用鉴定3011批，性能检验481批；检出出口危化品及危险货物包装不合格20批。

【法治建设】2022年，清远海关利用"4·15""4·26""12·4"等法制宣传时间节点，开展"全民国家安全教育周""知识产权宣传周""食品安全宣传周""民法典宣传月"等宣传活动，大力宣传新施行的《中华人民共和国生物安全法》，宣传国门安全、民法典、禁毒、食品安全、知识产权保护知识，全年普法宣传覆盖关区企业400多家，推动普法宣传取得实效。加强反诈骗普法宣传，制作短视频在"海关发布"微信公众号发布。与广州海关法治工作西部片区成员单位合力开展"舌尖上的法治"普法宣传活动2次，制作宣传短视频在"广州海关12360"微信公众号等平台播放。设立清远海关"枫桥站"，践行新时代"枫桥经验"，推动完成关区首宗行政复议案件达成调解。

【风险管理】2022年，清远海关成立风险分析研判工作领导小组，建立科室间风险研判会议制度，专题分析研判企业风险情况，提出风险稽核查建议。强化内控机制建设，开展关区内控培训，全面梳理各科室岗位职责和风险节点，推广内控节点岗位清单制管理。发挥清远海关三级监控指挥中心视频督导作用，全年监控查验作业402次、口岸疫情防控353次。

【政务管理】2022年，清远海关加强新闻舆论工作，新闻被各类媒体采编200余篇次，被中央电视台采用8篇次，被广东电视台采用6篇次，被清远电视台采用18篇次。加强保密教育，规范建设保密室，作好档案室"一库一账"和"每日一巡"管理。加强政务公开工作，落实"以公开为常态、不公开为例外原则"。落实过"紧日子"要求，成功获评国家"节约型机关"称号。强化应急处置能力，全年开展常态化应急演练6次。完成西办公区"消防及配电房改造工程"，优化消防喷淋和报警系统及配电房设施设置。加强实验室检测能力建设，在广州关区率先取得CATL资质认定，顺利通过国家级CMA/CNAS评审，发挥实验室检测技术优势，支持事业单位与各县（市、区）相关部门、企业建立的"检测业务合作"，全年受理委托检测46573项次，同比增长15%。

花都海关

【概况】花都海关是受广州海关直接领导的正处级隶属海关。该关是涵盖水陆运输货物监管、征税、统计、稽查、动植检、卫生检疫、商品检疫等业务的偏属地综合型海关。花都海关下设10个科级机构，包括办公室（党委办公室）、人事政工科（党委组织宣传部）、财务装备科、分析预警科、综合业务科、稽查科、政务服务科、查检科、花都港监管科、新华监管科；下属一个事业单位，为花都海关综合技术服务中心。

【党建工作】2022年，花都海关严格落实"第一议题"制度，构建三级学习贯彻机制，上下"同题共答"开展政治学习，班子集中开展政治学习28次，先后研究制定贯彻措施97项，建立督办台账。班子带头开展宣讲，组织全员培训、知识竞赛等系列活动，紧扣"12个必"开展研讨，3篇研究成果被海关总署、广州海关相关载体采用。组织开展多轮强化政治机关意识大讨论，深入排查风险推动全部问题100%整改，建立长效机制5项。深化"两级一岗"职责工作手册编制及应用，对全关67个岗位、502项政治要求、475项防控措施落实情况进行动态维护、定期考评，切实做到从政治层面强化业务。年内，花都海关领导班子落实民主集中制，召开涉及"三重一大"等方面会议58次，下沉一线以及到企业调研300多次，有效推动疫情防控、综合治税等工作落实到位。

是年，花都海关压紧压实管党治党责任，研究制定全面从严治党重点工作任务25项，制定支部换届选举等3项工作指引，定期开展党务工作者培训，以"清单"+"嵌入规范"式管理夯实党建基础。丰富宣传矩阵，结合"五个一"文化建设打造红色学习长廊，健全支部书记微课堂、青年讲坛等载体，编发各类宣传简报47期，通过"海关爱创作"等平台展示党建成果16篇次。"规范指引＋创新特色"推动党建提质增效，有序完成13个支部换届选举及机关党委书记调整等事项，科学设立"1+N"个党建工作考核评价体系，创新党建考核评价体系，开展"党建擂台赛"，将党建品牌创建、业务指标、"我为群众办实事"实践活动成效融入党组织评优评先，掀起党员争建功业热潮。年内，该关有2个支部获评广州海关"四强"党支部，党员干部60人次获广州海关表彰。

是年，花都海关严格贯彻落实中央八项规定精神，深化纠治"四风"，落实意识形态责任制，定期开展思想动态调研摸清实情，深化"清廉海关"建设，狠抓党风廉政责任制的落实，与派驻纪检组同频共振、同向发力，一体推进"三不腐"，研究制定党风廉政建设和反腐败工作重点工作62条措施，常态化开展廉政、警示教育，组织"清风国门"文化作品展，深入开展"海关重点项目和财务管理以权谋私"专项整治，梳理排查重点项目14个，结合排查问题及收集的廉政建议完善制度5项。

【疫情防控】2022年，花都海关精准施策作好疫情防控工作，结合疫情形势变化动态调整口岸疫情防控、封闭人员管理等8项工作方案，强化实操训练，组织开展11期疫情防控培训、6次应急演练，加强督导检查。花都海关领导班子靠前指挥，保持应急指挥体系始终处于激活状态，完整、准确、全面贯彻上级疫情防控方针政策，精准施策监管进出境船舶629艘次、检疫监管船员3805人次，牢牢守住"外防输入"第一道防线，加强特殊时期内部管理和配套措施，妥善应对广州市花都区"3·16""4·27""10·12"3次较为严重的疫情，口岸疫情防控工作得到地方政府认可。

【税收征管】2022年，花都海关强化统筹推进科学征管，针对受疫情和"芯片荒"影响关区重点税源汽配商品进口量大幅下降情况，积极研判形势，提前对关区30家主要税源企业进出口计划进行摸底，量身提供服务方案，稳定优质税源。高度关注新商品税源、地方临空产业等新企业税源增量，用优质服务拓展煤、矿、木制品、奶粉、高新技术设备等税源商品，引导54家企业回流纳税2亿元。深挖征管潜力，建立属地纳税人管理台账，开展差别化合规管理服务，依托数据复核提高后续补税的精准度，以"主动披露"为抓手推动汽配及电子行业涉税特许权使用费专项行动取得实效。是年，花都海关税收入库16.8亿元，实现正增长。

【监管业务】2022年，花都海关全面加强正面监管，监管进出口报关单3.8万份、货值232.8亿元、货运量205.8万吨，报关单规范申报率、人工分析布控查获率高于广州关区平均水平。规范监管场所设置，在花都港查验区增设14个摄像头，在花都车检场更新视频监控设备并增加64台录像机，全方位监控海关监管场所。完善监控体系建设，以"智慧监管+三级监控指挥中心"为抓手，探索"视频+数据+预警"运行模式，梳理口岸业务运行监控项目清单92项，常态化开展监管现场作业规范化检查。年内，三级监控中心开展人防物防检查196次。完善风险分析处置机制，加大进出口货物风险研判，实施人工分析布控24批次；提请广州海关职能部门监控处置涉嫌不实贸易数据1.7亿元，关区虚假贸易势头得到有效遏制；有针对性地重点加强再生金属、矿产品等重点敏感商品监管，开展"国门利剑2022"专项行动，查获品质检测指标超标再生金属457.3吨，已作退运处理。以查发为导向推进稽核查业务改革，稽核查企业171家，稽查有效率94%。深化全员打私，参与"邮包大会战"办理邮包案389宗；开展"国门利剑2022"联合专项行动，查获违法线索、案值1.9亿元，其中通过自主分析查获案值超千万元的进口虾苗低报价格案、进境粮食擅自改变用途案，会同缉私部门重拳出击打击行业性走私，查获进口甲油胶逃避法检案、走私燕窝案等，实现查获行政大案、涉检刑事案件新突破。

【检验检疫】2022年，花都海

关全面落实总体国家安全观，深入开展安全生产专项整治三年行动，高质量作好国门生物安全监测，重点加强对敏感商品检验监管。年内，检验危化品及包装176批次，检出不合格17批次；开展口岸现场卫生监督和食品安全监管7次，督促整改问题12个。全面加强检验检疫把关，深入开展"跨境电商寄递'异宠'综合治理""国门绿盾2022"等专项行动，完成出入境货物检验检疫7551批，检出不合格产品56批次，同比增长12%。进行国门生物安全病媒生物监测55次，在口岸截获有害生物1种次，发现媒介生物3种次；检疫监管进境活动物72批次、出口观赏鱼等192批次，其中在出口的热带鱼中检出真鲷虹彩病毒病，为广州关区首例。

【便捷通关】2022年，花都海关在广州关区首批试点"线上预约通关"，首个实现"湾区一港通"进出口双向通航，大大提升口岸通关效率，调整舱单"一对多"核销核注模式、落实政府购买查验服务等配套措施，在进出口环节为企业节约成本620万元。该关全面落实"10+28+25"项促进外贸保稳提质措施，深化"线上海关"应用，开展政务服务业务跨域"通办"作业，推广应用移动远程监管模式，年内除报关单申报外，办理线上业务近2500次。全年花都口岸通关时间保持在合理区间，优于广州口岸平均水平，花都港实际进出口物流量在疫情之下逆势大幅增长82.1%，花都车检场跨境电商业务实现跨越式发展，验放出口商品清单2205.3万票，业务量居广州关区第4。年内，该关高效保障援港物资通关、"一港通"惠企等多条新闻被新华社、中央电视台等国家级媒体播报。

【减税降费】2022年，花都海关助力RCEP落地首年关区企业充分享受政策红利，动态更新与RCEP成员有贸易往来的企业名单和贸易数据，针对出口日本等国家（地区）的重点企业进行"一对一"帮扶，通过集中宣讲、业务专窗等方式，指导300余家企业熟悉RCEP原产地累积规则、关税减让政策以及签证实务；全面摸底关区纺织服装、箱包皮具、化妆品等重点商品对比享惠清单，指导企业用好RCEP关税减让政策，2022年签发RCEP原产地证书1311份，签证金额3.6亿元；培育6家企业获得RCEP项下经核准出口商资格，便利企业通过自主出具原产地声明提升通关效率，年内出具声明241份，金额3085.4万元。年内，该关用足用好减税降费政策，为企业减负1.2亿元，其中签发RCEP等优惠原产地证书为出口企业获得境外税款减让9900万元，适用减免税政策为进口企业免税792万元，调整舱单"一对多"核销核注模式，为企业节约进出口成本400万元，通过政府购买查验服务，为查验无问题的企业免除费用210万元。

【助推企业发展】2022年，花都海关落实"问题清零"，通过"关长联系企业"、企业协调员工作机制，调研企业300多家、收集并解决企业诉求49项，8次通过专报向地方政府提出稳外贸建议，助推地方申报国家级经开区。结合地方产业布局，稳核心产业链，建立重点生产型企业服务档案，妥善解决东风日产出口二手车及政策性退税、国光电器内销补税等事项。大力推动优质企业升级，新培育AEO高级认证企业4家、经核准出口商6家，助力汽车、光电、化妆品等产业集群发展，推动花都打造汽车万亿级产业链。

【开拓外贸增长点】2022年，花都海关结合地方外贸新业态需求，推动花都车检场完成跨境电商中心升级改造，开通跨境电商"9610""9710"出口业务和市场采购转关业务，打造"属地+口岸"快速验放机制，吸引亚马逊、希音、Lazada等知名电商平台进驻，支持企业开通"花都—广西—东南亚""花都—珠海—香港"等物流新路线，助企开拓中国香港、中国澳门、柬埔寨、泰国等国家和地区的市场。服务新兴龙头企业，设立绿色通道，快速验放玉湖冷链进出口货物、帮助指导企业建设海关指定肉类监管场所，助力花都打造冷链食品供应链千亿级交易基地。力促地方外贸纳统、税收落地，推动华润医药、米斯米集团等关联企业落户花都纳税，吸引中远海运、穗联海供应链、新科宇航、捷荣航材等企业回流花都外贸纳统。大力支持市场采购、跨境电商、保税物流新业态发展及建设广州北站免税综合体项目。是年，花都区外贸总值786.6亿元，稳居广州市各区第4。

大铲海关

【概况】大铲海关是受广州海关直接领导的正处级隶属海关，主要职能有：负责对途径大铲水域来往港澳小型船舶及所载货物、物品实施中途监管，珠江口水域水上缉私工作，"西气东输"供港天然气外验计量工作和粤港海关小型船舶数据互换工作。大铲海关设科室6个：办公室（党委办公室）、人事政工科（党委组织宣传部）、技术运维保障科、监管一科、监管二科、监管三科。

2022年，大铲海关缉私分局获评全国优秀公安局，机关党委"海上国门先锋"品牌通过年度全国海关党建示范品牌复核，监管二科复核广东省直属机关"青年文明号"，"支部工作考核日"工作制度获评全国海关基层党建创新案例，大铲海关机关获评"节约型机关"；1人获得全国海关2021年度"百名优秀执法一线科长"，1人获评"第八批广东省岗位学雷锋标兵"称号。

【党建工作】2022年，大铲海关坚持以政治建设为统领，大力弘扬"四勇精神"，推进政治机关建设走深走实。严格落实"第一议题"，组织学习习近平总书记重要讲话重要指示批示精神53次，班子成员深入分管科室领学督导。深入开展党的二十大精神宣传贯彻工作，制订方案，丰富宣传形式，邀请党的二十大党代表授课，各级人员联动结合岗位实际深入研讨，统一思想和行动。深入推进专项教育活动和"学查改"专项工作，第一时间学习贯彻专题会议精神，形成理论学习、风险查摆、问题整改、巩固提高等环节"路线图"，开展大学习70余次，专题党课30余堂，全覆盖谈心谈话129人次，全面梳理5项业务风险隐患、21项问题，研究30条整改措施均已落实到位，完成6个科29个岗位"两级一岗"工作手册。积极协调深圳海关合力推动南山区政府为该关解决陆域通勤码头问题。强化"强基提质工程"，实施"支部书记学习日""支部工作考核日""支部联系指导日"制度，提升抓党建能力。深挖支部特色，构建"1+7"品牌矩阵，"七一"期间开展党建业务融合案例评选。大力弘扬"四勇精神"，先后与海关总署人事教育司、红其拉甫海关、漠河海关开展共建学习；《守关有我，不负青春》在广东电视台《新闻联播》播出；为上海海关学院学员、全国海关新录用公务员讲授边关精神课程。3个支部获评广州海关"四强"党支部。

【队伍建设】2022年，大铲海关加强青年理论提升学堂建设，每月组织学研活动，激发青年动能；创造条件激励干部，组织6人次跟班学习和集中工作，及时为37人次申报个人表彰奖励，2人次获评省部级荣誉；作好离退休干部工作，完成深圳社保医保属地化过渡，解决老同志异地参保困难。加强封闭人员关心关爱，配合广州海关作好"关长走进封管区"2次，1名班子成员走进封管区，反映并解决问题7个；结合季节变换合理安排查验时长，配备夏季防护服、防暑降温物品、文体设施，调剂餐食，满足封闭区多样化需求；视频连线慰问35人次，组织线上"生日会"，策划相关信息宣传6次。压实管党治党主体责任，细化全年任务措施74项，与派驻纪检组同频共振，每半年共同研判全面从严治党工作，确保严格落实中央八项规定精神和反"四风"要求，守住纪律底线。"三不腐"一体推进，坚持开展政治、纪法、警示教育56次；打造廉政文化走廊，丰富初心堂、关史荣誉室等廉政教育阵地。

【法治建设】2022年，大铲海关联合广东船东协会、重点船企等组织和单位开展普法教育讲座，覆盖20多家船务公司513人，组织送法进企10余次，联合街道社区开展宣传2次。加强执法作业规范，完善中途监管作业指引，规范执法记录仪和移动单兵使用。

【疫情防控】2022年，大铲海关严格作好一线安全防护。共39批148人次参加封闭管理工作，组织干部支援一线闭环管理12人次，有力缓解一线人员因人力、安全问题连续参与封闭状况。强化内部疫情防控，针对干部居住分散、海岛开放式地域特征，掌握人员动向；设立团体码，及时细化内部疫情防控工作指南、预案，建设防疫专用码头，规范封闭管理区设置。配合总署"百名科长百日督查"工作组上岛检查，增设"挑毛病"专家组，实施"四不两直"检查，通过监控中心实时同步监督防护服规范穿脱508次。开展下沉一线及视频督导131人次，发现问题79个，编发每周疫情防控通报33期，通报安全生产问题23次。

【监管业务】2022年，大铲海关强化"关长接待日"，建立"问题清零"台账，走访船企3次，解决问题3个。科学统筹留船、查船，船舶即到即查、案件即查即办，监管船舶5.4万艘次，登临检查1342艘次，占比2.5%。制订促进外贸保稳提质工作方案，服务保障援港抗疫物资2.9万吨，生活物资1.8万吨快速通关。监管供港天然气14.7亿标方，同比增长5.5%，助力香港民生经济稳定发展。

【查缉走私】2022年，大铲海关保持反走私高压态势，推动水上打私工作高质量发展。扎实推进"国门利剑2022""打击治理粤港澳海上跨境走私"等专项行动。深化关警协作，建立业务风险分析例会机制，交互风险线索，发挥各自查验、侦办优势，提升查缉效能。风险分析成效显著，成立攻坚小组，对1528艘备案小船摸排起底，提升风险布控精准度。年内通过自主分析研判查获小船走私刑事案件4宗。加强科技辅助监管，强化系统应用，精准布控，首次自主分析查获利用小船所载货柜夹藏走私冻品案。加大登临检查力度，克服防护措施带来的查验不便影响，实施重点查验和常规检查，加大人力投入对海面24小时监控；采取双机动组开展拉网式留船检查，化解跑风漏气风险；建立"监控中心+一线关员"联动执法办案机制，中途监管首次查获利用集装箱夹藏走私高值物品案，水上缉私首次查获利用城市下水道走私案。查办案件757宗，同比增长10.3%，其中刑事案件41宗，海关移交刑事案件占比58.5%，行政案件459宗，简快案件257宗；总案值8.4亿元，罚没822.5万元，查扣冻品1000多吨、成品油500多吨、走私"三无"快艇和货船37艘、大批燕窝等高值物品和蜥蜴等"异宠"。

【政务管理】2022年，大铲海关落实"三应"机制，根据中心业务发展形势深入调研，强化部署督办，推动成果转化，报送5篇调研报告。聚焦队伍业务能力提升，主动争取承接重点题材，年内信息工作再上新阶，广州海关信息工作总结会上被表扬"大铲海关外贸分析有深度"。守牢安全生产底线，建立常态化风险排查机制，重要节点实施大排查，开展防职业暴露、高温中暑、蛇虫咬伤等实操演练9次，应对好"2·16"大铲供电线路停电故障和台风"暹芭""马鞍"等影响；以实时监控方式督导登临作业，实地开展涉案仓库检查和安全宣讲；强化应急值班，完善监控值班手册，确保值班规范、可溯源。

【财务后勤保障】2022年，大铲海关按照过"紧日子"要求，推进增收节支，推进节约型机关建设，持续作好驻岛干部职工保障。解决历史遗留的办公生活用电按商业用电收费问题，每年节省约20万元电费支出；加强海岛精细化管理，食堂费用同比减少3.6%，水电费用同比分别降低16%、8%，荣获"节约型机关"称号。"一揽子"保障建设加快推进，全面修复台风受损设施，修缮缉私轮战保障宿舍，驻岛条件持续改善。

【督察内审】2022年，大铲海关制定完善9项业务规范、4项非执法领域制度；发挥内控治未病作用，建立一线科室定期业务复核机制，更新梳理内控节点160个；强化准军建设，开展交接班仪式、出艇仪式等，深化纪律作风养成，每月开展内务督查，每周提醒严防酒驾醉驾。专项整治工作扎实推进，专人跟进重点项目多、资料搜集难的问题，制订细化方案，梳理重大项目50个、排查重点人员19名，组织13人次开展剖析，排查整改4项问题，防范化解廉政风险，对共性问题举一反三排查整改8项。完善修订采购、修缮工作规程，招投标引入市场竞争机制，加强关领导、派驻纪检组参与关键环节监督。

从化海关

【概况】从化海关是受广州海关直接领导,按授权负责广州市从化区范围内海关各类管理工作的正处级隶属海关机关。2022年,从化海关内设正科级机构7个,包括办公室(党委办公室)、人事政工科(党委组织宣传部)、分析预警科、技术运维保障科、属地外勤科、综合业务科、跨境电商监管科;下设副处级派驻机构1个,为驻马场办事处(下设监管科、物流监控科2个科级机构);所属事业单位1个,为从化海关综合技术服务中心(设综合业务部、技术检测部2个内设机构);班子成员3人(含派驻纪检组组长),在编人员70人,其中党员56人。

年内,有5人次分别获评广州海关"学雷锋志愿服务先进个人"、广州海关"优秀共青团干部"、从化区"优秀共青团员"、从化区"优秀共青团干部"等荣誉称号,驻马场办事处先后获评广州市"青年文明号"和广州海关党建示范品牌荣誉称号,驻马场办事处物流监控科党支部获评广州海关"四强"党支部荣誉称号,从化海关团支部获评从化区"先进基层党支部"荣誉称号。

【党建工作】2022年,从化海关修订党委委员支部联系等制度,班子成员下沉业务一线深入调研,及时掌握基层关注与风险点;扎实开展捍卫"两个确立"、做到"两个维护"、强化政治机关建设专项教育活动和"学习研讨、查摆问题、改进提高"专项工作,进一步强化政治意识、提升政治能力;深化"强基提质工程",通过召开支部书记交流会、开展党务实训和"四强"党支部示范引领,提升基层党支部书记抓党建、带队伍能力;持续推动支部标准化规范化建设,规范党内政治生活,抓好党员管理、党费收缴等工作,年内3人获评广州海关"优秀党员""优秀党务工作者",发展2名党员,4名预备党员转正。

是年,从化海关推动"海关重点项目和财物管理以权谋私"专项整治深入开展,迅速成立领导小组并制订工作方案,细化29项分解任务,全面梳理各类重点项目清单16项,明确重点项目问题及廉政风险清单、高风险项目清单和重点关注人员名单;坚持问题导向开展排查分析,全面排查专项整治范围人员27人,认真开展个人违规事项申报和逐一谈心谈话,结合近年巡视巡察、督察审计情况提出监督关注要点3条;立足标本兼治抓好问题整改,针对存在风险和问题制定"立行立改、举一反三、健全机制"3个方面措施12项,推动完善机制建设。

【队伍建设】2022年,从化海关聚焦强基提质推进"学习型机关"建设，完善资质人员培养和激励机制，开展岗位"传帮带"，抓好教育培训提升干部履职能力，学时学分指标任务完成率100%；制定执法一线科长绩效考核制度，强化准军建设和队伍日常管理，抓好疫情期间弹性上班模式下干部监督；作好干部政治表现纪实档案管理，切实履行从严管理干部的主体责任，客观公正记录干部的正负面表现，确保政治档案的真实性、严肃性；细致作好工资福利和社保等日常工作，规范开展选人用人，配合人事处对30份干部选拔任用工作纪实档案进行检查；深化荣誉体系建设，年内获评各类个人荣誉12人次、集体荣誉3个。

【监管业务】2022年，从化海关强化监管，优化服务，统筹疫情防控和稳外贸促发展工作，夯实综合保障基础，推动关区各项工作稳步发展。全年监管货运量11.3万吨，同比增长17.7%；监管进出口商品总值15.8亿美元，同比下降13.1%；审核进出口货物报关单9039份，同比减少20.9%；监管进出口集装箱（标准柜）21943箱次，同比增长11.9%；监管进出口运输车辆924辆次，同比下降9.2%；税收入库5432.1万元，同比增长10.4%；从化区外贸进出口总值94.6亿元，同比下降31.1%。

【疫情防控】2022年，从化海关完善应急工作预案和防疫措施，组织疫情防控应急演练3次，提高应急处置能力。从严从实抓好常态化疫情防控管理，严格落实外出审批和"日报告、零报告"等制度，加强督促提醒，切实落实"个人是自身健康第一责任人"要求。加强防疫物资保障管理，严格落实外来人员审批等各项安全管理措施，及时作好办公室、饭堂、电梯等公共区域消杀工作，以"四不两直"方式持续加强督促检查。畅顺与地方、香港马会沟通联系，科学精准作好从化马场疫情防控，保障跨境运输马匹安全便捷通关。

【马产业发展】2022年，从化海关优化升级"粤港澳大湾区赛马跨境通关检疫监管系统"，对出口马匹创新采用启运前24小时查检模式，依托"大数据"和智能监管手段对进口马匹进行远程测温，同时利用视频监控远程开展安全监督。加强粤港两地规则对接，探索粤港赛马动物检疫证书电子化及互认互查机制，落实海关总署与香港渔农自然护理署（简称"香港渔护署"）联合制订的往返粤港马匹疫病监测计划，提升穗港两地一体化监管水平，相关成效被广东分署作为粤港澳大湾区规则衔接机制对接典型案例向省大湾区办推报。全力支持广州从化国际赛马发展中心项目、从化马场二期工程等重点项目建设，有序推进国家马病检测重点实验室建设工程，畅顺与深圳口岸海关、香港渔护署及香港赛马会沟通协调机制，保障跨境运输马匹安全畅顺通关。年内，监管进出境马匹4879匹次，货值11.9亿美元。

【优化口岸营商环境】2022年，从化海关定期召开外贸形势分析会、重点工作推进会，加强分析研判，出台促进外贸保稳提质十一项措施帮助企业纾困解难，线下开展促进外贸保稳提质等政策宣传贯彻会4次，覆盖企业220家次。持续优化政务服务并推行原产地证自助打印、信用签证等改革，1—12月受理行政审批事项13宗、新增进出口货物收发货人和报关单位备案71家，签发出口原产地证书2236份，签证金额9322.1万美元；其中签发

RCEP证书179份、金额471.1万美元。支持加工贸易等业务有序开展，年内关区加工贸易进出口34.6亿元，同比增长15.8%。引导万宝等企业将供应链、物流链回流从化，建立绿色通道助力质子放射治疗系统等进口关键部件和设备快速通关。扶持钻石加工、跨境电商等特色产业健康发展，监管毛坯钻石进出口17批次、金额732.9万美元，监管跨境电商出口电子清单10.8万票、商品总值1711万美元。深入调研关区重点税源企业，拓宽综合治税渠道，引导马贝、科诗美丝等属地企业税收回流305.9万元。

【支持特色农业产业发展】2022年，从化海关深入开展农产品出口专题调研，指导企业完善出口质量管理体系，针对力智猪场出口需求增加周末监装频次，全年监装供港活猪698批次、27508头，货值8252.4万港元，助力鲜鸡蛋、饲料、生乳首次供港。开辟绿色通道提升通关时效，支持关区水果扩大出口，助力柑橘首次出口RCEP成员越南，支持"井岗红糯"荔枝以海运渠道扩大出口，年内监管出口水果410.7吨（其中出口荔枝180.9吨，同比增长435%），顺利实现黄皮、龙眼首次出口。优化服务支持关区供港鲜饲料、竹木草制品等特色产业发展，监管出口动物鲜饲料232批。监管出口竹制品643批次、近300万元，同比增长44%。

【检验检疫】2022年，从化海关扎实开展"国门利剑2022""国门勇士2022""净边2022""邮包会战"等专项行动，持续保持高压打私态势，坚决禁止"洋垃圾"和象牙等濒危物种及其制品走私入境，办理简快案件106宗。深入开展特许权使用费等领域稽核查，办理稽查作业6宗，办理涉检案件2宗，查办广州海关近年案值最大涉检案件；落实风险预警、稽查、检验等岗位联动的常态化机制，强化跨境电商业务日常监管和风险研判，加强与地方打私办沟通协作提升打私合力。

【法治建设】2022年，从化海关落实领导带头学法、"谁执法谁普法"等要求，编制的《从化海关政务公开标准事项目录》在广州海关门户网站主动公开，梳理应主动公开的7个一级事项、25个二级事项，制作并公开《从化海关政府信息公开指南》，进一步规范政府信息管理流程。深入开展普法教育，打造从化马场"三进"品牌科普基地，向社会公众宣传海关支持马产业发展政策、创新监管、优化服务等内容，在《中国国门时报》和"学习强国""海关发布"等平台推送赛马监管、国门生物安全知识等文章21篇。加强法律事务审核把关，年内审查合同和法律文书25份，2名法律专业人员获得公职律师证。

【政务管理】2022年，从化海关加强办文办会管理和政务协调，严把文稿审核关，密切与广州海关、地方部门沟通联系，健全督查督办机制，建立部门领导批示督促检查事项500项、月度重点工作清单9份，推动各项工作有序开展。加强保密和网络安全宣传教育。年内，组织检查安全认证证书存储介质76人次，使用和管理情况正常。统筹作好信息新闻、政策研究和政务公开工作，政务网站连续两个季度获评A级。

【督察内审】2022年，从化海关立足"两级一岗"工作手册汇总"三级风险清单"10项，全面梳理执法领域和非执法领域内控节点和复核项目391个，覆盖关区各领域开展复核1180次。配合开展常规督察3项、专项督察5项，抓好国家审计及有关专项审计整改落实，以督察审计为抓手推动重大决策部署落地见效。建立"内控节点岗位清单+业务检查复核"的关、科、岗位三级检查复核制度，持续优化风险分析研判和三级监控指挥中心运行机制，提升风险防控能力。

【科技发展】2022年，从化海关推进信息化和实验室建设，强化党的二十大等重要节点网络安全保护，严把数据安全关，有序推进马病重点实验室建设，顺利通过CNAS复评审现场评审，完成法定检测32批次、委托检测自检13批次。

【财务管理】2022年，从化海关坚决落实过"紧日子"要求，严格执行财经纪律，狠抓预算执行管控，压减差旅等各类费用和饭堂开支，通过国家机关事务管理局等4部门验收，被授予"节约型机关"称号。规范政府采购、固定资产、公务用车和公有住房管理，完成年度固定资产清理工作。

云浮海关

【概况】云浮海关是受广州海关直接领导，按授权负责云浮市范围内海关各类口岸管理工作的正处级隶属海关，主要负责党的基层建设和干部队伍建设；办理具体海关业务，反馈执法作业结果；完成广州海关交办的其他工作，机关驻地在云城区世纪大道西117号云浮海关。内设正科级机构6个：办公室（党委组织宣传部）、分析预警科、综合业务科、新港监管科、腰古监管科、罗定监管科。下辖三个口岸，分别为云浮新港、腰古车检场、罗定车检场。

2022年，云浮市外贸进出口总值139.4亿元，同比增长4.7%，占广东省外贸总值0.2%，其中，出口88.9亿元、同比增长7.8%，进口50.5亿元、同比下降0.3%。云浮海关监管申报口岸货运量139.2万吨，同比减少44.9%，其中进口108.3万吨、同比减少36.5%，出口30.9万吨、同比减少62.5%；货值12.1亿美元，同比下降2.4%；税收入库5亿元，同比下降11.4%。监管船舶710艘；检疫查验出入境运输工具服务人员1436人次。

是年，云浮海关争创各层级先进荣誉32项，其中省部级荣誉3项。云浮海关"学雷锋"志愿服务队被广东省文明委评为广东省最佳志愿服务组织；1人被广东省妇联评为2021年度广东省三八红旗手；1人被团省委评为广东省优秀共青团员。

【党建工作】2022年，云浮海关坚持学原文、悟原理，党委班子作好领学示范，开展中心组学习2次、党委会学习研讨2次，组织召开党委专题读书班1次，关领导下沉科室领学10次，带动党员分享学习心得，组织青年干部学习分享会，开展"党的二十大知识竞赛""党的二十大百题每日答"等特色活动，撰写心得体会12篇，在报纸、电视台等媒体刊发践行党的二十大精神稿件8篇次，并以"学思践悟二十大，细照笃行担使命"为主题在海关爱创作平台开展专题宣传，营造线上线下全员学浓厚氛围。云浮海关坚持以贯彻落实党的二十大精神为主线，谋业务发展，解外贸难题，年内，云浮外贸持续增长4.7%，创历史新高，通关时效保持在良好区间，安全生产基础稳定。

是年，云浮海关开展警示教育月活动，召开加强新时代廉洁文化建设暨警示教育大会，组织科长谈廉政、青年干部廉洁论坛、"好家风，助廉洁"等系列活动，强化"八小时以外"监督力度，运用视频等方式开展抽查20余次，多层次多领域构建廉政文化。强化日常监督工作，用好监督执纪"第一种形态"，筑牢第一道防线。联合纪检组通过明察暗访、视频、电话连线等多种形式，不定期开展多种形式监督检查，对纪律作风、非正常出行、应酬等进行动态督察，严字当头。深入开展专项整治，高质量完成逐一谈话，梳理应知应会知识题库，加大学习测试、抽查力度，确保全员学习入脑入心。对2012年以来重大项目逐一梳理，重点检查会议纪要、招投标、合同、验收等文件，建立项目建设和财物管理总底账，开展拉网式排查3轮，形成重点项目管理等清单6项，排查出高风险岗位3个，重点关注人员2人。

【队伍建设】2022年，云浮海关加强执法一线科长队伍建设，在疫情防控、业务改革、促进外贸保稳提质等重点工作中考察识别干部，深入推进年度考核、平时考核、专项考核，完善执法一线科长行为规范，抓好习近平总书记系列重要讲话精神领学督学、业务研讨。通过"调查研究季"活动开展队伍建设专题调研，通过政研小组、青年论坛、新媒体创新小团队等载体，为青年搭建干事平台，突出展现关区特点和关员风采。开展多类群众喜闻乐见的集体活动，健康月活动全员参与，14个项目320人次参加，持续全年的游泳、篮球等活动超600人次参加，以丰富的活动提升队伍凝聚力。设立岗位之星评奖机制，强化先进引领，对能干事、干成事的优秀典型积极推优。

【监管业务】2022年，云浮海关强化现场查验规范性，全面梳理检查现场查验作业，提升查验有效性，查获率在广州海关排名前列。加强分析研判，每月通过相关载体定期通报，有效指导现场强化监管。持续推广"抵港直装""船边直提""一港通""组合港"等改革措施，有效精简口岸通关流程，打通本地物流渠道，吸引碎石、米糠等商品回流，进一步丰富本地口岸商品种类。制定口岸报关单"日清"机制，实施对当天报关单开展流程监控和评估预警处置措施，优化海关口岸抽样送检、验估等作业环节，12月底该关进出口整体通关时间较2017年分别压缩85.7%、95.7%，在2022年广东省营商环境评价中，云浮市跨境贸易指标在关区7个地级市中排名第4，较上年提升1位。

【风险管理】2022年，云浮海关依托"调查研究季"活动，组建风险防控专题研判小组，问卷调查企业46家，从不同侧面掌握企业对海关规范执法的意见建议，开展执法规范机制联动调查研究，按照"一线关员、现场科室、职能科室"3个角度进行执法规范性调研，建立查验作业、关税业务、舱单核查等业务复核机制9项，分门别类实施月度或季度"现场科室自查+职能科室复核"内控机制，有效防范执法不规范问题的间歇性发生。编写覆盖全关业务岗位的20项岗位操作手册和进口食品、米糠等重点商品监管指引，同步开展岗位操作二级培训，切实提升关区执法规范性水平。紧密围绕本口岸主要的外贸特性、商品特点、物流特征，组织风险研判专题会3场，对风险表现形式进行更细致的识别，整理风险节点清单45项，制定应对措施25项，完善岗位风险防控操作指引10份，提升监管质量，对口岸重点敏感商品、涉危险品、砂石、吉柜等的风险节点把握更准确，并形成长效机制。

【税收征管】2022年，云浮海关高质量推进综合治税工作，加强对关区石材、纸浆、汽配等重点税源企业调研力度,动态跟踪主要异地纳税企业生产经营情况,有序扩大保税仓应用范围,加强税收改革政策宣传13次,收集解决企业在订单、生产、物流、通关环节遇到困点、难点、堵点,"一企一策"为企纾困解难,解决企业疫情期间物流不畅等问题,有效拓展新税源,加强税源数据分析研判,引导企业提高税源回流比例,属地纳税率达90%以上。

【检验检疫】2022年,云浮海关积极开展外来有害生物监测,建立由动植检专家组成的专题调研组,细化口岸生物安全风险点20余项,依托联学联训、线上培训平台强化业务培训。动态掌握各类病媒生物的种属构成和季节消长情况,针对关区主要进口产品石材荒料携带土壤、卫生条件差等风险进行专题研判,作好日常国门生物安全监测预警。建立动植物检疫监督检查知识库,形成"重点审核+现场查验+调离集中检疫"的检疫监管模式,加强对来自重点国家(地区)集装箱及包装材料的检疫查验力度。加强与技术中心等部门沟通,优化取样送检流程,及时对可疑的标本进行鉴定、复核。是年,上报口岸截获植物疫情信息34条,在货运渠道截获输入性病媒生物11种次,开展入境口岸外来入侵物种普查,发现重点有害生物1种、外来入侵有害生物8种。

【查缉走私】2022年,云浮海关与肇庆海关缉私分局、地方打私支队、烟草管理部门建立"责任互担、信息互享、线索互通"的跨部门反走私综合治理工作机制,压实各科室打私责任,加大对口岸进出口商品监控力度,密切与缉私、税管局(广州)等部门的打私机制,梳理涉及关区口岸进口石材风险线索,现场查发能力显著提升,有力打击伪瞒报走私行为,年内,缉私部门立案4宗。

【促进外贸保稳提质】2022年,云浮海关开展为期5个月的"调查研究季"活动,成立促进外贸保稳提质专题调研组,深入掌握云浮外贸各行业企业情况,对关区占云浮市外贸8成的62家企业开展调研,并走访5个市级部门和全部6个县(市、区),及时向地方政府提出"深挖内潜力、拉回外流失、开辟新路径、利长远发展"远近结合的4项推动策略,建立重点行业企业外贸监测等6项常态稳外贸机制,切实解决吉柜少、港澳物流车辆受限等20多项实际问题。实施"一企一策,一地一法"稳外贸工作方案,向地方政府和行业研提20多条外贸建议,有效实现纸浆、电池等商品外贸回流本地,保障光电产业重点项目设备快速通关投产,为云浮市优化外贸品种、扩大外贸增量打下基础。是年,云浮外贸增长4.7%,创云浮建市以来历史新高。

【安全生产】2022年,云浮海关持续"三个一"机制确保重点场所安全,每月开展一次业务现场和内部管理安全排查整改,每季度或节假日等重要节点开展一次安全生产全面排查,每年开展反恐等安全演练,同步建立安全专员队伍,开展"我是安全吹哨人"活动,指定各领域责任人,明确工作和激励措施7条,"实时"与"定期"相结合,利用"云关助手"App开设预警功能,便利随时随地吹哨预警,积极稳妥应对西江汛情、台风,努力将安全隐患消除在萌芽阶段。

【疫情防控】2022年,云浮海关坚持"人、物、环境"同防、"多病共防",坚决落实好口岸疫情防控措施和安全防控措施,开展"年度演练、半年考核、月度实操、每周交流、岗前实训",邀请地方疾控中心专家培训考核2次,确保一线疫情防控业务技能常学常新、安全可靠。是年,开展封闭管理8轮16人次,检疫船员1440人次,测温87人次。抓好联防联控,向市指挥部派驻骨干,参加市指挥部9个专班,抓好重点人群、重点场所、重点环节管控,督促港务、船务等企业履行好主体责任,确保实现出入境船员闭环管理。转段阶段成立通关应急专班,组建党员突击队保障现场监管力量,快速办理通关验放手续,确保口岸通关顺畅。持续抓好内部疫情防控,动态调整具体防控措施,完善人员和物资储备,严格落实疫情防控工作纪律,作好干部职工健康状态监测,转段阶段加大口罩、酒精等防疫物资以及米、面、油等后勤保障物资的储备力度,丰富退烧药等医疗药品配置,合理安排最少人员返岗,最大限度防止内部集中传染,服务干部职工治疗需要。

罗定海关

【概况】罗定海关是受广州海关直接领导，按授权负责云浮市范围内海关各类属地管理工作的正处级隶属海关，主要负责党的基层建设和干部队伍建设；办理具体海关业务，反馈执法作业结果；完成广州海关交办的其他工作。罗定海关设正科级机构4个：办公室（党委组织宣传部）、综合业务科、政务服务科、属地外勤科；班子成员3人；设党支部3个。2022年，罗定海关实有行政在编人员24人。

【党建工作】2022年，罗定海关深入学习贯彻党的二十大精神，通过集体收看、召开全关干部职工专题会议、利用宣传板报和网页、微信宣传等形式，多角度、全方位学习宣传贯彻党的二十大精神。关党委理论学习中心组（扩大）会议特邀党的二十大代表师永霞开展党的二十大精神宣讲授课。党委领学、支部促学，第一时间组织召开关党委会开展大讨论，组织党员干部参观罗定长岗坡党员教育基地，结合"三会一课"、主题党日活动、青年理论学习座谈会等多种形式学深悟透、入脑入心，组织全体关员撰写心得体会24篇。

是年，罗定海关落实全面从严治党主体责任，细化关党委全面从严治党主体责任清单，推动全面从严治党主体责任落地见效。坚持多渠道沟通积极培树典型、争创荣誉，年内1人被共青团广东省委员会评为"广东省优秀共青团干部"、1人被广州海关评为年度优秀共产党员、2人被广州海关评为年度优秀共青团员、1人被广州海关评为"优秀工会积极分子"、1人被中共云浮市委宣传部评为年度"云浮市优秀共青团员"。巩固"强基提质工程"成效，突出"四强"党支部示范引领作用，擦亮属地外勤科党支部"属地忠诚卫士，融湾发展先锋"党建品牌，带动全关干部形成"争做业务能手，构建先锋团队"良好氛围。认真编制岗位清单和"两级一岗"工作手册，从业务岗位职责、政治要求、工作依据、主要风险和风险防控等事项进行全面梳理，做到政治要求全覆盖，业务要求全落实，风险控制有实效。

是年，罗定海关严格落实中央八项规定精神，党委班子成员以身作则，在所在党支部通过"三会一课"等形式，带头领学海关总署、广州海关通报的海关系统违纪违法典型案件，开展支部党员学习案例大讨论，逐一交流发言谈体会，警示警醒全体党员干部要增强廉政意识，知敬畏、存戒惧、守底线。持之以恒纠治"四风"问题，持续落实为基层减负十项措施，优化业务流程，避免"一项业务、多头检查"；加强发文统筹，严控发文数量，完成压减发文10%的目标，每月通报发文情况。精简会议数量，提高会议质量，提倡开短会，严控会议发言时间。严禁享乐主义和奢靡之风，领导干部带头重新核实办公用房情况，严禁超标超配使用办公住房等，定期公示办公用房面积和公务用车费用。严格执行过"紧日子"要求，严格执行餐标标准，推行App订餐系统，节约就餐成本。联合派驻纪检组定期开展监督检查，坚持把纪律挺在前面，严字当头。坚持问题导向，开展"纪律教育月"警示教育、严禁酒驾醉驾全关专题警示教育大会。开展内务督察和内务规范月提升评比活动，组织开展队列训练，深入推进准军建设。推进"海关重点项目和财物管理以权谋私"专项整治工作，细化落实整改措施12项，压实整改主体责任，强化标本兼治，提升整改质效。

【优化口岸营商环境】2022年，罗定海关推进企业升级计划，实行"专班+小组"工作模式，构建培育、辅导、认证、服务全链条，举办"线上+线下"政策宣讲会30余场；聚焦云浮金属制造、农副食品加工、电子元器件和服装玩具等支柱产业挖掘重点培育企业，筛选国家省市级"专精特新"企业14家开展精准培育，年内成功实施高级认证企业3家。完善"两窗通办"模式，优化驻云浮海关"联合政务服务工作组"办事窗口设置布局，由单纯的"两窗通办"提升为强化窗口与后续监管、口岸业务和属地业务"两个对接、无缝运行"，实现48类事项"全域通办"，现场办理耗时由原来的1天左右压缩至最快5分钟。罗定海关党委班子深入企业调研，摸清关区外贸底数，谋划促进关区外贸高质量发展举措，主动走访地方党政机关，提出服务地方外贸发展工作思路。先后走访地方党政机关15次，报送4份专报。通过企业调研、"关长接待日"等方式，"一企一策"助企纾困。新一届关领导班子带队实地调研企业68家次，开展政策宣讲30次，服务企业300家次，为企纾困解难题46个，关区累计23家企业获得AEO认证。

【农产品安全出口】2022年，罗定海关着力构建"企业主责、科学监管、高效服务"的农产品安全出口监管体系发挥风险监测、100%全覆盖核查等监管效能，助力全市农业、食品产业出口提档升级。全年监管进出境货物4808批次，贸易货值10.9亿元，拟制、签发各类证书5964份。其中监管进境种牛2批次、7738头，检出二类传染病阳性牛12头，业务量位居全省第一；出口冰鲜（冻）鸡、熟鸡等禽肉产品2803批次、20837.7吨，业务量稳居全省第一位；供港澳活猪503批、21698头。出口8大类监管货物，同比净增长24.3%，关区监管业务总量实现连续三年增长，年均增长超45%。

【后续监管】2022年，罗定海关结合"业务管理类核查""风险类核查"作业模式，规范结果运用和指令反馈，提升核查作业质量。全年办结稽查作业（含主动披露）10宗，办结核查作业76宗。全年办结各类简快案件78宗，办结涉检行政处罚案件7宗，罚金27950元，涉检领域案件处置成效显著提升。

【检验检疫】2022年，罗定海关在关区内5个区域进行布点，放置诱捕器、收集虫样和更换诱饵等工作18次，涉及监测地点24处，全面摸清全市检疫性实蝇和外来有害杂草种类和分布情况；密切与罗定市农业农村局开展联防联控，持续作好红火蚁、草地贪夜蛾等重点外来入侵物种监测预警。守好安全生产底线，落实"口岸危险品综合治理"百日专项行动的要求，结合关领导下厂督导检查、日常查验安全提醒及重点节假日、敏感节点前安全隐患排查等方式，督促企业严格落实安全生产主体责任，确保全覆盖提醒督促，坚决守住安全生产底线。全面核查关区内进出口危险化学品生产企业情况，对出口危险化学品实施批批现场查验和危险货物包装使用鉴定。全年检验监管危化品出口420批、16990.2吨、1168.9万美元。

【"放管服"改革】2022年，罗定海关聚焦AEO企业升级、通关便利化提升、外贸新动能培育、综合服务优化四大工程，全方位促进云浮市外贸工作向快、向稳、向好发展。落实原产地签证便利化各项措施，云浮、罗定两个窗口并行，深化实施企业登记备案网上办理和"多证合一"改革，加大AEO企业培育认证力度。全年新增注册登记备案企业90家，其中"多证合一"渠道备案22家，占比24.4%；新增培育认证3家高级认证企业，累计推动云浮地区23家企业获得AEO高级认证。强化原产地政策宣讲，帮扶企业用好RCEP原产地规则和关税减让措施，推广原产地证书自助打印、智能审核等改革措施。全年签发各类原产地证书3908份，货值2.2亿美元，其中，签发RCEP原产地证书105份，货值363.6万美元；2家AEO企业成功获得经核准出口商认定。积极落实国家减免税政策，为云浮企业进口206套各类科研仪器设备减免关税及增值税278万元。

【服务外贸发展】2022年，罗定海关设立"绿色通道"和专岗专窗，构建以合同、企业为单元的多层次加工贸易监管模式，助力加工贸易企业转型升级。加工贸易进出口企业26家，进出口货值20.6亿元。扎实推进综合治税，提高税收征管水平，全年开单数1377.3万元。深入开展稳外贸、稳增长专题调研，运用好"关长接待日"、"海关进企业"、关企微信群等宣讲平台，针对性宣讲RCEP、减免税、高级认证企业等惠企便企政策。年内开展线下宣讲活动4场，惠及进出口企业100余家次，并获《南方日报》、《云浮日报》、云浮电视台等媒体报道；成功指导金正龙公司开展加贸委托加工业务，新增外贸进出口值2亿元。

【疫情防控】2022年，罗定海关抓好海关内部疫情防控，及时研究部署内部防控工作，制定更新新冠感染疫情防控应急处置指引。研究部署内部防控工作，动态调整内防举措，严格落实广州海关新冠疫情防控相关要求，重点抓好干部职工外出和健康管理、疫情排查、外来人员管理、办公区域消毒、疫苗接种及防疫物资配发等工作，组织开展内部疫情防控应急演练。从严落实外出审批，不断完善相关机制，细化内部管理具体措施，及时排查并整改风险点，压紧压实安全防护管理主体责任。严格落实"非必须（要）不出行""日报告、零报告"，联合派驻纪检组不定期开展监督检查，及时发现问题、及时落实整改，确保"24小时问题清零"，推进疫苗接种"应接尽接"。

河源海关

【概况】河源海关是受广州海关直接领导的正处级隶属海关，关区范围包括河源市五县一区，即东源县、龙川县、紫金县、连平县、和平县、源城区。下设8个科室，即办公室、人事政工科、分析预警科、综合业务科、稽查科、查检科、政务服务科、监管科。河源缉私分局下设3个科室，即办公室、法制科、侦查科。所属事业单位1个，为河源海关综合技术服务中心。2022年，河源海关荣誉体系建设稳中有进，年内获评省"五四红旗团支部""广东好人"等荣誉称号18项。

【党建工作】2022年，河源海关掀起学习宣传贯彻党的二十大精神热潮，坚持通读原文、深悟原理，党委理论学习中心组专题学习2次，按照"铸忠诚、担使命、守国门、促发展、齐奋斗"工作要求，开展学习研讨12场次，撰写心得体会69篇。加强宣传工作实效，营造大讨论广实践氛围，结合关区具体实际统筹规划党的二十大精神宣传工作，相关稿件获《中国国门时报》、"海关发布"、《河源日报》等媒体平台采编14条。围绕海关总署提出的12个方面问题，组织开展课题研究11项，被广州海关专刊采用2篇。

是年，河源海关压实工作责任，严格落实"第一议题"制度，研究细化强化政治机关建设专项教育和"学查改"活动38项清单任务，跟踪督办9次。支部书记全员参加总署党务干部岗位练兵，完成8个支部期满换届、补选及调整。丰富学习形式，完成"初心堂"及"职工之家"活动阵地建设，专栏信息获海关总署刊载5条、广州海关刊载29条。中心组专题学习3次，党委书记讲专题党课18次，党委委员领学谈体会18人次，开展群众性大讨论90次。强化意识形态工作，将其与中心工作同安排同部署，结合政治机关建设实施意见，动态调整任务分解表38项，认真部署"扫黄打非"等工作。

是年，河源海关开展捍卫"两个确立"、做到"两个维护"、强化政治机关建设专项教育活动，以"四个强化"贯穿专项教育活动始终。迅速召开党委会、动员部署会，强化党委对全面工作的领导力，研究细化4个方面38项清单任务，通过党委会、形势分析会、重点工作推进会强化跟踪督办9次，确保规定动作一个不落，促进教育成果内化于心、外化于行。狠抓整改落实，梳理规范性文件约1400份，编制《河源海关"两级一岗"职责工作手册》，实现现有岗位全覆盖，梳理评估业务领域重大风险隐患8条，提出措施建议13项。查摆专项教育活动问题 29 个，制定整改措施 44 项；督导检查问题 7 项，制定整改措施 12 项，现已全部整改完成。

【队伍建设】2022 年，河源海关把建成德才兼备的干部队伍放在突出位置，对照好干部"二十字"标准要求，制定"压担铺路搭台"总方针，坚持"内强素质、外练本领"综合素质系统建设工程，以想干事、能干事、干成事的干部队伍推动工作效率、质量的稳步提升。锤炼过硬政治素质，搭建"线上+线下"学习平台，开展座谈会等学习大讨论 81 次，引导党员干部树牢理想信念。提升扎实履职本领，开展"互学互教"56 期、"关员小讲坛"培训 15 期，形成浓厚学习氛围。建立"党委委员带、高级主办帮、业务骨干推"的联动机制，撰写高质量政研文章 39 篇，获市社科联立项课题 5 项。搭建多维度历练平台，促进学思践悟，制定青年干部考核表考评得分机制，年内新通过资质考试 37 人次，4 人获专项奖励。

【纪检监察】2022 年，河源海关打牢廉政基础，推出河源海关廉政半月谈 21 期，组织廉政警示教育 3 次，关领导讲廉政课 10 次。抽查 10 名干部家属从业情况。常态化跟进督审监督，梳理历年督察审计发现问题，开展督察审计 11 项，细化自查重点 412 项。主动加压提高科室管理审计自查频次，推动重大决策部署和制度规范落实。深入开展"海关重点项目和财物管理以权谋私"专项整治行动，有效巩固、发展监督成效，组建专班调阅档案 2100 余份，完善反馈专项整治重点项目清单 54 份、提醒单 36 份、涉企信息 175 份，开展企业调研 4 家次，排查高风险项目 8 个、重点关注人员 7 人。

【监管业务】2022 年，河源海关深入推进"多证合一"工作，成功指引 10 家企业通过省政务平台"多证合一"系统录入海关备案注册，比例上升至 12.3%，有效降低制度性交易成本。结合国际贸易形势变化，促进内销便利化，推广内销集中纳税模式，助力企业拓展国内市场。指导加贸企业开展边角料拍卖，推动加工贸易边角料变废为宝。常态化作好 14 家有自主品牌企业知识产权保护，对 18 家意向企业实施梯度培育，2 家高新骨干企业获海关总署备案核准。

【促进外贸保稳提质】2022 年，河源海关因地制宜，出台《促进地方外贸高质量发展十七条措施》，着重为企业纾困解难、帮扶外向型实体经济发展，全年累计对 54 家重点企业调研 540 家次，收集问题 19 类并逐一研究解决。指导今麦郎、农夫山泉 2 家企业进口高新设备总值近 8000 万元，用好减免税政策助企享惠 575 万元。河源关区现有企业 955 家，其中高级认证企业 36 家，占比 3.8%。2022 年，河源市外贸进出口总值 243.8 亿元，其中出口 193.9 亿元、进口 49.9 亿元。

【查缉走私】2022 年，河源海关全力聚焦"中央关注、社会关切、群众关心"的突出走私问题，查缉案件数取得新突破。协作机制实现新发展，与当地人民银行、外管部门签署《联合打击走私、洗钱和逃套汇违法犯罪协作机制》，协同参加甲油胶出口"启航 02"专项行动，完成 1207 个涉案邮包 7632 条商品数据科目归类。"6·23 缉枪专项行动"被纳入公安部"百日行动"集群战役案件范围，发起"奋发 32"集群打击邮递渠道走私医药产品专项行动并在全国推广。

【统计分析及政策研究】2022年，河源海关利用海关第一手外贸数据优势，深入开展关区外贸形势分析，动态把握地方经济发展态势，为地方政府发展经济提供决策参考。以建设"研究型海关"为目标，围绕外贸保稳提质、制约关区发展热点难点等课题深入开展研究，形成专题研究11篇、常规政研15篇；围绕疫情形势及国际重大事件对产业链供应链影响开展跟踪分析，组织报送要情分析文章19篇次，获海关总署采编1篇、广州海关采编7篇。主动参与地方课题研究，围绕地方"五大产业"部署，撰写服务外贸高质量专报15篇，报送社科联课题5篇，其中1篇作为重点课题立项，报送年度重点调研报告3篇，其中2篇获河源研究采编刊发。精心挑选政研成果53篇，形成《河源海关2022年政研成果汇编》。通过专报促请地方成立促外贸稳增长、引导数据回流、冷链产业发展三个专班，联合开展对企调研，为地方部门作好外贸研究分析提供数据支撑，累计依法合规高效对外提供统计数据服务近50次，协同解决企业困难。

【企业管理】2022年，河源海关助力企业信用升级，培育高级认证企业2家，指导34家高级认证企业开展合规自查、4家失信企业进行信用修复，高级认证企业占在册企业总数的3.7%，保持在广州关区前列。提升稽核查震慑力，办理甲油胶、进境粮等涉检行政处罚立案5宗，涉案货值过亿元。优化作业方式，建立关区专业人才库，继续推进采信第三方报告制度改革，统筹开展属地查检、年审作业等。促进企业规范发展，对关区加工贸易企业进行精准"画像"，编制《加工贸易业务办理指南》，指导企业提高规范经营水平。

【检验检疫】2022年，河源海关落实口岸卫生监督，因地制宜开展"国门绿盾2022"专项行动，组织开展病媒生物监测18次，开展国境口岸卫生监督"双随机、一公开"抽查结果1次。保障进境加工粮食安全，受理进境加工粮食调运申请初审联系单44批次、13.1万吨，首次查发涉嫌擅自调运进境粮食情事1宗。开展重大动物疫情监控，完成非洲猪瘟等日常疫病及风险监测27次，抽样送检样品近4000份。联合广州海关动植处和广州市农业农村局开展非洲猪瘟应急处置桌面推演，进一步提升应急处置能力。

【风险管理】2022年，河源海关坚持系统观念，推动风险防控体系建设，制订关区"内控示范科室"创设方案，细化评价标准，结合"两级一岗"职责工作手册编写工作，全面梳理各岗位要求、主要风险和防控措施，认真找差距、补短板、提效能，推动完善内控节点岗位清单9份，新增相关内控节点6个，聚焦13个重点内容建立创设台账。成立业务风险联防联控工作小组，定期排查关区风险隐患，梳理重大风险11项，细化落实18项防范措施，建立关区风险防控清单，充分应用"云擎"、HLS2017内控平台等，围绕禁限类货物、危险货物、加工贸易后续监管等领域开展风险分析99次，首次查发1家企业违规进口国家禁止进口货物。

【综合业务改革】2022年，河源海关牢牢把握"压缩通关时间""RCEP实施"等重大改革机遇，立足海关监管服务职责，最大限度释放改革红利。持续压缩进出口通关时间，坚持压时长提效率、树规范强申报，着力提升口岸通关服务。

以"单票"为计量单位瞄准通关时间变动,建立科学有效监控运行机制,实行报关单日清机制。重点关注超时报关单,优先安排修撤,强化后续处置,每日开展结关监控,通关时间长期位列广州关区前茅。最大限度释放RCEP红利,采取"线上+线下"方式积极开展关税减让政策宣传贯彻,组织线上培训2轮,覆盖关区企业100多家,深入县区联合开展对企宣传贯彻,主动到16家重点企业开展"一对一"上门精准服务,全流程指导企业开展签证业务。指导AEO高级认证企业申请"经核准出口商"认证资格,成功推动河源首家RCEP"经核准出口商"认证成功。签发RCEP证书471份,签证金额1569万美元,关税享惠1080万元。

【政务管理】2022年,河源海关开展公文培训测试,有效保障政令畅通。督办落实领导批示事项323项678条、会议事项及党委班子建设任务77项、专项督办5次。建立新闻信息6项工作机制,政务信息及互联网信息成效明显。围绕服务海关中心工作,加大重点工作、重大改革新闻宣传力度,活猪保供新闻被中央电视台报道。强化保密管理制度常态化长效化落实,按要求开展网络管理及应急演练。

【督察内审】2022年,河源海关严格落实科室管理审计工作要求,强化内部审计精准性、指向性,聚焦关区重点工作,选取1个执法一线科室开展科室管理审计。坚持从"讲政治"层面审视业务工作的审计要求,围绕疫情防控、供港澳活猪检疫监管、进出口食品化妆品检验检疫等关键业务环节,梳理相关业务及岗位政治要求25项、审计重点及相关文件依据90项,提升工作基础和质效。综合运用系统核查、制度复核、谈话了解、档案检查等方式调取数据资料7批、160条,针对存在问题提出合理整改意见建议,相关问题均整改到位。

【财务管理】2022年,河源海关抓好预算和专项渠道资金,积极向上级和地方财政争取资金支持。巩固节约型机关建设成果,树牢过"紧日子"是为了过"好日子"理念,持续压缩非刚性支出,提高资产利用率,较2021年节约一般性支出34万元。会同办案部门顺利完成"8·18"邮包走私案55票7783项货物入库审核工作,严格落实涉案财物巡仓制度,涉案财物管理规范有序。规范采购制度落实,提高采购质量,降低成本和风险。圆满完成6栋房屋防水修缮及2号楼塔钟维修工程。

附录

2022年广州海关文件规定

广州海关关于免税进口的科学研究、科技开发和教学用品便利化开放共享及临时移出业务办理的公告

广州海关公告〔2022〕2号

为进一步支持科技创新，提升免税进口科学研究、科技开发和教学用品开放共享及临时移出的便利化水平，根据《中华人民共和国海关进出口货物减免税管理办法》《财政部 海关总署 税务总局关于"十四五"期间支持科技创新进口税收政策的通知》《科技部 海关总署关于印发〈纳入国家网络管理平台的免税进口科研仪器设备开放共享管理办法（试行）〉的通知》《关税征管司关于执行"十四五"期间支持科技创新进口税收政策有关问题的通知》等规定，广州海关决定对免税进口科学研究、科技开发和教学用品（以下简称"免税进口用品"）开放共享及临时移出业务作进一步明确，现将有关事项公告如下：

一、适用情形

符合下列情形之一的，在免税进口用品的海关监管年限内，减免税申请人可以向所在地主管海关申请办理免税进口用品开放共享手续：

（一）科学研究机构、技术开发机构、学校、党校（行政学院）、图书馆将免税进口用品用于其他单位的科学研究、科技开发和教学活动；

（二）科学研究机构、技术开发机构和高等学校等法人单位将纳入国家网络管理平台统一管理的免税进口科研仪器设备用于其他单位的科学研究、科技开发和教学活动。

二、办理流程

申请人应向主管海关申请办理开放共享手续，存在因开展科研及技术开发协作、其他单位科研教学急需或对使用地点有特定要求等特殊情况确需移出本单位的，应一并提出。主管海关自收到申请之日起10个工作日内进行审核确认。

三、申请资料

申请人应凭以下资料向主管海关申请办理开放共享及临时移出手续：

（一）《开放共享及临时移出申请表》（详

见附件1）；

（二）《开放共享及临时移出设备清单》（详见附件2）；

根据《科技部 海关总署关于印发〈纳入国家网络管理平台的免税进口科研仪器设备开放共享管理办法（试行）〉的通知》（国科发基〔2018〕245号），对于纳入国家网络管理平台统一管理的免税进口科研仪器设备，申请人可根据单位实际情况向主管海关申请按简易程序办理免税进口科研仪器设备开放共享有关手续，如申请适用简易程序的，除提交前款规定的材料外，还应提交《管理单位适用简易程序申请表》（详见附件3）。

四、其他要求

（一）申请人需真实准确记录免税进口用品开放共享情况，免税进口用品开放共享仅用于其他单位的科学研究、科技开发和教学活动，不得擅自转让、移作他用或者进行其他处置。

（二）在海关监管年限内，经主管海关审核同意并办理相关手续后，申请人可将免税进口用品用于其他单位的科学研究、科技开发和教学活动，但一般不得移出本单位。

（三）对因开展科研及技术开发协作、其他单位科研教学急需或对使用地点有特定要求等特殊情况确需移出本单位使用的开放共享免税进口用品，移出使用单次不超过6个月，累计不超过1年。

特此公告。

附件：1. 开放共享及临时移出申请表
　　　2. 开放共享及临时移出设备清单
　　　3. 管理单位适用简易程序申请表

广州海关
2022年7月6日

附件 1

开放共享及临时移出申请表

单位名称				
组织机构代码		统一社会信用代码		
单位注册地址				
法定代表人	姓名：		职务：	
	办公电话：			
开放共享负责人	姓名：		职务：	
	办公电话：		手机号码：	
申请内容及承诺事项	_____海关： 　　根据《财政部 海关总署 税务总局关于"十四五"期间支持科技创新进口税收政策的通知》（财关税〔2021〕23号）第六条的有关规定，现申请将本单位免税进口的科学研究、科技开发和教学用品（以下简称"免税进口用品"）用于其他单位的科学研究、科技开发和教学活动，具体情况如下： 　　1. 其他单位是： 　　2. 是否移出本单位使用： 　　□ 不移出，使用时限为： 　　□ 一般不移出本单位使用，但存在以下第3点特殊情况确需临时移出 　　3. 需临时移出的特殊情况（可多选）： 　　□ 其他单位科研教学急需 　　□ 对使用地点有特定要求 　　□ 科研及技术开发协作，具体为：_____ 　　□ 其他特殊情况： 　　4. 其他单位使用理由及具体用途： 　　5. 临时移出的使用时限： 　　□单次不超过6个月、累计不超过1年，具体时限为： 本单位承诺： 　　1. 遵守免税进口用品设备开放共享相关规定。 　　2. 免税进口用品开放共享仅用于其他单位的科学研究、科技开发和教学活动，不擅自转让、移作他用或者进行其他处置。 　　3. 真实准确记录免税进口用品开放共享情况。 　　如有违反，愿承担相应责任。 <div align="right">申请单位（签章） 年　　月　　日</div>				
备注				

注：其他需要说明事项填入备注栏。

附件2

开放共享及临时移出设备清单

申请单位	征免税确认通知书编号	设备名称	仪器编号	规格型号	海关放行日期	进口报关单编号	报关单项号	开放共享			临时移出			
								理由及用途	开放共享起止时间	实际使用单位	理由及用途	开放共享起止时间	实际使用单位	移出期间的管理措施

注：格子宽度可根据填写内容自行调整。

附件3

管理单位适用简易程序申请表

单位名称			
组织机构代码		统一社会信用代码	
单位通信地址			
法定代表人	姓名：		职务：
	办公电话：		
免税进口科研仪器设备开放共享负责人	姓名：		职务：
	办公电话：		手机号码：
申请内容及承诺事项	_____海关： 　　根据《纳入国家网络管理平台的免税进口科研仪器设备开放共享管理办法（试行）》有关规定，本单位经自我评估，认为符合适用简易程序条件，现向你关提出申请。 　　本单位承诺： 　　1. 遵守免税进口科研仪器设备开放共享相关规定。 　　2. 免税进口科研仪器设备开放共享仅用于其他单位的科学研究、科技开发和教学活动，不擅自转让、移作他用或者进行其他处置。 　　3. 真实准确记录免税进口科研仪器开放共享情况，按规定报送至国家网络管理平台。 　　如有违反，愿承担相应责任。 　　　　　　　　　　　　　　　　　　申请单位（签章） 　　　　　　　　　　　　　　　　　　　　年　月　日		
备注			

注：其他需要说明事项填入备注栏。

广州海关落实《海关总署支持广州南沙深化面向世界的粤港澳全面合作若干措施》细化措施

《海关总署支持广州南沙深化面向世界的粤港澳全面合作若干措施》（16条）		广州海关落实《海关总署支持广州南沙深化面向世界的粤港澳全面合作若干措施》细化措施（48条）
一、促进大湾区要素便捷流动，增强国际航运物流枢纽功能	（一）支持跨境科研物资自由流动。支持开展"跨境科研用物资正面清单"、生物医药研发用物品进口"白名单"制度试点。推广进境动物源性生物材料检疫监管便利措施。对港澳科研机构因科研、测试、认证检查所需的产品和样品，凭市场监管部门出具《免予办理强制性产品认证证明》加快验放。	1. 落实国务院要求，支持开展"跨境科研用物资正面清单"试点，对正面清单列明的科研设备、实验试剂、耗材等科研物资实行海关便利化通关管理模式，支持南沙建设科研设备进出口公共服务平台。
		2. 支持试点生物医药研发用物品进口"白名单"制度，商务、市场监管、科技、海关等部门共同确定企业和药品"白名单"范围，依托信息化平台，实现"白名单"信息与申报信息比对，无须企业提交《进口药品通关单》。
		3. 支持符合免税资质的各类科技创新主体享受"十四五"期间支持科技创新进口税收政策，配合地方政府争取政策支持拓展享惠主体范围。
		4. 复制推广进境动物源性生物材料检疫监管便利措施，允许符合条件的进境SPF小鼠或大鼠进境隔离期由30天调整为14天，允许进境SPF鼠指定隔离场使用证在有效期内多次使用，允许进口基因检测用动植物及其相关微生物DNA/RNA（脱氧核糖核酸/核糖核酸）免于提供国外官方检疫证书。
		5. 对港澳科研机构因科研、测试、认证检查所需的产品和样品，凭市场监管部门出具《免予办理强制性产品认证证明》加快验放。
	（二）便利粤港澳三地人员往来。对享受国家高层次留学人才和海外科技专家待遇的科研人员及其行李物品给予通关便利。支持地方政府争取游艇自由行政策全面落地南沙。支持南沙客运港拓展航线，提升智能通关水平。支持探索在南沙公立医院开展跨境转诊合作。支持海关健康申报信息与广东省"粤康码"、香港"港康码"信息共享、结果互认、疫情联防。	6. 对享受国家高层次留学人才和海外科技专家待遇的进出境科研人员及其行李物品给予通关便利。
		7. 配合地方政府争取游艇自由行政策全面落地南沙。
		8. 支持南沙客运港拓展航线，提升智能通关水平。
		9. 支持探索在南沙公立医院开展跨境转诊合作。
		10. 加强与深圳、拱北等口岸海关沟通联系，共享"水客"等高风险旅客信息。
		11. 推广互联网渠道健康申报，推进海关健康申报信息纳入广东省"粤康码"、香港"港康码"转码范围，实现信息共享、结果互认、疫情联防。

续表 1

《海关总署支持广州南沙深化面向世界的粤港澳全面合作若干措施》（16 条）		广州海关落实《海关总署支持广州南沙深化面向世界的粤港澳全面合作若干措施》细化措施（48 条）
一、促进大湾区要素便捷流动，增强国际航运物流枢纽功能	（三）促进口岸物流多维发展。在符合条件的港口深入推进进口货物"船边直提"和出口货物"抵港直装"试点。支持符合条件的企业开展海运中转集拼业务。稳妥扩大"湾区一港通"模式试点。优化粤港澳大湾区机场共享国际货运中心（南沙）运作，支持货物在南沙口岸"一站式"办理通关查验手续后，便捷快速运至机场出口。支持符合条件的企业应用"跨境一锁"，积极参与粤港澳跨境合作项目。支持南沙国际物流中心、国际通用码头、南沙港五期工程等建设，完善口岸配套查验设施。	12. 在符合条件的港口深入推进进口货物"船边直提"和出口货物"抵港直装"试点。支持符合条件的企业开展海运中转集拼业务。稳妥扩大"湾区一港通"模式试点。
		13. 优化粤港澳大湾区机场共享国际货运中心（南沙）运作，支持货物在南沙口岸"一站式"办理通关查验手续后，便捷快速运至机场出口。
		14. 支持符合条件的企业应用"跨境一锁"，积极参与粤港澳跨境合作项目。
		15. 支持南沙国际物流中心、国际通用码头、南沙港五期工程等建设，完善口岸配套查验设施。
		16. 依托南沙国际物流中心南区冷链项目，探索优化冷链监管模式，加大检验检疫资质人员支持，支持扩大冷链商品进口。探索综保区等政策运用，便利企业做大冷链加工、冷链保税展示、冷链分拨等业态。
		17. 支持粤港澳"菜篮子"工程，作好供港澳食品基地和加工厂的源头风险防控，积极开展供港澳农食产品的风险监测，配合作好三地间风险信息通报。
	（四）助力国际分拨中心融合发展。支持不同贸易方式的物流相互融合，助力南沙综保区打造商品供应链管理平台。支持南沙特色分拨产业发展，在符合有关法律法规的前提下，推动南沙建设集聚全品类、拓展多业态、辐射国内外的国际分拨中心。	18. 支持不同贸易方式的物流融合，助力南沙综保区打造商品供应链管理平台。支持优品分拨、塑料粒亚太分拨、美食美酒分拨、医药分拨等特色产业发展，在符合有关法律法规的前提下，推动南沙建设集聚全品类、拓展多业态、辐射国内外的国际分拨中心。
	（五）支持中欧班列快速发展。落实《海关支持中欧班列发展的措施》，支持南沙港南站开展中欧班列业务、拓展中欧班列线路，加强与内陆、内河、海运贸易通道对接，提升南沙港区集疏运和临港产业发展水平。	19. 落实《海关支持中欧班列发展的措施》，支持南沙港南站开展中欧班列业务、拓展中欧班列线路，加强与内陆、内河、海运贸易通道对接，提升南沙港区集疏运和临港产业发展水平。

续表2

《海关总署支持广州南沙深化面向世界的粤港澳全面合作若干措施》（16条）		广州海关落实《海关总署支持广州南沙深化面向世界的粤港澳全面合作若干措施》细化措施（48条）
二、支持重点项目建设，助推重大战略性平台发展	（六）支持跨境电商业务发展。优化跨境电商进出口商品退货管理，深化跨境电商零售出口退货"合包"措施运用，支持南沙符合条件的企业开展跨境电子商务零售进口退货中心仓业务。加快出口海外仓企业备案，实施"一地备案，全国通用"，支持跨境电子商务企业出口海外仓业务发展。	20. 优化跨境电商进出口商品退货管理，深化跨境电商零售出口退货"合包"措施运用，支持南沙符合条件的企业开展跨境电子商务零售进口退货中心仓业务。加快出口海外仓企业备案，实施"一地备案，全国通用"，支持跨境电子商务企业出口海外仓业务发展。配合地方政府争取在南沙开展港澳OTC药品跨境电商进口试点政策。
	（七）支持"保税+"业务发展。支持飞机保税租赁业务发展，助力南沙与港澳共建全球飞机租赁中心。支持依托综保区开展大宗商品期货保税交割业务。支持综保区内企业按照清单开展高技术、高附加值、符合环保要求的全球维修业务。支持企业享受国际航行船舶加注燃料油出口退税政策红利，依托保税仓库开展保税油供应国际航行船舶业务。支持符合条件的供应企业在广东省范围内开展保税油直供业务。支持开展文物及文化艺术品保税存储、出区保税展示等业务。	21. 支持飞机保税租赁业务发展，助力南沙与港澳共建全球飞机租赁中心，配合地方政府积极争取飞机融资租赁外币交易政策落地南沙。
		22. 支持依托综保区开展农产品、化工、工业硅等大宗商品期货保税交割业务。
		23. 支持综保区内企业按照清单开展高技术、高附加值、符合环保要求的全球维修业务。
		24. 支持企业享受国际航行船舶加注燃料油出口退税政策红利，依托保税仓库开展保税油供应国际航行船舶业务。支持符合条件的供应企业在广东省范围内开展保税油直供业务。支持地方政府探索开展LNG加注业务。
		25. 支持开展文物及文化艺术品保税存储、出区保税展示等业务。
	（八）助力汽车产业链发展。支持在南沙综保区开展平行进口汽车符合性整改等业务。支持企业依托综保区开展平行进口汽车保税展示交易业务。综合运用综保区、出口监管仓等政策优势，支持新能源汽车、智能汽车等产业发展，对汽车整车及核心零配件便捷通关。	26. 支持在南沙综保区开展平行进口汽车符合性整改等业务。支持企业依托综保区开展平行进口汽车保税展示交易业务。综合运用综保区、出口监管仓等政策优势，支持新能源汽车、智能汽车等产业发展，对汽车整车及核心零配件便捷通关。
		27. 推进新能源汽车技术性贸易措施研究评议基地建设。
		28. 落实进口汽车零部件产品检验监管便利化措施，对未办理"免办CCC认证证明"的进口汽车零部件产品可"先声明后验证"；对已办理"CCC认证"的进口汽车零部件产品，采信"CCC认证证书"，原则上不再实施抽样送检。

续表 3

《海关总署支持广州南沙深化面向世界的粤港澳全面合作若干措施》（16条）		广州海关落实《海关总署支持广州南沙深化面向世界的粤港澳全面合作若干措施》细化措施（48条）
三、支持建设中国企业"走出去"综合服务基地，促进国际经济合作	（九）支持服务贸易发展。强化新型国际贸易枢纽功能，鼓励大型企业集团在南沙设立区域总部或功能总部，支持大型设备、消费品、汽车等"走出去"。支持南沙建立离岸贸易综合服务平台，试点开展离岸数据服务，培育发展数字经济。	29. 支持服务贸易发展。强化新型国际贸易枢纽功能，鼓励大型企业集团在南沙设立区域总部或功能总部，支持大型设备、消费品、汽车等"走出去"。参与研究实施跨境服务贸易负面清单。支持南沙建立离岸贸易综合服务平台，试点开展离岸数据服务，培育发展数字经济。
	（十）支持南沙高质量实施《区域全面经济伙伴关系协定》（RCEP）。推动南沙高质量实施涉及海关领域相关条款，助力区内企业充分享受 RCEP 政策红利。对标《全面与进步跨太平洋伙伴关系协定》（CPTPP）、《数字经济伙伴关系协定》（DEPA）等国际高水平自贸协定规则，加大压力测试力度。	30. 推动南沙高质量实施《区域全面经济伙伴关系协定》（RCEP）中涉及海关领域相关条款，助力区内企业充分享受 RCEP 政策红利。
		31. 落实总署部署，对标《全面与进步跨太平洋伙伴关系协定》（CPTPP）、《数字经济伙伴关系协定》（DEPA）等国际高水平自贸协定规则，加大压力测试力度。
	（十一）支持构建综合服务体系。率先在南沙口岸试点优化出口监管流程改革。加强技术性贸易措施精准服务能力建设，推动建设技术性贸易措施粤港澳大湾区研究评议基地。加强主要贸易伙伴、重点产业、关键准入要求的技术性贸易措施研究力度，强化技贸措施的预警和评议关注。支持全球质量溯源体系在南沙口岸试点应用。	32. 率先在南沙口岸试点优化出口监管流程改革。
		33. 加强技术性贸易措施精准服务能力建设，推动建设技术性贸易措施粤港澳大湾区研究评议基地。加强主要贸易伙伴、重点产业、关键准入要求的技术性贸易措施研究力度，强化技贸措施的预警和评议关注。
		34. 支持全球质量溯源体系在南沙口岸试点应用。
	（十二）积极服务国际交往新平台。支持全球人道主义仓库和枢纽建设运作，实行海关便利化通关管理模式。支持南沙探索举办"一带一路"相关主题展会，以及国际金融论坛（IFF）全球年会等国际重要论坛、大型文体赛事等对外交流活动，保障人员、展览品等暂时进出境货物的高效监管和通关服务。强化中欧安智贸合作，根据中欧双方合作实际需求，在保障数据安全的前提下，实现海关间数据交换和信息共享，助力维护产业链供应链安全畅通。	35. 支持全球人道主义仓库和枢纽建设运作，实行海关便利化通关管理模式。
		36. 支持南沙探索举办"一带一路"相关主题展会，以及国际金融论坛（IFF）全球年会等国际重要论坛、大型文体赛事等对外交流活动，保障人员、展览品等暂时进出境货物的高效监管和通关服务。
		37. 强化中欧安智贸合作，根据中欧双方合作实际需求，在保障数据安全的前提下，实现海关间数据交换和信息共享，助力维护产业链供应链安全畅通。

续表 4

《海关总署支持广州南沙深化面向世界的粤港澳全面合作若干措施》（16 条）		广州海关落实《海关总署支持广州南沙深化面向世界的粤港澳全面合作若干措施》细化措施（48 条）
四、加强粤港澳三地规则衔接，支持打造高质量城市发展标杆	（十三）持续优化口岸营商环境。推进跨境贸易便利专项行动措施常态化，大力推广应用进口货物电子提货单、设备交接单，推动实现全流程无纸化作业。积极配合落实启运港退税政策，推动扩大政策适用范围。支持在南沙试点对农产品、食品以外的部分法检商品检验实施采信。用好用足"优化船运进境散装粮食检疫审批流程"自贸创新举措。支持粤港澳大湾区内地临床急需药品、医疗器械便利通关。优化海关实验室布局，提升口岸技术支撑保障能力，提高口岸通关效率。	38. 推进跨境贸易便利专项行动措施常态化，大力推广应用进口货物电子提货单、设备交接单，推动实现全流程无纸化作业。积极配合落实启运港退税政策，推动扩大政策适用范围。
		39. 支持在南沙试点对农产品、食品以外的部分法检商品检验实施采信。
		40. 用好用足"优化船运进境散装粮食检疫审批流程"自贸创新举措。在确保生物安全和生态安全、有效管控病害传入风险的前提下，在附条件提离清单中的进境粮食经现场检疫合格可实施附条件提离，支持 24 小时卸货作业。
		41. 支持地方政府创建国家级广州（南沙）农业对外开放合作试验区。强化进出口农产品企业资质的注册登记和备案管理。支持农用机械设备进出口和预制菜产业高质量发展。
		42. 将广东省药监局审批的符合条件的已在港澳上市的药品中属于特殊物品的纳入低风险特殊物品管理范畴，凭药监局相关证明文件实施快速审批；探索联合其他监管部门建立追溯机制，争取在指定范围内扩大实施。支持粤港澳大湾区内地临床急需药品、医疗器械便利通关。配合地方政府争取政策，将医疗急需、国外已批准但国内尚未批准的药品进口给南沙符合条件、有需求的医疗机构。配合地方政府落实支持港澳药品上市许可持有人、医疗器械注册人将持有的药品医疗器械在南沙符合条件的企业生产。
		43. 依托广州海关技术中心专业力量，在南沙推动优化卫生检疫、植物检疫、食品化妆品、大宗资源（石油化工）等海关实验室布局，提升口岸技术支撑保障能力。密切实验室与现场作业衔接，对冷链、粮食、水果、危化品、大宗资源等商品，压缩取样送检各环节时间，提高口岸通关效率。

续表 5

《海关总署支持广州南沙深化面向世界的粤港澳全面合作若干措施》（16 条）		广州海关落实《海关总署支持广州南沙深化面向世界的粤港澳全面合作若干措施》细化措施（48 条）
四、加强粤港澳三地规则衔接，支持打造高质量城市发展标杆	（十四）优化信用培育赋能企业发展。提升海关经认证的经营者（AEO）信用培育、信用监管、信用服务水平，对"专精特新"、先进制造业、贸易新业态等相关领域重点企业开展信用培育，发挥示范作用。深入推进"双随机、一公开"，深化海关与其他部门核查领域部门间联合抽查。	44. 提升海关经认证的经营者（AEO）信用培育、信用监管、信用服务水平，对"专精特新"、先进制造业、贸易新业态等相关领域重点企业开展信用培育，发挥示范作用。
		45. 深入推进"双随机、一公开"，深化海关与其他部门核查领域部门间联合抽查。
	（十五）深化"智慧海关"改革促进安全便利。践行"三智"理念，加强国际海关合作。推动与香港电子证书合作安排落地，对内地供港禽肉、猪肉等肉类产品兽医卫生证书实施电子证书数据传输。完善海关行政审批网上办理平台，实现海关行政许可事项"在线办理"和"一体通办"。深化与"单一窗口""数字广东"等平台对接合作，推进"智慧口岸"与"智慧海关"深度衔接。	46. 践行"三智"理念，加强国际海关合作。完善海关行政审批网上办理平台，实现海关行政许可事项"在线办理"和"一体通办"。深化与"单一窗口""数字广东"等平台对接合作，推进"智慧口岸"与"智慧海关"深度衔接。
		47. 支持与港澳签署食品安全信息通报合作备忘录，推动食品安全信息资源共享。推动与香港电子证书合作安排落地，对内地供港禽肉、猪肉等肉类产品兽医卫生证书实施电子证书数据传输。
	（十六）强化粤港澳三地知识产权保护执法合作。充分发挥海关与地方法院联合设立知识产权纠纷调处中心功能，将司法调解等机制广泛引入侵权纠纷产生初期，实现知识产权纠纷调处一站式处理，提前化解知识产权民事纠纷，减少权利人诉讼、仓储等各项费用支出，便利权利人维权。	48. 充分发挥南沙海关与南沙自贸区法院联合设立知识产权纠纷调处中心功能，将司法调解等机制广泛引入侵权纠纷产生初期，实现知识产权纠纷调处一站式处理，提前化解知识产权民事纠纷，减少权利人诉讼、仓储等各项费用支出，便利权利人维权。

注：为贯彻落实《广州南沙深化面向世界的粤港澳全面合作总体方案》精神，支持广州南沙深化粤港澳全面合作，海关总署于 2022 年 9 月 20 日印发《海关总署支持广州南沙深化面向世界的粤港澳全面合作若干措施》。据此，9 月 27 日，广州海关印发落实《海关总署支持广州南沙深化面向世界的粤港澳全面合作若干措施》细化措施及各部门分工方案，并于 10 月 8 日召开"支持广州南沙深化面向世界的粤港澳全面合作"专题新闻发布会，出台广州海关 48 条细化措施，支持南沙深化面向世界的粤港澳全面合作。

2022年广州海关领导班子成员

姓名	性别	职务	备注
李全	男	广州海关党委书记、关长	
唐龙军	男	广州海关党委委员、巡视员兼缉私局局长、一级警务专员	
许广安	男	广州海关党委委员、副关长、一级巡视员	任职时间：2022.1—2022.5
孟传金	男	广州海关党委委员、副关长、一级巡视员	
谭武	男	广州海关党委委员、税管局（广州）局长、一级总监	
何继军	男	广州海关党委委员、党委纪检组组长、一级巡视员	
刘小威	男	广州海关党委委员、副关长	
陈针	男	广州海关党委委员、副关长	任职时间：2022.1—2022.6
陈针	男	广州海关党委委员、副关长、一级巡视员	自2022年6月起任该职
赵晓光	女	广州海关党委委员、副关长	
林高	男	广州海关党委委员、政治部主任	
杨国海	男	广州海关党委委员、副关长	

2022年度广州海关省部级荣誉（集体）

荣誉名称	荣誉级别（国家级/省部级）	获评对象	所在部门
2016—2020年全国普法工作先进单位	省部级	天河海关	广州海关
2021年全国"扫黄打非"先进集体	省部级	邮局海关印刷品和音像制品监管科	广州邮局海关
全国五四红旗团支部	省部级	禅城办团支部	佛山海关驻禅城办事处
全国消除疟疾工作先进集体	省部级	机场海关旅检一处	广州白云机场海关
2021年度全国学雷锋志愿服务"四个100"最佳志愿服务项目先进典型	省部级	"海关进企业、海关进社区、海关进校园"项目品牌	广州海关

2022年度广州海关省部级及以上荣誉（个人）

荣誉名称	荣誉级别 （国家级/省部级）	获评对象	所在部门
党的二十大代表	国家级	师永霞	技术中心
全国"人民满意的公务员"	国家级	赵醴丽	南沙海关
2016—2020年全国普法工作先进工作者	省部级	刘筱	法规处
2021年全国"扫黄打非"先进个人	省部级	何洁	广州邮局海关
全国五一劳动奖章	省部级	黄吉城	技术中心
全国消除疟疾工作先进个人	省部级	范秀莹	卫生检疫处
全国消除疟疾工作先进个人	省部级	吴健	保健中心
第21届全国青年岗位能手	省部级	陆放	白云机场海关
全国科技系统抗击新冠疫情先进个人	省部级	戴俊	技术中心
广东省依法治省工作先进个人	省部级	莫瀚峰	清远海关

2022年度广东省各地市外贸进出口情况统计表

单位：亿元人民币

地区	进出口			出口			进口		
	金额	同比(±%)	比重(%)	金额	同比(±%)	比重(%)	金额	同比(±%)	比重(%)
广东省	83102.9	0.5	100.0	53323.4	5.5	100.0	29779.5	-7.4	100.0
深圳市	36737.5	3.7	44.2	21944.8	13.9	41.2	14792.7	-8.5	49.7
东莞市	13926.6	-8.7	16.8	9240.1	-3.3	17.3	4686.5	-17.6	15.7
广州市	10948.4	1.1	13.2	6194.8	-1.8	11.6	4753.6	5.3	16.0
佛山市	6637.8	7.7	8.0	5562.5	11.1	10.4	1075.3	-6.8	3.6
惠州市	3091.0	1.2	3.7	2045.1	-4.1	3.8	1045.8	13.3	3.5
珠海市	3053.5	-8.0	3.7	1928.7	2.3	3.6	1124.8	-21.6	3.8
中山市	2798.7	3.9	3.4	2328.0	4.3	4.4	470.7	1.6	1.6
江门市	1772.6	-0.9	2.1	1446.5	-1.3	2.7	326.1	0.7	1.1
汕头市	771.0	2.3	0.9	634.9	5.6	1.2	136.1	-10.6	0.5
湛江市	624.8	14.7	0.8	212.2	-0.2	0.4	412.6	24.3	1.4
清远市	552.6	3.0	0.7	257.1	7.7	0.5	295.5	-0.8	1.0
肇庆市	385.7	-4.9	0.5	273.4	0.5	0.5	112.2	-15.9	0.4
阳江市	268.7	0.0	0.3	179.0	-4.2	0.3	89.7	9.8	0.3
潮州市	261.2	8.2	0.3	206.9	7.2	0.4	54.3	12.1	0.2
茂名市	257.1	12.1	0.3	180	5.4	0.3	77.1	31.8	0.3
河源市	243.8	-20.6	0.3	193.9	-21.4	0.4	49.9	-17.2	0.2
韶关市	198.0	-10.1	0.2	90.9	-1.7	0.2	107.1	-16.2	0.4
揭阳市	162.6	-13.7	0.2	125.5	-23.2	0.2	37.1	48.4	0.1
汕尾市	161.9	-20.4	0.2	98.5	-12.2	0.2	63.4	-30.5	0.2
云浮市	139.4	4.7	0.2	88.9	7.8	0.2	50.5	-0.3	0.2
梅州市	110.0	-9.6	0.1	91.5	-6.5	0.2	18.5	-22.7	0.1

2022年度广州市外贸主要贸易方式统计表

单位：亿元人民币

贸易方式	进出口			出口			进口		
	金额	同比（±%）	比重（%）	金额	同比（±%）	比重（%）	金额	同比（±%）	比重（%）
总计	10948.4	1.1	100.0	6194.8	-1.8	100.0	4753.6	5.3	100.0
一般贸易	7019.1	17.6	64.1	3985.2	26.2	64.3	3033.8	8.0	63.8
加工贸易	2222.2	-2.6	20.3	1306.8	-2.3	21.1	915.4	-2.9	19.3
来料加工贸易	717.1	11.9	6.5	383.4	13.7	6.2	333.7	9.9	7.0
进料加工贸易	1505.1	-8.2	13.7	923.4	-7.7	14.9	581.8	-9.0	12.2
保税物流	1158.0	23.2	10.6	408.3	46.2	6.6	749.6	13.5	15.8
保税监管场所进出境	492.0	31.8	4.5	215.5	62.3	3.5	276.5	14.9	5.8
海关特殊监管区域物流	666.0	17.6	6.1	192.9	31.7	3.1	473.1	12.7	10.0
其他贸易	516.7	-67.8	4.7	478.3	-68.7	7.7	38.4	-50.8	0.8
市场采购	355.5	-74.7	3.2	355.5	-74.7	5.7	0.0	—	0.0

注："其他贸易"指监管方式代码为"39"的贸易方式，并非指除"一般贸易""加工贸易"和"保税物流"以外的所有其他贸易方式。

"中国海关史料丛书"编委会

主　任　委　员　胡　伟　许大纯

副 主 任 委 员　黄冠胜　赵增连　杨振庆

编 委 会 委 员　翟小元　张　红　吴瑞祥　刘书臣　龙夫春　李海勇
　　　　　　　　　田　壮　詹庆华　陈福升　孙霞云

执　行　主　编　谢　放　詹庆华　郭志华

编　　　　　辑　房　季　王　虎　解　飞　范嘉蕾　李　多　刘金玲
　　　　　　　　　贺　红　邓玉栋